Alemão Para Leigos®

Folha de Cola

Perguntas Úteis

Você fala Português? Sprechen Sie Portugiesisch? (chpré-chen zi: por-tu-gi:-sisch)

Como vai? Wie geht es Ihnen? (vi: gue:t es i:-nen)

Pode me ajudar, por favor? Würden Sie mir bitte helfen? (vü:r-den zi: mi-ar bi-te hel-fen)

Como você se chama? Wie heißen Sie? (vi: hái-ssen zi:)

Que horas são? Wie viel Uhr ist es? (vi: fil uâr ist es)

Como está o tempo? Wie ist das Wetter? (vi: ist das vé-tar)

Quanto custa...? Wie viel kostet... ? (vi: fi:l kos-tet)

Onde encontro...? Wo finde ich... ? (vo fin-de iç̧h)

Onde ficam os banheiros? Wo sind die Toiletten ? (vo zint di: to-a-lé-ten)

Quando vocês abrem? Wann öffen Sie? (van ö:-fen zi:)

Quando vocês fecham? Wann schließen Sie? (van chli:-ssen zi:)

Poderia falar mais devagar, por favor? Können Sie bitte langsamer sprechen?

(kö:-nen zi: bi-te lang-za:-mar chpré-chen)

Poderia repetir, por favor? Können Sie das bitte wiederholen? (kö:-nen zi: das bi-te vi-da-ho-len)

Expressões Úteis

Oi! Hallo! (ha-lô)

Bom dia! Guten Tag! (gu-ten tak)

Boa noite! Guten Abend! (gu-ten abent)

Até logo! Auf Wiedersehen! (auf vi:-dar-ze:-en)

Por favor. Bitte. (bi-te)

Obrigado. Danke. (dan-ke)

Desculpe. Entschuldigung. (ent-chul-di-gun)

Eu me chamo... Ich heiße... (iç̧h hái-sse)

Prazer em conhecê-lo(a). Freut mich. (fróit miç̧h)

Frases para Situações de Emergência

Socorro! Hilfe! (hil-fe)

Polícia! Polizei! (po-li-tsái)

Fogo! Feuer! (fói-ar)

Chame um médico! Holen Sie einen Arzt! (hô-len zi: ai-nen ar-tst)

Estou doente. Ich bin krank. (iç̧h bin krank)

Alguém roubou... Man hat... gestohlen. (man hat... gue-chtó:len)

Não conheço nada por aqui. Ich kenne mich hier nicht aus. (iç̧h ke-ne miç̧h hi-ar niç̧ht aus)

Para Leigos®: a série de livros para iniciantes que mais vende no mundo.

Alemão Para Leigos®

Folha de Cola

O Calendário Alemão

Dias (die Tage)

Segunda-feira: Montag (mon-tak)

Terça-feira: Dienstag (di:ns-tak)

Quarta-feira: Mittwoch (mit-vór)

Quinta-feira: Donnerstag (do-nâr-shtak)

Sexta-feira: Freitag (frái-tak)

Sábado: Samstag/Sonnabend

(zam-shtak / zo-ná-bent)

Domingo: Sonntag (zon-tak)

Meses (die Monate)

Janeiro: Januar (iá-nuar)

Fevereiro: Februar (fe-bruar)

Março: März (mérts)

Abril: April (a-pri:l)

Maio: Mai (mái)

Junho: Juni (iu-ni)

Julho: Juli (iu-li)

Agosto: August (au-gust)

Setembro: September (zep-tem-bar)

Outubro: Oktober (ok-tô-bar)

Novembro: November (no-fem-bar)

Dezembro: Dezember (de-tsem-bar)

Números

0 null (nul)

1 eins (ains)

2 zwei (tsvai)

3 drei (drai)

4 vier (fi-ar)

5 fünf (fü:nf)

6 sechs (zeks)

7 sieben (zi:-ben)

8 acht (arrt)

9 neun (nóin)

10 zehn (tsen)

11 elf (elf)

12 zwölf (tsvolf)

13 dreizehn (drai-tsen)

14 vierzehn (fi-ar-tsen)

15 fünfzehn (fü:nf-tsen)

16 sechzehn (zeçh-tsen)

17 siebzehn (zi:b-tsen)

18 achtzehn (arr-tsen)

19 neunzehn (nóin-tsen)

20 zwanzig (tsvan-tsiçh)

21 einundzwanzig (ain-unt-svan-tsiçh)

22 zweiundzwanzig (tsvai-unt-svan-tsiçh)

23 dreiundzwanzig (drai-unt-svant-siçh)

24 vierundzwanzig (fi-ar-unt-svan-tsiçh)

25 fünfundzwanzig (fü:nf-unt-svan-tsiçh)

30 dreissig (drai-ssiçh)

40 vierzig (fi-ar-tsiçh)

50 fünfzig (fü:nf-tsiçh)

60 sechzig (zek-tsiçh)

70 siebzig (zi:b-tsiçh)

80 achtzig (arr-tsiçh)

90 neunzig (nóin-tsiçh)

100 hundert (hun-dart)

200 zweihundert (tsvai-hun-dart)

300 dreihundert (drai-hun-dart)

400 vierhundert (fi-ar-hun-dart)

500 fünfhundert (fü:nf-hun-dart)

1.000 tausend (táu-zent)

Copyright © 2012 Starlin Alta Editora e Consultoria LTDA

Para Leigos®: a série de livros para iniciantes que mais vende no mundo.

Alemão

PARA

LEIGOS

Alemão PARA LEIGOS®

Por Paulina Christensen e Anne Fox
Editor da Série Berlitz®: Juergen Lorenz

ALTA BOOKS
GRUPO EDITORIAL

Rio de Janeiro, 2012

Alemão Para Leigos® Copyright © 2012 da Starlin Alta Editora e Consultoria Ltda.
ISBN: 978-85-7608-610-9

Translated From Original: German For Dummies ISBN: 978-0-7645-5195-6. Original English language edition Copyright © 2000 by Wiley Publishing, Inc. All rights reserved including the right of reproduction in whole or in part in any form. This translation published by arrangement with Wiley Publishing, Inc. Portuguese language edition Copyright © 2012 da Starlin Alta Editora e Consultoria Ltda. All rights reserved including the right of reproduction in whole or in part in any form. This translation published by arrangement with Wiley Publishing, Inc.

"Willey, the Wiley Publishing Logo, for Dummies, the Dummies Man and related trad dress are trademarks or registered trademarks of John Wiley and Sons, Inc. and/or its affiliates in the United States and/or other countries. Used under license.

Todos os direitos reservados e protegidos por Lei. Nenhuma parte deste livro, sem autorização prévia por escrito da editora, poderá ser reproduzida ou transmitida.

Erratas: No site da editora relatamos, com a devida correção, qualquer erro encontrado em nossos livros.

Marcas Registradas: Todos os termos mencionados e reconhecidos como Marca Registrada e/ou Comercial são de responsabilidade de seus proprietários. A Editora informa não estar associada a nenhum produto e/ou fornecedor apresentado no livro.

Impresso no Brasil

Vedada, nos termos da lei, a reprodução total ou parcial deste livro

Produção Editorial	**Equipe Editorial**	Marcelo Vieira	**Diagramação**
Editora Alta Books	Adalberto Taconi	Paulo Roberto	Diego Oliveira
Gerência Editorial	Andrea Bellotti	Pedro Sá	Mauro da Silva
Anderson da Silva Vieira	Andreza Farias	Rafael Surgek	**Marketing e Promoção**
Supervisão Editorial	Bruna Serrano	Thiê Alves	Daniel Schilklaper
Angel Cabeza	Cristiane Santos	Vanessa Gomes	marketing@altabooks.com.br
Augusto Coutinho	Eliane Chagas	Vinicius Damasceno	
Leonardo Portella	Gianna Campolina	**Tradução**	
Controle de	Heloisa Pereira	Carla Cabrera	
Qualidade Editorial	Isis Batista	**Copidesque**	
Sergio Luiz de Souza	Jaciara Lima	Solange Agostinho	
	Jéssica Vidal		
Editoria Para Leigos	Juliana de Paulo	**Revisão Gramatical**	
Daniel Siqueira	Lara Gouvêa	Giuliano Rocha	
Iuri Santos	Licia Oliveira	**Revisão Técnica**	
Leonardo Portella	Lorraine Martins	Bruna Baldini	
Patrícia Fadel		Casa Editorial BBM Ltda.	1ª Edição, 2012

Dados Internacionais de Catalogação na Publicação (CIP)

C554a Christensen, Paulina.
Alemão para leigos / por Paulina Christensen e Anne Fox ; editor da série Berlitz®: Juergen Lorenz ; [tradução Carla Cabrera]. – Rio de Janeiro, RJ : Alta Books, 2012.
376 p. : il. 16 x 23 cm – (Para leigos)

Inclui índice e apêndice.
Tradução de: German for dummies.
ISBN 978-85-7608-610-9

1 1. Língua alemã - Estudo e ensino. 2. Língua alemã - Fala. 3. Língua alemã - Gramática. 4. Língua alemã - Escrita. I. Fox, Anne. II. Lorenz, Juergen. III. Título. IV. Série.

CDU 803.0
CDD 430.7

Índice para catálogo sistemático:
1. Língua alemã   803.0
(Bibliotecária responsável: Sabrina Leal Araujo – CRB 10/1507)

ALTA BOOKS
GRUPO EDITORIAL

Rua Viúva Cláudio, 291 – Bairro Industrial do Jacaré
CEP: 20970-031 – Rio de Janeiro – Tels.: 21 3278-8069/8419 Fax: 21 3277-1253
www.altabooks.com.br – e-mail: altabooks@altabooks.com.br
www.facebook.com/altabooks – www.twitter.com/alta_books

Sobre as Autoras

Paulina Christensen trabalha há quase dez anos como escritora, editora e tradutora. É graduada em literatura alemã e inglesa e desenvolveu, escreveu e editou diversos livros-texto de língua alemã e manuais do professor para a Berlitz Internacional. Seu trabalho como tradutora abrange assuntos variados, desde *new media art* até ficção científica (revista *Starlog*). Ocasionalmente trabalha como intérprete judicial e consultora e intérprete em conferências educacionais, assim como tradutora simultânea para vídeos educativos e CD-ROMS. Dra. Christensen recebeu seu M.A e PhD pela Universidade de Düsseldorf, Alemanha, e lecionou nas Escolas de Idiomas Berlitz, nas Universidades de Nova York e de Fordham.

Anne Fox trabalha há doze anos como tradutora, editora e escritora. Estudou na Escola de Intérpretes de Zurique, Suíça, e se graduou em tradução, entretanto sua determinação a levou ainda mais longe. Ela também lecionou nas Escolas de Idiomas Berlitz e trabalhou como revisora técnica e juramentada nos departamentos editoriais de vários escritórios de advocacia. Mais recentemente tem desenvolvido, escrito e editado livros didáticos e manuais do professor para a Berlitz.

Sobre a Berlitz

O nome "Berlitz" é, há mais de 120 anos, sinônimo de excelência em serviços de linguagem. Em mais de quatrocentas localidades em mais de 50 países, a Berlitz oferece uma grande variedade de serviços de idiomas ou correlacionados, como instruções, treinamento intercultural, tradução de documentos, localização de softwares e serviços de interpretação. A Berlitz também oferece uma ampla gama de produtos de publicação, como cursos de idiomas para autodidatas, livros de frases, guias de viagem e dicionários.

O método Berlitz, mundialmente conhecido, é a base de todo o ensino de idiomas da Berlitz. Desde a época de sua introdução, em 1878, milhões de pessoas já usaram este método para aprender novos idiomas. Para mais informações sobre os produtos e cursos da Berlitz, localizar o Centro de Idiomas mais próximo, visite a página na internet, www.berlitz.com, onde você pode iniciar uma aula ou encomendar produtos online.

Agradecimentos das Autoras

Paulina Christensen: Muito obrigada a Juergen Lorenz e Sheryl Olinsky Borg da Editora Berlitz pela organização, supervisão e ajuda imensurável no desenvolvimento deste livro. Agradeço especialmente à minha cúmplice, Anne Fox, pela sua excelente colaboração, pelas tempestades incessantes de ideias, pela contribuição, dicas e comentários (dia e noite, sem ter hora). Por último, mas não menos importante, obrigada a todas as pessoas da Wiley por tornar este livro possível.

Anne Fox: Muito obrigada ao grupo de pessoas que nos auxiliaram. Em primeiro lugar, à minha velha amiga Paulina Christensen por ser minha segunda metade e conselheira. Obrigada ao pessoal da Berlitz, Juergen Lorenz e Sheryl Olinsky Borg, pelos seus valiosos conselhos e conhecimentos. Obrigada à Mary Goodwin, da Wiley, pelos seus esforços incansáveis. Agradeço especialmente aos meus companheiros David e Kirk pela sua assistência oportuna, assim como a Phoebe, Trotsky, Frida, Dubseline e Bonnie por manter o planejamento deste trabalho.

A Berlitz agradece:

À Paulina Christensen e à Anne Fox, esta extraordinária dupla de escritoras, pela sua dedicação incansável na criação deste livro.

Ao nosso produtor de áudio em Nova York, Paul Ruben, por trazer à vida a língua alemã escrita.

À equipe de pós-produção de áudio da Big Media Productions em Nova York, John Chear, Phillip Clark e Tim Franklin, pelas horas infindáveis de audição, corte e colagem.

Aos nossos editores, Juergen Lorenz e Sheryl Ollinsky Borg, pelo seu profissionalismo e compromisso na elaboração deste projeto excitante e desafiante.

E nosso profundo agradecimento à equipe da Wiley, especialmente Holly McGuire, Pam Mourouzis e Mary Goodwin, que conduziram o *Alemão Para Leigos*® do início até o fim.

Sumário Resumido

Introdução 1

Parte I: Para Começar 7

Capítulo 1: Você Já Sabe um Pouco de Alemão 9
Capítulo 2: Os Pontos Fundamentais: Gramática Básica Alemã 25
Capítulo 3: Guten Tag! Hallo! Cumprimentos e Apresentações 43

Parte II: Alemão em Ação 63

Capítulo 4: Jogando Conversa Fora 65
Capítulo 5: Guten Appetit! Saindo para Jantar e Indo ao Mercado 81
Capítulo 6: Fazendo Compras de um Jeito Fácil................................... 105
Capítulo 7: Dando uma Volta pela Cidade 119
Capítulo 8: Recreação e Passeios ao Ar Livre.................................... 143
Capítulo 9: Falando ao Telefone e Enviando E-Mails 159
Capítulo 10: No Escritório e em Casa 173

Parte III: Alemão para Viagem 185

Capítulo 11: Dinheiro, Dinheiro, Dinheiro 187
Capítulo 12: Informando-se Sobre Direções 197
Capítulo 13: Hospedando-se em um Hotel 215
Capítulo 14: Dando uma Volta: Aviões, Trens, Táxis e Ônibus 231
Capítulo 15: Planejando uma Viagem 251
Capítulo 16: Lidando com Emergências 265

Parte IV: A Parte dos Dez.. 281

Capítulo 17: Dez Maneiras de Aprender Alemão Rapidamente.....................283
Capítulo 18: Dez Coisas que Nunca Devem Ser Ditas 287
Capítulo 19: Dez Expressões Alemãs Favoritas 291
Capítulo 20: Dez Feriados para Lembrar 295
Capítulo 21: Dez Frases que Fazem Você Parecer um Alemão 299

Parte V: Apêndices 303

Apêndice A: Tabelas de Verbos 305
Apêndice B: Minidicionário... 317
Apêndice C: Sobre os Áudios 337
Apêndice D: Respostas 339

Índice.. 341

Sumário de Cartoons

Por Rich Tennant

"O que se diz agora – um cumprimento formal ou informal?"

"Espera! Espera! Eu quero descobrir o gênero de berinjela, assim eu posso saber como encontrá-la."

"Vejamos, 'número de telefone é 'Telefonnummer', pedal do acelerador é 'Gaspedal', 'lista telefônica' é 'Telefonbuch'... Começo a achar que Alemão é só um Inglês sem espaços."

"...E lembre-se, nem mais reviradas da língua alemã até que você conheça melhor o idioma."

"Eu perguntaria pelas direções em alemão, mas eu não sei como fazer uma pergunta na forma de um pedido de desculpa."

Sumário

Introdução *1*

   Sobre Este Livro 1
   Convenções Usadas Neste Livro 2
   Penso que... 3
   Como Este Livro Está Organizado 3
      Parte I: Para Começar 4
      Parte II: Alemão em Ação 4
      Parte III: Alemão em Movimento 4
      Parte IV: A Parte dos Dez 4
      Parte V: Apêndices 4
   Ícones Usados Neste Livro 4
   De Lá para Cá, Daqui para Lá 5

Parte I: Para Começar *7*

Capítulo 1: Você Já Sabe um Pouco de Alemão 9

   O Alemão que Você Sabe 9
      Amigos aliados (cognatos perfeitos) 9
      Primos-irmãos (cognatos próximos) 11
      Falsos amigos (falsos cognatos) 12
      Quem empresta e quem pede emprestado 14
   Usando Expressões Populares 16
   Tagarelando: A Pronúncia Básica 17
      Lidando com a sílaba tônica em alemão 17
      Aprendendo o alfabeto alemão 17
      Pronúncia das vogais 18
      Pronúncia dos umlauts 19
      Pronúncia dos ditongos 19
      Pronúncia das consoantes 20
      Aprendendo uma nova letra: ß 21
      Pronúncia dos encontros consonantais 22

Capítulo 2: Os Pontos Fundamentais: Gramática Básica Alemã 25

   Tipos de Palavras 26
      Substantivos 26
      Adjetivos 26
      Verbos 27
      Advérbios 28

xvi Alemão Para Leigos®

Construção de Frases Simples.. 28
    Colocando as palavras na ordem certa 29
    Colocando o verbo na segunda posição.. 29
    Passando o verbo para o final 30
    Formulando perguntas... 30
Os Tempos: Passado, Presente e Futuro 31
    Olhando para o presente.. 31
    Falando sobre o passado: Usando o Perfekt.................................. 32
    Escrevendo sobre o passado: Usando o Präteritum....................... 34
    Falando sobre o futuro... 34
Usando a Língua no Caso Certo 35
    Caso nominativo... 36
    Caso acusativo... 36
    Caso dativo... 36
    Caso genitivo.. 36
    Por que todos esses casos são importantes.................................. 36
Números 41

Capítulo 3: Guten Tag! Hallo! Cumprimentos e Apresentações....................43

Tratamento Formal ou Informal 43
Conhecendo Cumprimentos e Saudações Comuns 44
    Perguntando "Como vai?"... 44
    Respondendo ao "Como vai" 46
Apresentação Pessoal e dos Amigos 48
    Apresentando seus amigos 48
    Apresentações em situações especiais 49
    Apresentando-se 51
Falando Sobre Cidades, Países e Nacionalidades 52
    Falando de onde você vem... 52
    "Sein": O verbo ser/estar 53
    Perguntado às pessoas de onde elas vêm 54
    "Kommen": Vir 55
    Aprendendo sobre as nacionalidades.. 56
    Que línguas você fala?.. 57
Despedindo-se 58

Parte II: Alemão em Ação 63

Capítulo 4: Jogando Conversa Fora...65

Falando Sobre Você.. 65
    Descrevendo o seu trabalho 65
    Passando o seu endereço e número de telefone............................ 67
    Os substantivos e seus artigos 69
    Pronomes possessivos 71
Falando Sobre a Sua Família 72

Sumário   *xvii*

Falando Sobre o Tempo 75
   Como está lá fora? 75
   Falando sobre a temperatura 76
   Comentando sobre o tempo 77

Capítulo 5: Guten Appetit! Saindo para Jantar e Indo ao Mercado 81

Já É Hora de Comer? 81
Tudo Sobre as Refeições 83
Arrumando a Mesa 83
Saindo para um Restaurante 84
   Distinguindo lugares para comer 84
   Fazendo reservas 85
   Chegando e sentando 88
   Entendendo o cardápio 89
   Fazendo o seu pedido 92
   Usando o conjuntivo 93
   Usando os modais 94
   Pedindo algo especial 95
   Respondendo se você gostou da comida 96
   Pedindo a conta 96
Comprando Comida 98
   Encontrando o que precisa 99
   Pesos e medidas 101

Capítulo 6: Fazendo Compras de um Jeito Fácil 105

Lugares para Comprar na Cidade 105
Descobrindo o Horário de Funcionamento 106
Dando uma Olhada na Loja 106
Perguntando Gentilmente 107
   Pedindo "por favor" 108
   Pedindo licença 108
Olhando com Estilo 108
Recebendo Auxílio 109
Comprando Roupas 110
   As cores em alemão 111
   Conhecendo o seu tamanho 112
   Experimentando 113
Pagando a Conta 115
Fazendo Comparações 117

Capítulo 7: Dando uma Volta pela Cidade 119

Dizendo a Hora 119
   Perguntando a hora 120
   Dizendo a hora do "jeito antigo": Do 1 ao 12 120
   Usando a contagem de tempo de 24 horas: 0 a 24 121
   Períodos do dia 122
   Dias da semana 122

Alemão Para Leigos®

O que Você Gostaria de Fazer 124
Indo ao Cinema 124
    Procurando as exibições 125
    Comprando bilhetes 126
O que Foi Isso? O Passado de Sein 128
Indo ao Museu 129
Falando Sobre Ações no Passado 131
    Formulando o particípio passado 131
    Usando o "haben" no pretérito perfeito 133
    Usando o "sein" no pretérito perfeito 134
Saindo de Casa 135
Como Foi? Falando Sobre Diversão 137
    Pedindo opiniões 137
    Expondo sua opinião 137
Indo a Festas 139
    Recebendo um convite 139
    Falando sobre a festa 140

Capítulo 8: Recreação e Passeios ao Ar Livre 143

Falando Sobre Hobbies e Interesses 143
    Colecionando 143
    Falando sobre o seu hobby 144
Usando a Forma Reflexiva 144
    Indicando os seus pronomes 145
    Alguns verbos reflexivos comuns 146
Praticando Esportes 148
    Praticando esportes com o verbo "spielen" 148
    Com alguns esportes, é este o verbo 149
    Convidando alguém para uma atividade 149
Passeando ao Ar Livre 151
    Dando uma caminhada 151
    Coisas para ver pelo caminho 151
    Indo para as montanhas 153
    Indo para o campo 155
    Indo para o mar 156

Capítulo 9: Falando ao Telefone e Enviando E-Mails 159

Telefonando de Forma Simples 159
    Perguntando por alguém 160
    Fazendo chamadas 161
Marcando Compromissos 163
Deixando Recados 165
Algumas Palavras Sobre Pronomes no Dativo 165
Enviando uma Carta, Fax ou E-Mail 167
    Enviando uma carta ou um cartão-postal 167
    Enviando um fax 169
    Enviando um e-mail 169

Sumário *XIX*

Capítulo 10: No Escritório e em Casa..**173**

Alugando um Apartamento... 173
　Descrevendo o que você procura... 173
　Decifrando anúncios de jornais.. 174
　Fazendo as perguntas certas 175
　Conversando sobre um apartamento...................................... 176
　Fechando o negócio 176
Trabalhando no Escritório.. 178
　Controlando sua mesa e seus acessórios................................ 179
　Em algum lugar no escritório... 180
Dando Ordens Usando o Imperativo 181
Falando Disto... 183

Parte III: Alemão para Viagem *185*

Capítulo 11: Dinheiro, Dinheiro, Dinheiro..................................**187**

Trocando Moedas... 187
Usando um Caixa Eletrônico.. 190
Recebendo Instruções 191
Conhecendo as Várias Moedas.. 192

Capítulo 12: Informando-se Sobre Direções................................**197**

Pedindo Ajuda com as Direções... 197
Qual a Distância?... 199
Indo Aqui e Ali 200
Perguntando "Como Chego em"... 201
　Usando "in".. 201
　Usando "nach" 202
　Usando "zu"... 203
Descrevendo uma Posição ou uma Localização 203
Indo para a Direita, Esquerda, Norte, Sul, Leste e Oeste 206
　Esquerda e direita... 206
　Os pontos cardeais.. 207
Movimentando-se... 207
A Primeira, a Segunda, a Terceira e Assim por Diante 208
Viajando de Carro ou Outro Veículo 212

Capítulo 13: Hospedando-se em um Hotel...................................**215**

Encontrando um Hotel 215
Reservando Quartos 216
　Dizendo quando e quanto tempo você quer ficar.................... 217
　Especificando o tipo de quarto que você quer........................ 217
　Perguntando o preço.. 218

Alemão Para Leigos®

Finalizando a reserva 219
Fazendo o Check-in: Nomes, Endereços e Números dos Quartos 220
Quanto tempo você vai ficar? 221
Preenchendo o formulário de registro 221
Entendendo o esquema das chaves 222
Perguntando sobre as acomodações e os serviços 223
Fazendo o Check-out e Pagando a Conta 226
Pedindo a conta 226
Perguntando sobre encargos extras 227
Deixando o hotel 227

Capítulo 14: Dando uma Volta: Aviões, Trens, Táxis, Ônibus 231

No Aeroporto 231
Pegando a passagem 232
Fazendo o check-in 232
Passando pela imigração 235
Passando pela alfândega 236
Viajando de Carro 237
Alugando um carro 237
Lendo mapas e sinais de trânsito 240
Na Estação de Trem 241
Lendo os horários dos trens 242
Obtendo informações 242
Comprando passagens 243
Quando Separar os Verbos 245
Pegando Ônibus, Metrôs e Táxis 246
Pegando o ônibus 246
Pegando um táxi 249

Capítulo 15: Planejando uma Viagem 251

Orientando-se em uma Agência de Viagem 251
Planejando: Usando o Tempo Futuro 254
Usando o Calendário e as Datas 255
Aprendendo as informações do calendário 255
Os meses 256
Descrevendo os eventos nos meses específicos 256
Dando nomes aos períodos específicos nos meses 256
Datas 257
Lidando com Passaportes e Vistos 259
Seu passaporte 259
Perguntando sobre vistos 260

Capítulo 16: Lidando com Emergências 265

Pedindo Ajuda em Acidentes e Emergências 265
Gritando por ajuda 265

Relatando um problema 266
Pedindo ajuda a quem fala português 266
No Médico ou no Hospital.. 267
Descrevendo o que você sente.............................. 268
Comunicando qualquer condição especial............... 269
Uma consulta médica.. 269
Especificando partes do corpo.............................. 270
Sendo diagnosticado.. 271
Recebendo o tratamento 273
Falando com a Polícia.. 275
Descrevendo o que foi roubado 276
Respondendo às perguntas da polícia................... 277
Defendendo seus direitos no exterior 278

Parte IV: A Parte dos Dez.................................281

Capítulo 17: Dez Maneiras de Aprender Alemão Rapidamente.............283

Pesquisando no Dicionário 283
Compilando Listas de Palavras que se Combinam................ 284
Preparando Listas de Compras 284
Celebrando o Dia da Alemanha 284
Usando Áudios de Idiomas 284
Ouvindo Rádio e Assistindo Canais de TV Alemães.............. 285
Testando Áudios.. 285
Assistindo Filmes Alemães... 285
Lendo Publicações em Alemão...................................... 285
Navegando na Internet 285

Capítulo 18: Dez Coisas que Nunca Devem Ser Ditas.............287

Sabendo Usar os Pronomes de Tratamento Formal ou Informal.......... 287
Falando da Maneira Adequada com os Funcionários.................. 287
Quente ou Frio... 288
Estou Satisfeito.. 288
Falando Respeitosamente com uma Autoridade........................ 288
O Gymnasium Está Relacionado a uma Escola e Não a Esportes 288
As Formas Apropriadas do Verbo "Conhecer".......................... 289
Entrando no "Armário" Certo 289
Usando Corretamente o Verbo "Bekommen" 289
Usando o Verbo Certo para "Comer".......................... 289

Capítulo 19: Dez Expressões Alemãs Favoritas.............291

Alles klar! 291
Geht in Ordnung. 291
Kein Problem. 291

xxii Alemão Para Leigos®

Guten Appetit! 292
Deine Sorgen möchte ich haben! 292
Das darf doch wohl nicht wahr sein! 292
Mir reicht's! 292
Wie schön! 292
Genau. 293
Stimmt's? 293

Capítulo 20: Dez Feriados para Lembrar.....................295

Heilige Drei Könige.. 295
Karneval/Fastnacht/Fasching 295
Ostern 296
Erster April.. 296
Tag der Arbeit 296
Himmelfahrt 296
Pfingsten... 297
Der Tag der Deutschen Einheit 297
Nikolaustag.. 297
Weihnachten 297

Capítulo 21: Dez Frases que Fazem Você Parecer Alemão.....................299

Das ist ja toll! 299
Ruf mich an!/Rufen Sie mich an! 299
Was ist los? 299
Keine Ahnung. 300
Gehen wir! 300
Nicht zu fassen! 300
Du hast Recht!/Sie haben Recht! 300
Auf keinen Fall! 300
Nicht schlecht! 301
Das ist mir (völlig) egal. 301

Parte V: Apêndices 303

Apêndice A: Tabelas de Verbos.................................305

Verbos Alemães 305
Verbos Alemães Irregulares 305

Apêndice B: Minidicionário.......................................317

Apêndice C: Sobre os Áudios....................................337

Apêndice D: Respostas...339

Índice...341

Introdução

À medida que a sociedade fica mais internacional, torna-se cada vez mais útil saber como dizer pelo menos algumas palavras em outras línguas. Planos de viagens baratas fazem das visitas ao exterior opções mais realistas. O sucesso dos negócios globais requer viagens internacionais. Talvez você queira simplesmente se comunicar com amigos ou vizinhos que falam outras línguas ou ter contato com suas origens aprendendo um pouco da língua que seus antepassados falavam.

Qualquer que seja a razão que o leve a querer aprender um pouco de alemão, *Alemão Para Leigos*® pode ajudá-lo. Dois grandes conhecedores do desenvolvimento do conhecimento pela leitura – Berlitz, com sua experiência no ensino de línguas estrangeiras, e a Folio Publishing, Inc., editora da série de grande sucesso For Dummies® – se uniram para produzir um livro que oferecerá a você as habilidades necessárias para a comunicação básica na língua alemã. Não é prometida fluência na língua, mas se você precisar saudar alguém, comprar um bilhete de um evento ou pedir um cardápio em alemão, você não precisará de mais nada além do *Alemão Para Leigos*®.

Sobre Este Livro

Este livro não é um curso que obriga você a estudar duas vezes na semana por um período de tempo específico. Você pode usar *Alemão Para Leigos*® do modo que quiser, de acordo com o seu objetivo, seja ele aprender algumas palavras e frases que o permitam se virar sozinho quando viajar à Alemanha, ou apenas saber falar "Oi, como vai?" para o seu vizinho falante de alemão. Use este livro no seu ritmo, lendo quanto mais ou quanto menos você quiser. Também não há a necessidade de seguir a ordem dos capítulos; você pode apenas ler as seções que o interessam.

Nota: Se você nunca aprendeu alemão antes, talvez prefira ler os capítulos da Parte I antes de passar para os próximos. A Parte I oferece um pouco do básico que você precisará para aprender a língua, assim como o modo de pronunciar vários sons.

Convenções Usadas Neste Livro

Para facilitar o uso deste livro, preparamos algumas convenções:

- ✔ Os termos em alemão estão marcados em **negrito**, e assim são mais enfatizados.

- ✔ As pronúncias estão em *itálico,* seguindo os termos em alemão.

- ✔ As conjugações verbais (listas que mostram as formas dos verbos) estão apresentadas em tabelas com os pronomes na seguinte ordem: "eu" (ich), "você" (du; forma singular, informal), "você" (Sie; forma singular, formal, que corresponderia a "o[a] Senhor[a]"), "ele/ela" (er/sie/es; es é a forma neutra usada no alemão, que não é usada em português), "nós" (wir), "vocês" (ihr; forma plural, informal), "vocês" (Sie; forma plural, formal, que corresponderia a "os[as] Senhores[as]") e "eles/elas" (sie). As pronúncias são apresentadas na segunda coluna, como no exemplo a seguir:

Conjugação	*Pronúncia*
ich werde	iç̧h <u>vé:</u>rde
du wirst	du virst
Sie werden	zi: <u>vé:r</u>den
er, sie, es wird	eâr/zi:/es virt
wir werden	viâr <u>vé:r</u>den
ihr werdet	iâr <u>vé:r</u>det
Sie werden	zi: <u>vé:r</u>den
sie werden	zi: <u>vé:r</u>den

Como o aprendizado de línguas é um trabalho peculiar, este livro inclui alguns elementos que não são encontrados em outros da série *Para Leigos*®. Você encontrará os seguintes novos elementos:

- ✔ **Diálogos "Tendo uma Conversa":** A melhor maneira de aprender uma língua é ver e ouvir como ela é usada na conversação; portanto, nós incluímos diálogos ao longo do livro. Os diálogos são apresentados com o subtítulo "Tendo uma Conversa" e mostram as palavras em alemão, suas pronúncias e a tradução para o português.

- ✔ **Quadros de Palavras e frases úteis:** Memorizar as palavras e frases--chave também é importante para o aprendizado de uma língua; por isto, nós coletamos as palavras importantes de cada capítulo (ou seção dentro de um capítulo) em um quadro, com o título "Palavras e frases úteis".

Introdução **3**

> ✔ **Passatempo:** Se você não conhece nenhum falante de alemão com quem possa praticar suas habilidades com a nova língua, você pode usar a seção "Passatempo" para reforçar o que você aprendeu. Esses jogos de palavras são modos divertidos de avaliar o seu progresso no aprendizado da língua.

Observe também que, como cada língua tem suas maneiras próprias de expressão de ideias, as traduções para o português que nós provemos dos termos em alemão podem não ser literais. Nossa intenção é fazer com que você saiba o que está sendo dito, e não apenas aprenda as palavras ditas. Por exemplo, a frase **Es geht** (*es guet*) pode ser traduzida literalmente como "Isso vai", mas a frase, na verdade, significa "Mais ou menos", de modo que este livro mostra a tradução como "Mais ou menos".

Penso que...

Para realizar este livro, nós precisamos fazer algumas suposições sobre você e sobre o que espera de um livro chamado *Alemão Para Leigos®*. Estas são as suposições que fizemos sobre você:

> ✔ Você não sabe nada de alemão – ou, no caso de ter aprendido alemão na escola, não se lembra de mais nenhuma palavra.
>
> ✔ Você não busca um livro que o torne fluente em alemão; quer apenas saber algumas palavras, frases e construções para poder se comunicar e obter informações básicas em alemão.
>
> ✔ Você não quer ter de memorizar longas listas de vocabulário ou um monte de regras gramaticais cansativas.
>
> ✔ Você quer, ao mesmo tempo, se divertir e aprender um pouco de alemão.

Se isso se aplica a você, você achou o livro certo!

Como Este Livro Está Organizado

Este livro é dividido em partes, que são divididas em capítulos. As seções seguintes mostram os tipos de informações que você encontrará em cada parte.

Parte I: Para Começar

Esta parte o introduz aos pontos básicos da língua alemã: como pronunciar as palavras, como formular frases, e assim por diante. Nós até reforçamos sua segurança com a língua introduzindo algumas palavras em alemão que provavelmente você já sabe. Por fim, sublinhamos os pontos básicos da gramática alemã que você pode precisar saber quando ler os capítulos seguintes do livro.

Parte II: Alemão em Ação

Nesta parte, você começará a aprender a usar o alemão. Em vez de se concentrar nos pontos gramaticais, como muitos livros-texto de idiomas fazem, esta parte enfatiza as situações do dia a dia, como fazer compras no shopping, jantar fora e falar sobre assuntos simples.

Parte III: Alemão para Viagem

Esta parte oferece as ferramentas que você precisa para usar o alemão nas suas andanças, não importa aonde for, seja um restaurante alemão na sua cidade ou um museu pela Alemanha. Esta parte trata de todos os aspectos das viagens na Alemanha, e até apresenta um capítulo que o ajuda a lidar com emergências.

Parte IV: A Parte dos Dez

Se você está procurando por algumas informações de fácil absorção sobre a Alemanha, esta parte foi feita para você. Nela você pode encontrar dez maneiras de aprender alemão de forma rápida, dez expressões úteis, dez coisas que nunca devem ser ditas em alemão, e muito mais.

Parte V: Apêndices

Esta parte do livro inclui informações importantes que você pode usar como referência. Nós incluímos tabelas de verbos que mostram como conjugar verbos regulares e também como conjugar aqueles verbos que teimosamente não seguem o padrão. Nós também oferecemos uma lista de faixas de áudio que acompanha o livro, assim você pode saber onde encontrar os diálogos no livro e acompanhá-los. Também incluímos as respostas de alguns dos quebra-cabeças da seção "Passatempo" que aparecem no livro. Por fim, oferecemos um minidicionário em ambos os formatos Alemão–Português e Português–Alemão. Se encontrar uma palavra em alemão que não conhece, ou se precisar saber uma palavra específica em alemão, você pode dar uma olhada nesta parte.

Ícones Usados Neste Livro

Você pode estar procurando por uma informação específica enquanto está lendo o livro. Para tornar certos tipos de informação mais fáceis de serem encontrados, nós incluímos os seguintes ícones nas margens esquerdas do livro:

Introdução 5

 Este ícone mostra dicas que tornam mais fácil o aprendizado do alemão.

 Lembre-se = Este ícone acentua informações interessantes que você não deve esquecer.

 Falando em Gramática = As línguas são cheias de armadilhas que podem fazer você se enrolar se não estiver preparado para elas. Este ícone mostra discussões sobre essas regras de gramática ardilosas.

 Janela Cultural = Se você está em busca de informações e dicas sobre cultura e viagem, procure por estes ícones. Você encontrará algumas notas interessantes sobre os países nos quais se fala o alemão.

 As faixas de áudio que acompanham este livro dá a você a oportunidade de ouvir autênticos falantes de alemão, assim você pode entender melhor como soa a língua alemã. Este ícone marca os diálogos "Tendo uma Conversa" que você encontrará nas faixas de áudio.
Você pode encontrar os arquivos de áudio online de forma gratuita. Basta entrar em www.altabooks.com.br e buscar pelo nome do livro ou ISBN.

De Lá para Cá, Daqui para Lá

Aprender uma língua é como mergulhar nela e tentar usá-la, não importando o quão ruim é a sua pronúncia no início. Então, dê este salto! Comece do início, pegue um capítulo que o interessa, ou toque os áudios no seu rádio ou computador e ouça alguns diálogos. Quando menos esperar, você já estará dizendo "Ja!" quando alguém perguntar "Sprechen Sie Deutsch?"

6 Alemão Para Leigos®

Parte I
Para Começar

"O que se diz agora – um cumprimento formal ou informal?"

Nesta parte...

Você deve começar de algum lugar, mas acreditamos que você sabe muito mais alemão do que imagina. Não acha? Então, dê uma olhada no Capítulo 1. Os Capítulos 2 e 3 apresentam algumas informações essenciais de gramática que, de qualquer modo, você precisa absorver. Mas não se preocupe, nós faremos você se divertir muito enquanto aprende!

Capítulo 1
Você Já Sabe um Pouco de Alemão

Neste Capítulo

- Reconhecendo o alemão que você já sabe
- Uso de expressões populares
- Tagarelando: Pronúncia básica

A melhor maneira de aprender uma nova língua é fazer a imersão total – portanto, neste capítulo, você dará um mergulho direto na língua alemã. Este capítulo mostra o alemão que você já sabe, apresenta algumas expressões alemãs populares e explica como pronunciar a língua alemã.

O Alemão que Você Sabe

Se você conhece um pouco de inglês, isto pode facilitar o aprendizado da língua alemã, pois o alemão e o inglês pertencem ao grupo de línguas germânicas. Portanto, há algumas palavras que são idênticas ou similares entre essas duas línguas, que são chamadas *cognatos*.

Amigos aliados (cognatos perfeitos)

As seguintes palavras são escritas da mesma forma e têm o mesmo significado tanto em alemão quanto em inglês. As únicas coisas que são diferentes são a pronúncia e o fato de que, em alemão, todos os substantivos são iniciados com letra maiúscula.

10 Parte I: Para Começar

der **Arm** *(de:r arm)* (braço)

der **Bandit** *(de:r bandit)* (bandido)

die **Bank** *(di: bank)* (banco)

die **Basis** *(di: ba:sis)* (base)

blind *(blint)* (cego)

die **Butter** *(di: bu:ter)* (manteiga)

elegant *(elegant)* (elegante)

die **Emotion** *(di: emo:tsio:n)* (emoção)

emotional *(emo:tsional)* (emocional)

der **Finger** *(de:r fingâr)* (dedo)

die **Garage** *(di: ga:ra:ge)* (garagem)

die **Hand** *(di: hant)* (mão)

das **Hotel** *(das ho:tél)* (hotel)

die **Inspiration** *(di: inspiratsio:n)* (inspiração)

international *(internatsiona:l)* (internacional)

irrational *(irratsiona:l)* (irracional)

der **Kitsch** *(de:r kitch)* (brega)

modern *(mo:dérn)* (moderno)

der **Moment** *(de:r mô:ment)* (momento)

das **Museum** *(das muze:um)* (museu)

der **Name** *(de:r na:me)* (nome)

die **Nation** *(di: natsio:n)* (nação)

die **Olive** *(di: oli:ve)* (azeitona)

die **Orange** *(di: o:range)* (laranja)

parallel *(paralé:l)* (paralelo)

das **Photo** *(das fo:to)* (foto)

das **Problem** *(das proble:m)* (problema)

die **Religion** *(di: religuio:n)* (religião)

das **Restaurant** *(das restó:ran)* (restaurante)

die **Rose** *(di: ro:ze)* (rosa)

der **Service** *(de:r servis)* (serviço)

das **Signal** *(das zigna:l)* (sinal)

der **Sport** *(de:r chpórt)* (esporte)

die **Statue** *(di: chta:tue)* (estátua)

das **System** *(das züste:m)* (sistema)

das **Taxi** *(das taxi)* (táxi)

der **Tiger** *(de:r tigâr)* (tigre)

der **Tunnel** *(de:r tunel)* (túnel)

wild *(vilt)* (selvagem)

der **Wind** *(de:r vint)* (vento)

Capítulo 1: Você Já Sabe um Pouco de Alemão **11**

Primos-irmãos (cognatos próximos)

E há outras palavras, como as mostradas na Tabela 1-1, que são escritas quase da mesma forma em alemão e inglês e têm o mesmo significado. A Tabela 1-1 também mostra um pouco sobre as convenções de escrita; por exemplo, o "c" nas palavras em inglês é um "k" na maioria das palavras em alemão.

Tabela 1-1	Palavras com Significado Semelhante Entre o Inglês e o Alemão, com Leve Diferença na Pronúncia
Alemão	Inglês
die Adresse (di: a:dresse)	address (endereço)
der Aspekt (de:r aspekt)	aspect (aspecto)
blond (blônt)	blond/blonde (louro)
die Bluse (di: blu:ze)	blouse (blusa)
die Demokratie (di: demokra:ti:)	democracy (democracia)
direkt (direkt)	direct (direto)
der Doktor (de:r do-kto:r)	doctor (médico)
exzellent (ektselent)	excellent (excelente)
fantastisch (fantastich)	fantastic (fantástico)
das Glas (das gla:s)	glass (vidro)
der Kaffee (de:r kafê)	coffee (café)
die Komödie (di: komödi:)	comedy (comédia)
die Kondition (di: konditsio:n)	condition (condição)
das Konzert (das kontsert)	concert (concerto)
die Kultur (di: kultu:âr)	culture (cultura)
lang (lâng)	long (longo)
die Maschine (di: machi:ne)	machine (máquina)
die Maus (di: máus)	mouse (rato)
die Methode (di: metô:de)	method (método)
die Musik (di: musi:k)	music (música)
die Nationalität (di: natsiona:litê:t)	nationality (nacionalidade)
die Natur (di: natu:âr)	nature (natureza)

(continua)

Parte I: Para Começar

Tabela 1-1 (continuação)

Alemão	Inglês
der Ozean (de:r o:tse:an)	ocean (oceano)
das Papier (das papi:âr)	paper (papel)
perfekt (perfekt)	perfect (perfeito)
potentiell (potentsiél)	potential (potencial – adjetivo)
das Programm (das pro:grâm)	program (programa)
das Salz (das zalts)	salt (sal)
der Scheck (de:r chek)	check (cheque)
der Supermarkt (de:r zu:pârmarkt)	supermarket (supermercado)
das Telefon (das têlefo:n)	telephone (telefone)
die Theorie (di: te:o:ri:)	theory (teoria)
die Tragödie (di: tragö:di:)	tragedy (tragédia)
die Walnuss (di: va:lnus)	walnut (noz)

Falsos amigos (falsos cognatos)

Como em todas as línguas, o alemão tem falsos amigos com o inglês – aquelas palavras que parecem muito semelhantes, mas geralmente têm sentido completamente diferente e faz muitas pessoas se confundirem:

- **After** *(af-têr)*: Se você quer evitar constrangimento, deve se lembrar do significado desta palavra. Ela significa "ânus" e não "depois", como no inglês. A palavra alemã para "depois" é **nach** *(naçh)* ou **nachdem** *(naçhdehm)*.

- **aktuell** *(aktu-él)*: Esta palavra significa "atual", não "realmente" ou "na verdade", como poderíamos associar ao inglês. A tradução alemã de "na verdade" é **tatsächlich** *(ta:tséçh-liçh)*.

- **also** *(alzo:)*: Significa "então", "portanto", e não "também" ("also" em inglês). "Também" em alemão é **auch** *(auçh)*.

- **bekommen** *(bekómen)*: Este é um verbo importante de ser lembrado. Significa "receber", e não "tornar-se" ("to become" em inglês). "Tornar-se" em alemão é **werden** *(vé:rden)*.

- **Bowle** *(bo:le)*: Esta é uma bebida mista de frutas e álcool e não uma "bacia" (como poderíamos associar ao inglês) que em alemão, é **Schüssel** *(chü:sél)* (onde você coloca comida) ou **Kugel** *(ku-gael)* (bola, esfera).

- **brav** *(bra:f)*: Significa "bem comportado", não "bravo" ("brave" em inglês). "Bravo" em alemão é **böse** *(bö:ze)*.

- **Brief** *(bri:f)*: Significa "carta", e não "curto" ("brief" em inglês). Curto em alemão é **kurz** *(kurts)*.

Capítulo 1: Você Já Sabe um Pouco de Alemão   *13*

✔ **Chef** *(che-f)*: Esta é a pessoa de quem você recebe ordens, que está no comando. Esta palavra alemã pode associar-se a outras, de acordo com a atividade ou profissão exercida. Ex.: **Chefkoch** *(Chef koçh)*.

✔ **eventuell** *(e:ventu:el)*: Esta significa "possivelmente", "talvez". Para "ocasionalmente", seria melhor dizer **gelegentlich** *(guele:guentliçh)* em alemão.

✔ **genial** *(gê-ni-ahl)*: Este adjetivo descreve uma ideia ou pessoa "geniosa", e não "genial". A palavra alemã para "genial" é **heiter** *(hy-ter)*.

✔ **Kind** *(kint)*: Esta palavra alemã significa "criança" e não tem nada a ver com o inglês "kind" (gentil). "Gentil" em alemão é **nett** *(nét)* ou **liebenswürdig** *(li:bensvë:rdiçh)*.

✔ **Komfort** *(kômfo:rt)*: Esta palavra significa "conforto" e, como em português, descreve algo que é confortável – e não "consolo". A palavra alemã para "consolo" é **Trost** *(tro:st)*.

✔ **kurios** *(kurrio:s)*: Esta palavra significa "estranho", "raro", e não "curioso". A palavra alemã para "curioso" é **neugierig** *(nóigui:riçh)*.

✔ **Most** *(most)*: Esta é a palavra alemã para "sidra". Pode ser confundida com o inglês "most" (a maioria). A "maioria" em alemão é **das meiste** *(das máiste)*; por exemplo, você pode dizer **die meisten Leute** *(di: máisten lóite)* (a maioria das pessoas).

✔ **ordinär** *(or-di-nér)*: Esta palavra significa "vulgar", de baixa qualidade, e não "comum". A palavra alemã para "normal" é **normal** *(nor-ma:l)* ou **gewöhnlich** *(gue:vo:nliçh)*.

✔ **pathetisch** *(patê:tich)*: Significa melodramático, e não "patético" ("pathetic" em inglês). "Patético" em alemão é **jämmerlich** *(ie:merliçh)* ou **armselig** *(armze:liçh)*.

✔ **Provision** *(provizio:n)*: Significa "comissão", gratificação, e não "provisão" ("provision" em inglês). A palavra em alemão para "provisão" é **Vorsorge** *(fo:rzórgue)* ou **Versorgung** *(ferzorgung)*.

✔ **psychisch** *(psich-ich)*: Esta palavra significa, como em português, "psíquico". Há a palavra **psychologish** *(psiçholo:gui:ch)* para "psicológico". Um dos significados da palavra **Medium** *(mê:dium)* é "médium" (referindo-se à pessoa) ou **telepathisch** *(telepa:tich)*.

✔ **See** *(ze)*: Esta palavra significa "mar" ou "lago", e não "ver" ("see" em inglês). "Ver" em alemão é **sehen** *(ze:en)*.

✔ **sensibel** *(zenzí:bel)*: O significado desta palavra é "sensível", e não "razoável", que traduz em **vernünftig** *(ver-nünftiçh)*.

✔ **sympathisch** *(Zuum-pah Tish)*: Esta palavra significa "bom", e não "simpática". A palavra alemã para "simpática" é **mitfühlend** *(mît-fuu-lent)*.

Parte I: Para Começar

Quem empresta e quem pede emprestado

Algumas palavras alemãs foram adotadas pela língua inglesa e continuaram com seu significado, mas com pronúncia diferente, como **Kindergarten** (_kindãrgarten_) (**Garten** é palavra alemã para a inglesa "garden", que significa "jardim"), **Zeitgeist** (_tsáitgáist_), **Leitmotiv** (_láitmotif_) e **Angst** (_angst_), um termo bem na moda ultimamente.

No entanto, a quantidade dessas palavras alemãs é mínima comparada à das palavras de língua inglesa que foram incorporadas à língua alemã. Na verdade, os puristas linguísticos constantemente reclamam sobre o crescimento dos "anglicismos". Algumas vezes, as combinações do inglês com o alemão originam interessantes esquisitices linguísticas. Você pode ouvir, por exemplo, **das ist gerade in/out** (_das ist guera:de in/out_) (isto agora está _in/out_) ou **check das mal ab** (_chek das ma:l ap_) (faça uma verificação).

Mostramos, a seguir, uma lista de palavras da língua inglesa que comumente são usadas em alemão:

- **der Boss** (chefe)
- **das Business** (negócios)
- **die City** (cidade)
- **cool** ("legal")
- **das Design** (projeto)
- **der Dress Code** (regras de vestimenta)
- **das Event** (acontecimento)
- **Fashion** (usada sem artigo) (moda)
- **das Feeling** (sentimento)
- **das Fast Food** (fast-food - lanchonete)
- **Hi** (olá)
- **hip** (interjeição, exclamação de aplauso)
- **der Hit** (o sucesso)
- **das Jet Set** (jato)
- **der Job** (emprego)
- **das Jogging** (corrida)
- **der Manager** (gerente)
- **das Marketing** (marketing)
- **Okay** (expressão de aprovação)
- **das Outing** (passeio)

Capítulo 1: Você Já Sabe um Pouco de Alemão **15**

✔ **overdressed/underdressed** (vestir-se inapropriadamente, para mais ou para menos)

✔ **die Party** (festa)

✔ **das Ranking** (principalmente esportes)

✔ **das Shopping**

✔ **die Show/Talkshow** (espetáculo)

✔ **das Steak** (bife)

✔ **der Thriller** (história)

✔ **das Understatement** (subestima/atenuação)

✔ **Wow** (uau)

E, finalmente, há alguns termos "falsos" em inglês que são frequentemente usados em alemão. São palavras da língua inglesa que não seriam usadas no mesmo contexto na maneira de falar inglesa. Por exemplo, a palavra alemã para celular é "Handy", e há o termo "Party Service", empresa que fornece bebidas e comidas para festas e outros eventos públicos.

Tendo uma Conversa

Não tenha uma impressão errada e pense que o diálogo a seguir lhe dará a ideia das conversas típicas dos alemães. No entanto, não é impossível que você ouça este tipo de diálogo misto entre os jovens moderninhos – que, claro, deixaria os puristas linguísticos esbravejando. Neste cenário, duas amigas – vamos chamá-las de Claudia e Heike – encontram-se na rua.

Claudia: **Hi, wie geht's? Wie ist der neue *Job*?**
Hi, vi: gue:ts? Vi: ist de:r nóie job
Oi, como vai? Como está o novo trabalho?

Heike: **Super! Ich mache *Marketing* und mein *Boss* ist total nett.**
zupâr! Içh mạçhe marketing unt máin boss ist tota:l nét
Muito bem! Trabalho com *marketing*, e meu chefe é muito legal.

Claudia: **Warst du in der *City*?**
Varst du in de:r city
Você esteve na cidade?

Heike: **Ja, *Shopping*. Heute ist eine *Party* bei meiner Firma. Der Dress Code ist da ziemlich hart. Ich hatte Angst, undressed zu sein.**
Ia, shopping. Hóite ist áine party bai máinâr firma: De:r dress code ist da: tsi:mliçh hart. Içh ha-te angst undressed tsu záin.
Sim, fazendo compras. Hoje tem uma festa na minha empresa. As regras de vestimenta lá são muito rigorosas. Fiquei com medo de estar mal vestida.

16 Parte I: Para Começar

Claudia:	**Zeig mal...** ***wow, cool!***
	Tsáik mal... wow cool
	Mostra... nossa, que legal!
Heike:	**Tja, ich dachte mir,** ***Understatement*** **ist sowieso** ***out.***
	Tiá, içh daçhte miâr, understatement ist zovi:zo out
	Bem, achei que, de qualquer maneira, subestimar está fora de moda.

Usando Expressões Populares

O alemão tem muitas expressões idiomáticas, típicas de uma língua e cultura. Se você as traduzir palavra por palavra, elas geralmente parecerão obscuras, e você terá na verdade que memorizar cada uma delas e o seu significado real para usá-las apropriadamente. Por exemplo, a expressão **ein Fisch auf dem Trockenen** (*áin fich auf de:m trokenen*) seria traduzida literalmente como "um peixe no seco", mas ela significa na verdade "um peixe fora d´água". Você ficaria se perguntando o que um alemão estaria tentando dizer quando falasse "Está chovendo barbante". É a tradução literal de **Es regnet Bindfäden** (*es regnet bintfê:den*), o equivalente em português de "Está chovendo canivete".

Outras expressões idiomáticas alemãs típicas são:

- ✔ **Das macht den Braten (den Kohl) nicht fett.** (*das maçht de:n bra:ten [den kô:l] niçht fét*) (Isso não torna o assado [repolho] gordo, o que significa: "isso não faz nenhuma diferença" ou "isso não ajuda em nada").

- ✔ **den Braten riechen** (*dein bra:ten ri:çhen*) (cheirar o assado, que significa "ficar sabendo de alguma coisa").

Além destas expressões, há muitas outras frequentemente usadas em alemão e que podem ser facilmente aprendidas:

- ✔ **Prima!** (*pri:ma*) (Ótimo!)

- ✔ **Klasse!** (*klasse*) (Ótimo!)

- ✔ **Toll!** (*tól*) (Ótimo!)

- ✔ **Einverstanden.** (*áinferchtanden*) (De acordo/Está bem)

- ✔ **Geht in Ordnung.** (*gue:t in ordnung*) (Tudo certo)

- ✔ **Wird gemacht.** (*virt gemaçht*) (Está bem/Vou fazer)

- ✔ **Keine Frage.** (*káine fra:gue*) (Sem dúvida)

Capítulo 1: Você Já Sabe um Pouco de Alemão 17

- **Macht nichts.** *(maçht niçhts)* (Não tem problema/Está bem)
- **Nicht der Rede wert.** *(niçht de:r rê:de vert)* (Não há de quê)
- **Schade!** *(cha:de)* (Que pena!)
- **So ein Pech!** *(zo: áin peçh)* (Que azar!)
- **Viel Glück!** *(vi:l glü:k)* (Boa sorte!)
- **Prost!** *(prô:st)* (Saúde! – quando as pessoas brindam)

Tagarelando: A Pronúncia Básica

Para pronunciar bem uma língua estrangeira é essencial deixar de lado o medo de soar estranho e nunca se corrigir. Se você ouvir a língua estrangeira falada na velocidade normal, talvez você não possa nem conseguir identificar uma palavra ou som reproduzível. Para dominar uma língua, você precisa aprender as regras básicas de pronúncia e se concentrar nas pequenas unidades, que podem se estender gradualmente – de sons a palavras e, então, a frases. O resto é prática, prática, prática.

Lidando com a sílaba tônica em alemão

Nas pronunciações mostradas neste livro, as sílabas tônicas são quase sempre sublinhadas!

Aprendendo o alfabeto alemão

O alfabeto alemão tem o mesmo número de letras que o da língua portuguesa, 26. No entanto, muitas letras são pronunciadas de forma diferente. A boa notícia é que as palavras em alemão são pronunciadas exatamente do jeito como são escritas. Se no português e no inglês muitas palavras são escritas de forma diferente de como são faladas, no alemão você não terá esta dúvida.

A Faixa 1 mostra os sons do alfabeto da língua alemã.

Parte I: Para Começar

Pronúncia das vogais

Na língua alemã as vogais (a, e, i, o, u) podem ter sons longos ou breves. Felizmente, há algumas regras gerais que podem ser usadas.

- ✔ Uma vogal é longa quando é seguida por um "h", como em **Stahl** (*shta:l*) (aço).

- ✔ Uma vogal é longa quando é seguida de uma única consoante, como em **Tag** (*ta:k*) (dia).

- ✔ Uma vogal é longa quando é duplicada, como em **Teer** (*te:ãr*) (alcatrão) ou **Aal** (*a:l*) (enguia).

- ✔ Em geral, uma vogal é curta, quando seguida por duas ou mais consoantes, como em **Tanne** (*tã-ne*) (pinheiro).

A Tabela 1-2 dá uma ideia de como as vogais da língua alemã são pronunciadas, com exemplos acompanhados de sua escrita fonética – a combinação de letras que servem como o equivalente do português da pronúncia do alemão.

Na escrita fonética deste livro, os dois pontos indicam a vogal longa; quando a vogal não está seguida de dois pontos, significa que ela é breve.

Tabela 1-2	Pronúncia das Palavras em Alemão		
Letra do Alemão	*Símbolo*	*Como Soa no Português*	*Palavra em Alemão*
a (longa)	[a:]	asa	**Laden** (la:den) (loja)
a (breve)	[a]	padaria	**Platz** (plats) (lugar)
e (longa)	[e:]	medo	**Leben** (le:ben) (vida)
e (breve/tônico)	[e] (ou [é])	resto	**Bett** (bét) (cama)
e (breve/não tônico)	[e]	alegria	**Lachen** (laçhen) (rir)
i (longo)	[i:]	quilo	**Ritus** (ri:tus) (rito)
i (breve)	[i]	bis	**Milch** (milçh) (leite)
o (longo)	[o:] (ou [ó:])	hoje	**Lob** (lo:p) (elogio)
o (breve)	[ô]	poste	**Motte** (mô-te) (traça)

Capítulo 1: Você Já Sabe um Pouco de Alemão **19**

Letra do Alemão	Símbolo	Como Soa no Português	Palavra em Alemão
u (longo)	[u:]	luto	Tube (tu:be) (tubo)
u (breve)	[u]	mundo	Rum (rum) (rum)

As vogais do alemão são pronunciadas exatamente como as vogais do português!

Pronúncia dos umlauts

Você provavelmente já viu esses dois pontinhos que algumas vezes aparecem nas vogais das palavras alemãs. Eles se chamam **Umlaute** (*umlaute*) (metafonia). Eles alteram suavemente os sons das vogais, como mostrado na Tabela 1-3.

Tabela 1-3		Pronúncia das Vogais com Metafonia	
Letra do Alemão	Símbolo	Como soa em Português	Palavra em Alemão
ä (longa)	[ê:]	Som de ê, mas com lábios de ã	Nächste (nä:çhte) (próximo)
ä (breve)	[é]	Som de é	Bäcker (bé:quâr) (padeiro)
ö	[ö:]	Som de ê, mas lábios de ô	Hören (hö:ren) (ouvir)
ü	[ü:]	Som de i, mas lábios de u	Tür (tü:âr) (porta)

Os substantivos às vezes adquirem umlaut quando passam para o plural.

Pronúncia dos ditongos

Os ditongos são combinações de duas vogais em uma sílaba (como no português "pai"), e a língua alemã tem um bocado deles, como mostrado na Tabela 1-4.

Tabela 1-4		Pronúncia dos Ditongos em Alemão	
Ditongos do Alemão	Símbolo	Como Soa no Português	Palavra em Alemão
ai	[ái]	pai	Mais (máis) (milho)
au	[áu]	mau	laut (láut) (barulhento)

(continua)

Tabela 1-4	Pronúncia dos Ditongos em Alemão (*continuação*)		
Ditongos do Alemão	Símbolo	Como Soa no Português	Palavra em Alemão
au	[ó]	morte	**Restaurant** (restó:ran) (restaurante)
äu/eu	[ói]	constrói	**Häuser** (róisâr) (casas)/ **Leute** (lóite) (pessoas)
ei	[ái]	mais	**Ein** (áin) (um/uma)/**mein** (máin) (meu/minha)
ie	[i:]	menino	**Liebe** (li:be) (amor)

Pronúncia das consoantes

Você deve ficar aliviado em saber que os sons das consoantes no alemão não são tão incomuns como os das vogais. Na verdade, as consoantes da língua alemã são pronunciadas ou como seus equivalentes na língua portuguesa ou como outras consoantes do português. Bem, há algumas singularidades e exceções, que mostraremos adiante.

As letras **f, k, l*, m, n, p, t** e **x*** são pronunciadas como no português.

Também no final da palavra a letra "l" é pronunciada como [l], e não como [u], como no português.

A letra "r" no final da palavra é pronunciada de forma diferente. Ela tem um som uvular, quase não é falada, e está representada na escrita fonética deste livro por [âr]; fora isto, o "r" tem sempre a pronúncia forte, como "rr".

A letra x é pronunciada sempre como em "fax".

Vogais antes de "m" ou "n" não têm som nasal como em português.

A letra "t" final deve ser pronunciada como em "ta̱tu" e não como "tchi".

A Tabela 1-5 mostra como as outras consoantes da língua alemã são pronunciadas, como exemplos e sua escrita fonética.

Tabela 1-5	Pronúncia das Consoantes Selecionadas do Alemão		
Letra do Alemão	Símbolo	Como Soa no Português	Palavra em Alemão
b	[p]	pedra	**Abfahrt** *(apfa:rt)* (partida)
b	[b]	bola	**Bild** *(bilt)* (foto, figura)
c	[k]	casa	**Café** *(kafê:)* (café)

Capítulo 1: Você Já Sabe um Pouco de Alemão 21

Letra do Alemão	Símbolo	Como Soa no Português	Palavra em Alemão
c	[ts]	tsar	**Celsius** (tselzius) (Celsius)
c	[tch]	tchau	**Cello** (tché-lo:)
d	[t]	tatu	**blind** (blint) (cego)
d	[d]	dado	**durstig** (durstiçh) (com sede)
g	[g]	galo	**geben** (gue:ben) (dar)
g	[k]	casa	**Tag** (ta:k) (dia)
h	[h], aspirado, diferente de rr, como no inglês "hello"	–	**Hallo** (halô) (oi)
j	[i]	iogurte	**ja** (ia:) (sim)
qu	[kv], pronunciado numa mesma emissão de voz	–	**Quatsch** (kvatch) (bobagem)
s (no início da palavra)	[z]	zebra	**sieben** (zi:ben) (sete)
s (meio/final palavra)	[s]	sábado	**Haus** (háus) (casa)
v	[f]	faca	**Vogel** (fo:gel) (pássaro)
v	[v]	viola	**Vase** (va:ze)
w	[v]	viola	**Wald** (valt) (floresta)
y	[i]	iogurte	**Yoga** (iô:ga) (ioga)
y	Como em [ü]	–	**System** (zü:ste:m) (sistema)
z	[ts]	tsar	**Zahl** (tsa:l) (número)

Tabela 1-5 Pronúncia das consoantes selecionadas do alemão

22 Parte I: Para Começar

Aprendendo uma nova letra: ß

Na língua alemã escrita, você pode se deparar com uma letra, **ß** (*es-tset*), que é uma combinação da letra **s** (*és*) com a letra **z** (*tset*) e é pronunciada como um "s" suave. Esta letra, sozinha, é considerada uma consoante, mas não é adicionada ao alfabeto.

Antes, havia muitas palavras da língua alemã que podiam ser escritas com "ss" ou com "ß" (o som é idêntico), e era uma armadilha saber a escrita certa de cada uma delas. No entanto, recentemente, a língua alemã sofreu uma reforma ortográfica que solucionou este problema. A regra é a seguinte:

- ✔ Depois de uma vogal longa, o "s" nítido é escrito com "ß" – por exemplo em **Fuß** (*fu:s*) (pé).
- ✔ Depois de uma vogal breve, o "s" nítido é escrito com "ss" – por exemplo em **Fass** (*fas*) (barril).

Observe que na Suíça, o ß nunca é usado. No lugar dele, os suíços sempre escrevem as palavras com "ss".

Pronúncia dos encontros consonantais

A língua alemã apresenta algumas combinações de consoantes que não ocorrem no português. A maioria delas é fácil de pronunciar, com exceção de "ch", que não é familiar à língua portuguesa.

A pronúncia do "ch"

A combinação **ch** é a mais ardilosa da língua alemã e, talvez, a mais difícil para os falantes do português. Não há um equivalente para ela na língua portuguesa (nós a representamos na escrita fonética deste livro como [çh]), e você deve, na verdade, aprender um novo som para dizê-la.

Tente se aproximar deste som começando com a pronúncia de "s", mas com a ponta da língua na parte de trás dos dentes inferiores e levantando a base da língua até tocar o céu da boca. Se você praticar um pouco, não terá problema em pronunciar as palavras **ich** (*içh*) (eu) e **vielleicht** (*fi:láiçht*) (talvez).

A boa notícia é que há algumas palavras em que "ch" é simplesmente pronunciado como "k", como, por exemplo, em **Wachs** (*vaks*) (cera) ou **Lachs** (*laks*) (salmão).

A pronúncia de ck, sch, sp e st

A Tabela 1-6 mostra como pronunciar alguns outros encontros consonantais comuns.

Tabela 1-6   Pronúncia de ck, sch, sp e st

Letra do Alemão	Símbolo	Como Soa no Português	Palavra em Alemão
ck	[k]	casa	**Dreck** (drék) (sujeira)
sch	[ch]	chave	**Tisch** (tich) (mesa)
sp	[chp]	"ch" como em "chave" e "p" como em "pai"	**spät** (chpä:t) (tarde)
st (início da palavra)	[cht]	"ch" como em "chave" e "t" como em "tatu"	**Stadt** (chtát) (cidade)
st (meio da palavra)	[st]	"s" como em "sábado" e "t" como em "tatu"	**Last** (lást) (encargo)
tsch	[tch]	t" como em "tatu" e "ch" como em "chave"	**Deutsch** (dóitch) (alemão)

No encontro "th", o "h" pode ser mudo, como no português, conforme as palavras **Theorie** (*te:o:ri:*) (teoria) e **Theologie** (*te:o:logui:*) (teologia), ou as letras "t" e "h" são pronunciadas separadamente, porque elas geralmente pertencem aos diferentes componentes do substantivo composto, como nas palavras **Rasthaus** (*rástháus*) (hospedaria) ou **Basthut** (*básthu:t*) (chapéu de palha).

24 Parte I: Para Começar

Capítulo 2

Os Pontos Fundamentais: Gramática Básica Alemã

Neste Capítulo

- Construção de frases simples
- Formulação de perguntas
- Apresentação de verbos regulares e irregulares
- Os tempos: Passado, presente e futuro
- Argumentando os casos
- Contando em alemão

Ao pensar sobre a gramática, você poderia imaginar uma cômoda com muitas gavetas. Mas, ao invés de um monte de roupas, as gavetas teriam partes diferentes da linguagem (substantivos, verbos, adjetivos e advérbios), cada parte em uma gaveta. Agora imagine que é de manhã cedinho e você está pronto para expressar a sua primeira frase em alemão. Para começar, você abre a gaveta dos substantivos e retira a palavra **Socken** (*zóken*) (meias). Depois disto, você precisa descrever suas meias e retira da gaveta de adjetivos a palavra **grün** (*grü:n*) (verdes). Então, o que você faz com suas meias verdes? Você as calça, é claro. Em seguida, você vasculha a gaveta de verbos e retira dela o verbo **anziehen** (*antsi:en*) (calçar). Você está indo muito bem até que olha para o relógio e percebe que está atrasado. O que fazer? Você corre para a gaveta dos advérbios e puxa a palavra **schnell** (*chnél*) (rapidamente). Sem saber, você formou uma frase inteira retirando essas palavras do armário: **Ich ziehe schnell die grünen Socken an.** (*ich tsi:e chnél di: grü:nen zóken an*) (eu calço rapidamente as meias verdes).

Este capítulo faz o uso da gramática parecer tão fácil quanto se vestir de manhã. No início você pode se sentir um tanto inseguro, mas assim que entender algumas regras básicas, usará a gramática sem pensar – assim como os nativos. Siga o fluxo, fique frio e tudo correrá bem.

Neste livro você encontrará diálogos que usam a gramática básica em frases que você também poderá ouvir nos áudios. Os pontos importantes da gramática são explicados em curtas seções assinaladas pelo ícone "Falando Corretamente". Sem perceber, você estará saindo por aí falando alemão.

Tipos de Palavras

Para construir uma simples frase, você precisa de um determinado número de elementos de construção: os substantivos, adjetivos, verbos e advérbios são os tipos de palavras mais importantes.

Substantivos

Todos os substantivos alemães têm um gênero. Eles podem ser masculinos, femininos ou neutros. E, a maioria deles, pode estar ou no singular ou no plural.

Os substantivos geralmente aparecem acompanhados de artigos definidos "o"/"a"ou indefinidos, como "um"/"uma". A melhor maneira de se familiarizar com o gênero de um substantivo alemão é lembrar da palavra junto com o artigo definido que a acompanha, que pode ser "der" (*de:r*), "die" (*di:*) ou "das" (*das*), dependendo do gênero da palavra.

Quando encontrar novos substantivos, lembre-se da palavra junto com seu artigo. Por exemplo, memorize **der Garten** (*de:r garten*) (o jardim), em vez de apenas **Garten** (*garten*) (jardim), **die Tür** (*di: tuâr*) (a porta), em vez de apenas **Tür** (*tuâr*) (porta), e **das Haus** (*das háus*) (a casa), em vez de apenas **Haus** (*háus*) (casa).

No plural, as coisas são comparativamente mais fáceis. O artigo definido para todas as palavras no plural é **die** (*di:*), e o artigo indefinido não aparece no plural: "um jardim" se transforma em "jardins".

Por outro lado, nas diferentes declinações, os três artigos definidos **der**, **die** e **das** passam por todos os tipos de mudanças. Leia a seção "Usando a Língua no Caso Certo", adiante neste capítulo e observe suas várias nuances.

Adjetivos

Os adjetivos descrevem os substantivos. No alemão, os adjetivos têm diferentes terminações dependendo do gênero, do caso (mais detalhes adiante neste capítulo) e do número (singular ou plural) do substantivo que eles acompanham, dependendo se o adjetivo é acompanhado por artigo definido, artigo indefinido ou se não é acompanhado por nenhum artigo.

Há certas terminações para adjetivos acompanhados pelo artigo definido: usaremos os adjetivos **schön** (*chö:n*) (bonito), **weiß** (*váis*) (branco), **groß** (*gro:s*) (grande) e **klein** (*kláin*) (pequeno) como exemplos. As terminações dos adjetivos aparecem em itálico:

- ✔ **der schön*e* Garten** (*de:r chö:ne garten*) (o jardim bonito)
- ✔ **die weiß*e* Tür** (*di: váisse tuãr*) (a porta branca)
- ✔ **das klein*e* Haus** (*das kláine háus*) (a casa pequena)
- ✔ **die groß*en* Häuser** (*di: gro:ssen hóizãr*) (as casas grandes)

Há certas terminações para artigos acompanhadas por artigo indefinido:

- ✔ **ein schön*er* Garten** (*áin chönãr garten*) (um jardim bonito)
- ✔ **eine weiß*e* Tür** (*áine váisse tuãr*) (uma porta branca)
- ✔ **ein klein*es* Haus** (*áin kláines háus*) (uma casa pequena)
- ✔ **groß*e* Häuser** (*gro:sse hóizãr*) (casas grandes)

Há certas terminações para adjetivos que são usadas isoladamente:

- ✔ **schön*er* Garten** (*chö:nãr garten*) (jardim bonito)
- ✔ **weiß*e* Tür** (*váisse tuãr*) (porta branca)
- ✔ **klein*es* Haus** (*kláines háus*) (casa pequena)
- ✔ **groß*e* Häuser** (*grosse hóizãr*) (casas grandes)

Estas são as terminações dos adjetivos no caso do sujeito (ou nominativo). As terminações para os outros casos serão vistas mais tarde.

Se o adjetivo não é precedido por um artigo definido, ele fica com a terminação do artigo definido.

Verbos

Os verbos expressam ações ou estados. Aquele que pratica a ação é o seu sujeito, e o verbo sempre tem sua terminação ajustada de acordo com o sujeito. Por exemplo: "a porta se abre", mas "as portas se abrem" e assim por diante.

A forma verbal que não tem nenhuma marca para indicar o seu sujeito ou tempo (passado, presente ou futuro) é chamada de *infinitivo*. Os infinitivos no alemão geralmente têm a terminação **–en**, como em **lachen** (*laçhen*) (rir). Alguns verbos terminam com **–n**, **–rn** ou **–ln**. No português, o infinitivo termina com a letra "r".

Os verbos regulares não mudam o seu radical, e suas terminações são sempre as mesmas. A seguir, mostramos as terminações do verbo **sagen** (*za:guen*) (dizer), complementando o seu radical **sag-**:

ich sag-e (eu digo)

du sag-st (você [informal] diz)

Sie sag-en (você [formal], ou o[a] senhor[a], diz)

er, sie, es sag-t (ele/ela diz [**es** se refere ao substantivo neutro no alemão])

wir sag-en (nós dizemos)

ihr sag-t (vocês [informal] dizem)

Sie sag-en (vocês [formal], ou os[as] senhores[as] dizem)

sie sag-en (eles dizem)

Parece fácil não? Mas há, como sempre, exceções à regra: quando o radical do verbo termina em **–m**, **–n**, **–d** ou **–t**, você deve inserir um **–e** antes da terminação nas construções com **du**, **er/sie/es** e **ihr**:

du atm-e-st (você [informal] respira)

er arbeit-e-t (ele trabalha)

ihr bad-e-t (vocês [informal] tomam banho)

Por que isto ocorre? Tente pronunciar "atmst" e você descobrirá por quê.

Advérbios

Os advérbios acompanham verbos ou adjetivos e os descrevem. Em português, a maioria dos advérbios termina com –*mente* (como em: eu calço rapidamente as meias verdes). Em alemão, os advérbios são geralmente adjetivos com terminações que não se modificam.

Construção de Frases Simples

Os substantivos, verbos, adjetivos e advérbios geralmente não são lançados ao acaso; as palavras são ordenadas nas frases de acordo com certas regras.

Capítulo 2: Os Pontos Fundamentais: Gramática Básica Alemã **29**

Colocando as palavras na ordem certa

A ordem normal das palavras no alemão é semelhante à do português. O sujeito vem primeiro, seguido pelo verbo, que é, então, seguido pelo resto da frase. A menos que haja uma razão para não usá-la, esta é a ordem das palavras a ser seguida.

Sujeito	Verbo	Objeto
Meine Freundin	**hat**	**einen VW-Bus.**
máine fróindin	_hat_	_áinen fáu-ve: bus._
Minha amiga	tem	uma van/Kombi.

Colocando o verbo na segunda posição

Uma das coisas mais importantes a ser lembrada é a colocação do verbo na frase em alemão. Em orações independentes, como a apresentada na seção anterior e a seguinte, o verbo deve estar sempre na segunda posição, qualquer que seja ele.

> **Meine Freundin fährt nach Dänemark.** (_máine fróindin fe:rt nach de:nemark_) (Minha amiga vai à Dinamarca.)

E quando se adiciona uma informação nova?

> **Meine Freundin fährt morgen nach Dänemark.** (_máine fróindin fe:rt mórguen nach de:nemark_) (Minha amiga vai amanhã à Dinamarca).

Novamente, o verbo está na segunda posição.

E o que acontece se a frase começar com **morgen** (_mórguen_) (amanhã)?

> **Morgen fährt meine Freundin nach Dänemark.**

Morgen estará na primeira posição, e o verbo deve ficar na segunda posição; então, o sujeito seguirá o verbo. Tecnicamente, isto é chamado de _inversão do verbo_. Isto significa que o verbo e o sujeito trocam de posição, o que ocorre sempre que há algum outro elemento que não o sujeito na primeira posição na frase.

E quanto ao primeiro caso desta seção? Você poderia dar um rodopio e modificar a ordem das palavras? Claro que sim, contanto que o verbo fique na segunda posição. **Meine Freundin hat einen VW-Bus** se transforma em **Einen VW-Bus hat meine Freundin.** Sem problemas. Mas por que você faria isso? Geralmente, para modificar o elemento enfatizado. Por exemplo, você pode querer dizer:

Hat deine Schwester einen VW-Bus? Nein, meine Schwester hat einen BMW. Einen VW-Bus hat meine Freundin Heike. (*Hat dáine chvéstâr áinen fáu-ve: bus? Náin, máine chvéstâr hat áinen be:emve:. Áinen fáu-ve: bus hat máine fróindin háike*) (Sua irmã tem uma Kombi? Não, minha irmã tem uma BMW. Kombi quem tem é minha amiga Heike.)

Fährt deine Freundin heute nach Dänemark? Nein, morgen fährt sie nach Dänemark. (*fe:rt dáine fróindin hóite nach de:nemark? Náin, mórguen fe:rt zi: nach de:nemark*) (A sua amiga vai hoje à Dinamarca? Não, ela vai amanhã à Dinamarca.)

Os falantes de alemão não ficam confusos modificando a ordem das palavras desse jeito? Por isso, é usado o famoso sistema de casos no alemão. Os adjetivos e artigos que acompanham os substantivos e, em alguns casos, os próprios substantivos, adquirem diferentes terminações dependendo da sua função na frase. Então, não importa onde o substantivo aparece na frase, você sabe qual é a sua função apenas verificando a terminação do artigo (e/ou adjetivo) que o acompanha.

Veja mais detalhes na seção "Usando a Língua no Caso Certo", mais à frente neste capítulo.

Passando o verbo para o final

Os exemplos usados até aqui nesta seção são todos independentes nas sentenças, mas algumas vezes muitos elementos se combinam para formar uma estrutura mais complexa:

Meine Freundin sagt, dass sie nach Dänemark fährt. (*máine fróindin zagt das zi: nach de:nemark fe:rt*) (Minha amiga disse que vai à Dinamarca.)

O verbo principal **sagt** (*zagt*) (diz) está na segunda posição, como é esperado, mas o verbo da segunda oração introduzido por **dass** (*das*) (que) passa por toda a frase para chegar ao final. Isto ocorre em todas as orações subordinadas.

As orações subordinadas tipicamente começam com conjunções (palavras que conectam as frases), como **dass, weil, damit** (*das, vail, damit*) (que, porque, para que), e sempre terminam com um verbo conjugado.

Formulando perguntas

Quando se pretende fazer uma pergunta em alemão, deve-se começar a frase com o verbo, seguido pelo sujeito.

Fährt deine Freundin nach Dänemark? (*fe:rt dáine fróindin nach de:nemark?*) (A sua amiga vai à Dinamarca?)

Hat deine Freundin einen VW-Bus? (*hat dáine fróindin áinen fáu-ve: bus*) (Sua amiga tem uma van/Kombi?)

_____Capítulo 2: Os Pontos Fundamentais: Gramática Básica Alemã **31**

Outra maneira de obter uma informação é formular a pergunta usando um pronome interrogativo como **wer?** (*ve:r*) (quem?), **was?** (*vas*) (o que?), **wo?** (*vô:*) (onde?), **wann?** (*ván*) (quando?), **wie?** (*vi:*) (como?) ou **warum?** (*va:rum*) (por quê?). Você também pode formular uma pergunta com palavras ou frases, como **was für ein(e/en)...?** (*vas fü:âr áin/e/en*) (que tipo de ...?) ou **welche/r/s...?** (*vélçhe/r/s*) (qual?). Quando formular perguntas com estas palavras, o verbo vai para a sua posição habitual – a segunda:

- ✔ **Wer fährt nach Dänemark?** (*ve:r fe:rt naçh de:nemark*) (Quem vai à Dinamarca?)

- ✔ **Was für ein Auto hat deine Freundin?** (*vas fü:âr áin auto hat dáine fróindin*) (que tipo de carro a sua amiga tem?)

- ✔ **Wann fährt sie nach Dänemark?** (*ván fe:rt zi: naçh de:nemark*) (quando ela vai à Dinamarca?)

- ✔ **Wie kommt deine Freundin nach Dänemark?** (*vi: komt dáine fróindin naçh de:nemark*) (Como a sua amiga vai à Dinamarca?)

Os Tempos: Passado, Presente e Futuro

O tempo da oração depende de quando a ação sobre a qual se fala está acontecendo. As maneiras de perceber o conceito de tempo diferem levemente de uma cultura e língua para outras; portanto, o modo com que o tempo da oração é usado também difere.

Olhando para o presente

O tempo presente é muito útil no alemão. Você pode tomar um longo caminho apenas usando ele. O tempo presente no alemão corresponde ao presente e ao gerúndio do português, por exemplo, **ich denke** (*içh denke*) pode ser utilizado como equivalente para "eu penso" ou "eu estou pensando". E, dependendo do contexto, o tempo presente pode até funcionar como outros tempos, futuro ou passado, no português.

O tempo presente é usado para descrever o que está acontecendo agora:

- ✔ **Was machst du gerade?** (*vas maçhst du guera:de*) (O que você está fazendo agora?)

- ✔ **Ich lese die Zeitung.** (*içh le:ze di: tsáitung*) (Eu estou lendo o jornal.)

O tempo presente também pode descrever o que acontece às vezes, geralmente ou sempre:

Freitags gehe ich oft ins Kino. *(fraita:ks gue:e içh oft ins kino).* (Nas sextas-feiras geralmente vou ao cinema.)

O tempo presente também pode descrever o que vai acontecer:

> ✓ **Morgen fährt meine Freundin nach Dänemark.** *(mórguen fé:rt máine fróindin nach de:nemark)* (Amanhã a minha amiga vai à Dinamarca.)
>
> ✓ **Nächste Woche fahre ich nach Bremen.** *(nê:chste vóchee fa:re ich nach bre:men)* (Na próxima semana, vou a Bremen.)

Há uma forma simples comum de falar sobre o futuro na língua alemã, particularmente se há uma expressão de tempo na frase que fixa a ação claramente no futuro – por exemplo, **nächste Woche** *(nê:chste vóche)* (na próxima semana) ou **morgen** *(mórguen)* (amanhã).

E, finalmente, o tempo presente também pode descrever o que está acontecendo até agora:

Ich bin seit drei Tagen in Hamburg *(ich bin záit drái ta:guen in hamburg)* (Eu estou em Hamburgo há três dias).

Falando sobre o passado: Usando o Perfekt

O Perfekt é o principal tempo passado usado na língua alemã falada. É muito versátil: você pode usá-lo para falar sobre a maioria das ações e situações no passado. Corresponde ao pretérito perfeito da língua portuguesa; por exemplo, **Ich habe Anna letzte Woche gesehen** *(ich ha:be ana letste vóche geze:en)* (Eu vi a Ana na semana passada).

A maioria das formas verbais constrói o Perfekt com o verbo **haben** *(ha:ben)* (ter):

> ✓ **David hat mir geholfen.** *(da:vid hat miâr guehólfen)* (David me ajudou.)
>
> ✓ **Gestern haben wir ein Auto gekauft.** *(guéstern ha:ben viâr áin auto guekauft)* (Ontem nós compramos um carro.)

Capítulo 2: Os Pontos Fundamentais: Gramática Básica Alemã *33*

- ✔ **Anna hat die Zeitung gelesen.** (*Ana hat di: tsáitung guele:zen*) (Ana leu o jornal.)

- ✔ **Ich habe den Film gesehen.** (*içh ha:be de:n film gueze:en*) (Eu assisti ao filme.)

Alguns verbos exigem **sein** (*záin*) (ser), em vez do **haben** (*ha:ben*) (ter) para formar o Perfekt. Estes verbos geralmente descrevem alguma forma de movimento ou estado. Aqui estão alguns exemplos:

- ✔ **Ich bin ins Kino gegangen.** (*içh bin ins kino guegánguen*) (Eu fui ao cinema.)

- ✔ **Meine Freundin ist nach Dänemark gefahren.** (*máine fróindin ist naçh de:nemark guefa:ren.*) (Minha amiga foi à Dinamarca.)

- ✔ **Ich bin in Hamburg gewesen.** (*içh bin in hamburg gueve:zen*) (Eu estive em Hamburgo.)

- ✔ **Du bist mit dem Auto gekommen.** (*du bist mit de:m auto guekómen*) (Você veio de carro.)

- ✔ **Sie ist mit dem Zug gefahren.** (*zi: ist mit de:m tsuk guefa:ren*) (Ela foi de trem.)

- ✔ **Wir sind letzte Woche ins Kino gegangen.** (*viâr zint létste vóçhe ins kino guegánguen*) (Nós fomos ao cinema na semana passada.)

- ✔ **Seid ihr durch den Park gelaufen?** (*záit iâr durçh de:n park guelaufen?*) (Vocês atravessaram pelo parque?)

- ✔ **Sie sind gestern im Theater gewesen.** (*zi: zint guéstérn im te:a:ter gueve:zen*) (Eles estavam no teatro ontem.)

Os verbos alemães são agrupados em duas categorias: verbos fortes e verbos fracos. Os verbos regulares, conhecidos como verbos fracos, formam o maior grupo dos verbos alemães.

Formando o particípio passado de um verbo fraco

Esta é a fórmula para formar o particípio passado de um verbo fraco:

ge + raiz do verbo (infinitivo menos –en) + (e)t = particípio passado

Por exemplo, para o verbo **fragen** (*fra:guen*) (perguntar), esta fórmula funcionaria assim:

ge + frag + t = gefragt

Formando o particípio passado de um verbo forte

Esta é a fórmula para formar o particípio passado de um verbo forte:

ge + raiz do verbo (infinitivo menos –en) + en = particípio passado

Parte I: Para Começar

Para o verbo **kommen** (_kómen_) (vir), o particípio passado seria:

ge + komm + en = gekommen

Veja mais informações sobre o Perfekt no Capítulo 7.

Escrevendo sobre o passado: Usando o Präteritum

O Präteritum é sempre usado nos jornais, livros, etc, mas é menos comum na língua falada. Por essa razão, você não o encontrará muito neste livro. Uma exceção é o passado de **sein** (_záin_) (ser), que, geralmente, é preferencialmente usado em Perfekt tanto na língua escrita como na falada. A Tabela 2-1 mostra as diferentes formas do tempo passado de **sein**.

Tabela 2-1	Passado do Verbo sein	
Conjugação	_Pronúncia_	_Tradução_
ich war	_(içh va:r)_	Eu fui/estive
du warst	_(du va:rst)_	Você foi/esteve (informal)
Sie waren	_(zi: vá:ren)_	Você foi/esteve, ou o(a) Senhor(a) foi/esteve (formal)
er/sie/es war	_(eâr/zi:/es va:r)_	Ele/ela foi/esteve (es se refere ao substantivo neutro)
wir waren	_(viâr vá:ren)_	Nós fomos/estivemos
ihr wart	_(iâr va:rt)_	Vocês foram/estiveram (informal)
Sie waren	_(zi: vá:ren)_	Vocês foram/estiveram, ou os(as) Senhores(as) foram/estiveram (formal)
sie waren	_(zi: vá:ren)_	Eles/elas foram/estiveram

Falando sobre o futuro

Em alemão, o tempo futuro não é usado tão constantemente como no português. Em muitas situações, você pode usar o tempo presente no lugar dele (veja "Olhando para o presente", neste capítulo). Quando se referir a coisas que acontecerão no futuro, você pode, é claro, usar o tempo futuro. A maneira de formar o tempo futuro no alemão é semelhante à forma composta com o verbo ir do português. Você usa o verbo **werden** (_vé:rden_) (vir a ser, tornar-se) e adiciona o infinitivo.

_Capítulo 2: Os Pontos Fundamentais: Gramática Básica Alemã **35**

A Tabela 2-2 mostra as formas de **werden** no tempo presente.

Tabela 2-2	Presente do Verbo werden	
Conjugação	*Pronúncia*	*Tradução*
ich werde	*(içh ve:rde)*	Eu vou
du wirst	*(du virst)*	Você vai (informal)
Sie werden	*(zi: ve:rden)*	Você vai, ou o(a) Senhor(a) vai (formal)
er/sie/es wird	*(eâr/zi:/es virt)*	Ele/ela vai (es se refere ao substantivo neutro)
wir werden	*(viâr vé:rden)*	Nós vamos
ihr werdet	*(iâr ve:rdet)*	Vocês vão (informal)
Sie werden	*(zi: vé:rdet)*	Vocês vão, ou os(as) Senhores(as) vão (formal)
sie werden	*(zi: vé:rden)*	Eles/elas vão

E, a seguir, mostramos como incorporar o tempo futuro a essas frases:

- ✔ **Ich werde anrufen.** (*içh ve:rde anru:fen*) (Eu vou ligar.)

- ✔ **Wir werden morgen kommen.** (*viâr ve:rden mórguen kómen*) (Nós chegaremos amanhã.)

- ✔ **Es wird regnen.** (*es virt re:gnen*) (Vai chover.)

Usando a Língua no Caso Certo

Todas as línguas têm maneiras de mostrar que função cada substantivo tem em uma frase particular; por exemplo, quem (ou o que) está fazendo o que para quem. Na língua portuguesa, a função do substantivo é mostrada principalmente pela sua posição na frase. Os falantes de alemão, por outro lado, indicam a função de um substantivo principalmente adicionando terminações aos artigos ou adjetivos que o acompanham (e, às vezes, ao próprio substantivo).

Quando são usados em uma frase, os substantivos aparecem em um dos quatro casos, dependendo da sua função na frase: nominativo para o sujeito, acusativo para o objeto direto, dativo para o objeto indireto e genitivo para o objeto possessivo (complemento nominal). Neste livro, você encontra principalmente os casos nominativo, acusativo e dativo. O caso genitivo é usado menos frequentemente; nós o mencionamos aqui apenas para mostrar quais são todos os casos.

Caso nominativo

O sujeito da sentença está sempre no caso nominativo. Como regra, o sujeito é a pessoa ou coisa que pratica a ação do verbo. Por exemplo, na frase **Der Junge nimmt den Kuchen** (*de:r iungue nimt de:n ku:çhen*) (O garoto pega o bolo). O garoto é o único que pega o bolo; portanto, ele é o sujeito da sentença.

Caso acusativo

O objeto direto da sentença está sempre no caso acusativo. O objeto direto é a pessoa ou coisa diretamente afetada pela ação do verbo. Então, na frase **Der Junge nimmt den Kuchen** (*de:r iungue nimt de:n ku:çhen*) (O garoto pega o bolo), o bolo é o objeto direto – é a coisa que é pega.

Caso dativo

O objeto indireto da sentença está sempre no caso dativo. Pense no objeto indireto como a pessoa ou coisa indiretamente afetada pela ação do verbo. Por exemplo, na frase **Der Junge gibt dem Hund den Kuchen** (*de:r iungue guibt de:m hunt de:n ku:çhen*) (O garoto dá o bolo ao cachorro), o cachorro é o objeto indireto, o único a quem o garoto dá o bolo. (O bolo é o objeto direto, a coisa que é dada.)

Se houver dois objetos na sentença, um deles será provavelmente um objeto indireto. Se estiver em dúvida, tente traduzir a sentença para o português: se você puder colocar uma preposição, como "a", antes de algum dos substantivos, este será o objeto indireto da frase em alemão.

Caso genitivo

O caso genitivo é usado para indicar posse. A pessoa ou coisa que possui algo está no caso genitivo. Por exemplo, na frase **der Hund des Jungen** (*de:r hunt des iunguen*) (o cachorro do garoto), é o garoto que possui o cachorro, então, é o garoto que está no caso genitivo.

Por que todos esses casos são importantes?

Você pode estar se perguntando por que nós estamos dando tanta importância para esses casos. Infelizmente, aprender os vários casos é um passo complicado, mas necessário, no estudo da língua alemã. Como você vê, os diferentes casos mudam as formas dos pronomes. E os casos também fazem as terminações dos artigos e adjetivos mudarem. Estude esses pontos fundamentais.

Capítulo 2: Os Pontos Fundamentais: Gramática Básica Alemã *37*

Como os pronomes mudam

Os pronomes são pequenas palavras úteis que podem substituir os substantivos e são usados no lugar dos substantivos para evitar repetições desnecessárias.

Os pronomes mudam sua forma dependendo de como são usados na sentença.

A Tabela 2-3 mostra os pronomes no caso do sujeito. E a Tabela 2-4 mostra como os pronomes mudam de acordo com o caso.

Tabela 2-3	Pronomes Pessoais no Caso do Sujeito
Alemão	*Português*
ich	Eu
du	Você (tratamento informal)
Alemão	Português
Sie	Você (ou Senhor(a), tratamento formal)
er/sie/es	Ele/Ela (es se refere ao substantivo neutro)
wir	Nós
ihr	Vocês (tratamento informal)
Sie	Vocês (ou os(as) Senhores(as), tratamento formal)
Sie	Eles/Elas

Tabela 2-4		Pronomes Pessoais de Acordo com o Caso	
Nominativo	*Dativo*	*Acusativo*	*Português*
ich	mir	mich	eu, a mim, me
du	dir	dich	você, a você, se (tratamento informal)
Sie	Ihnen	Sie	você, a você, se (ou senhor(a), tratamento formal)
er	ihm	ihn	ele, a ele/lhe, o/a
sie	ihr	sie	ela, a ela/lhe, o/a

(continua)

38 Parte I: Para Começar

Tabela 2-4 *(continuação)*

Nominativo	Dativo	Acusativo	Português
es	ihm	es	O mesmo que em ele e ela, o, a, lhe se refere ao substantivo neutro
wir	uns	uns	nós, a nós, nos
ihr	euch	euch	vocês, a vocês, se (tratamento informal)
Sie	Ihnen	Sie	vocês, a vocês, se (ou senhores(as), tratamento formal)
Sie	ihnen	sie	Eles/elas, a eles/elas/lhes, os/as

A seguir, mostramos um exemplo da segunda pessoa do singular **du** aparecendo nos casos nominativo, dativo e acusativo, dependendo da sua função na sentença.

- ✔ **Du** bist müde. (*du bist mü:de*) (Você está cansado.) du = nominativo

- ✔ Ich gebe **dir** das Buch. (*içh gue:be diâr das bu:çh*) (Eu dou o livro a você.) dir = dativo

- ✔ Ich frage **dich**. (*içh fra:gue diçh*) (Estou perguntando a você.) dich = acusativo

Como os artigos indefinidos mudam

O artigo indefinido alemão **ein** (*áin*) (um/uma) pode adquirir diferentes terminações. A terminação que adquire depende do que ele acompanha na sentença, o sujeito (nominativo), o complemento nominal (objeto possessivo), o objeto direto (acusativo) ou objeto indireto (dativo).

A Tabela 2-5 mostra o artigo indefinido **ein** sendo modificado de acordo com os casos.

Tabela 2-5 — Terminações de ein de Acordo com o Caso

Gênero	Nominativo	Genitivo	Dativo	Acusativo
Masculino	ein	eines	einem	einen
Feminino	eine	einer	einer	eine
Neutro	ein	eines	einem	ein

Os seguintes exemplos mostram o artigo indefinido **ein** com suas terminações masculinas apropriadas nos quatro diferentes casos.

- ✔ **Ein** Wagen steht auf der Straße. (*áin va:guen chte:t auf de:r chtra:sse*) (Um carro está parado na rua.) ein = nominativo.

Capítulo 2: Os Pontos Fundamentais: Gramática Básica Alemã **39**

- ✔ Du liest das Buch **eines** Freundes. (*du li:st das bu:çh áines fróindes*) (Você está lendo um livro de um amigo) eines = genitivo

- ✔ Ich leihe **einem** Freund mein Auto. (*içh láie áinem fróint máin auto*) (Eu estou emprestando o meu carro a um amigo.) einem = dativo

- ✔ Ich habe **einen** Hund. (*içh ha:be áinen hunt*) (Eu tenho um cachorro.) einen = acusativo

Como os artigos definidos mudam

Os artigos definidos também se modificam de acordo com o caso em que são usados, como mostrado na Tabela 2-6.

Tabela 2-6	Artigos Definidos de Acordo com o Caso			
Gênero	*Nominativo*	*Genitivo*	*Dativo*	*Acusativo*
Masculino	der	des	dem	den
Feminino	die	der	der	die
Neutro	das	des	dem	das
Plural	die	der	den	die

Os seguintes exemplos mostram o artigo definido masculino **der** com suas terminações apropriadas nos quatro diferentes casos.

- ✔ **Der** Wagen steht auf der Straße. (*de:r va:guen chte:t auf de:r chtra:sse*) (O carro está parado na rua.) der = nominativo.

- ✔ Du liest das Buch **des** Freundes. (*du li:st das bu:çh des fróindes*) (Você está lendo um livro do amigo.) des = genitivo

- ✔ Ich leihe **dem** Freund mein Auto. (*içh láie de:m fróint máin auto*) (Eu estou emprestando o meu carro ao amigo.) dem = dativo

- ✔ Ich habe **den** Hund. (*içh ha:be de:n hunt*) (Eu tenho o cachorro.) den = acusativo

Como o pronome possessivo muda

Os pronomes possessivos estabelecem posse. Eles marcam a diferença entre o que pertence a você ("seu livro") e o que pertence a mim ("meu livro"), e assim por diante. A seguir apresentamos uma visão geral das formas para as diferentes pessoas:

- ✔ **mein** (*máin*) (meu/minha)

- ✔ **dein** (*dáin*) (seu/sua) (tratamento informal)

- ✔ **Ihr** (*i:ar*) (seu) (ou do(a) senhor(ra), tratamento formal)

- ✔ **sein/ihr/sein** (*záin/i:ār/záin*) (dele/dela)

- ✔ **unser** (*unzãr*) (nosso/nossa)

- ✔ **euer** (*óiãr*) (seu, sua, de vocês) (tratamento informal)

Parte I: Para Começar

- **Ihr** (*i:âr*) (seu/sua) (ou dos(as) senhores(ras), tratamento formal)
- **ihr** (*iâr*) (deles/delas)

A Tabela 2-7 apresenta todas as formas no singular de um pronome possessivo, **mein** (*máin*) (meu). Os outros pronomes possessivos adquirem as mesmas terminações. Estas terminações podem parecer familiares; pois são as mesmas do artigo indefinido **ein**.

Tabela 2-7 — Terminações dos Pronomes Possessivos de Acordo com o Caso

Gênero	Nominativo	Genitivo	Dativo	Acusativo
Masculino	mein	meines	meinem	meinen
Feminino	meine	meiner	meiner	meine
Neutro	mein	meines	meinem	mein

Como as terminações dos adjetivos mudam

Como mencionado no início do capítulo, os adjetivos e artigos que acompanham os substantivos mudam suas terminações dependendo da função do substantivo na sentença, como mostrado na Tabela 2-8.

Tabela 2-8 — Terminações dos Adjetivos Precedidos pelos Artigos Definidos e Indefinidos

Gênero	Nominativo	Genitivo	Dativo	Acusativo
Masculino	e/er	en/en	en/en	en/en
Feminino	e/e	en/en	en/en	e/e
Neutro	e/es	en/en	en/en	e/es

Para ilustrar as terminações mostradas na Tabela 2-8, nós apresentamos, nas Tabelas 2-9 e 2-10, exemplos de substantivos acompanhados por um adjetivo e pelo artigo definido ou indefinido, respectivamente.

Capítulo 2: Os Pontos Fundamentais: Gramática Básica Alemã **41**

Tabela 2-9   Exemplos de Terminações de Adjetivos Precedidos por Artigos Indefinidos

Gênero	Nominativo	Genitivo	Dativo	Acusativo
Masculino	ein schöner Garten	eines schönen Gartens	einem schönen Garten	einen schönen Garten
Feminino	eine weiße	einer weißen Tür	einer weißen Tür	eine weiße Tür
Neutro	ein kleines Haus	eines kleinen Hauses	einem kleinen Haus	ein kleines Haus

Tabela 2-10   Exemplos de Terminações de Adjetivos Precedidos por Artigos Definidos

Gênero	Nominativo	Genitivo	Dativo	Acusativo
Masculino	der schöne Garten	des schönen Gartens	dem schönen Garten	den schönen Garten
Feminino	die weiße Tür	der weißen Tür	der weißen Tür	die weiße Tür
Neutro	das kleine Haus	des kleinen Hauses	dem kleinen Haus	das kleine Haus

Números

Provavelmente você não precisará se preocupar muito com o uso dos números além de informar a hora (nós falaremos no Capítulo 7) ou trocar dinheiro (ver Capítulo 11). O conhecimento dos seguintes números tornará mais fácil qualquer contagem que precise fazer.

0 null (*nu:l*)

1 eins (*áins*)

2 zwei (*tsvái*)

3 drei (*drái*)

4 vier (*fiâr*)

5 fünf (*fü:nf*)

6 sechs (*zeks*)

7 sieben (*zi:ben*)

8 acht (*açht*)

9 neun (*nóin*)

10 zehn (*tse:n*)

11 elf (*elf*)

12 zwölf (*tsvölf*)

13 dreizehn (*dráitse:n*)

14 vierzehn (*fiartse:n*)

15 fünfzehn (*fünftse:n*)

42 Parte I: Para Começar

16 sechzehn *(zeçhtse:n)*

17 siebzehn *(zi:btse:n)*

18 achtzehn *(açhtse:n)*

19 neunzehn *(nóintse:n)*

20 zwanzig *(tsvantsiçh)*

21 einundzwanzig
(áinuntsvantsiçh)

22 zweiundzwanzig
(tsváiuntsvantsiçh)

23 dreiundzwanzig
(dráiuntsvantsiçh)

24 vierundzwanzig,
(fiãruntsvantsiçh)

25 fünfundzwanzig
(fü:nfuntsvantsiçh)

30 dreissig *(dráissiçh)*

40 vierzig *(fiãrtsiçh)*

50 fünfzig *(fü:nftsiçh)*

60 sechzig *(zékstsiçh)*

70 siebzig *(zi:ptsiçh)*

80 achtzig *(açhtsiçh)*

90 neunzig *(nóintsiçh)*

100 hundert *(hundãrt)*

200 zweihundert
(tsváihundãrt)

300 dreihundert *(dráihundart)*

400 vierhundert *(fiãrhundart)*

500 fünfhundert *(fü:nfhundart)*

1.000 tausend *(táuzent)*

Muitos números entre 20 e 100 podem parecer um pouco inversos no começo. Observe o número 21, **einundzwanzig** *(áinuntsvantsiçh)*, em alemão. O que você diz na verdade é "um e vinte". Apenas lembre-se de seguir este padrão para todos os números de dois dígitos.

Capítulo 3

Guten Tag! Hallo! Cumprimentos e Apresentações

Neste Capítulo

- Tratamento formal ou informal
- Dizendo "olá!"
- Apresentação pessoal e dos amigos
- Perguntando sobre cidades, países e nacionalidades
- Despedindo-se

Cumprimentar e se apresentar são os primeiros passos para estabelecer contato com outras pessoas e passar uma boa primeira impressão. Se feito corretamente, o primeiro contato pode abrir portas para você e ajudá-lo a conhecer muitas pessoas. Se você cumprimentar e não souber se apresentar, no melhor dos casos, você receberá olhares estranhos – no pior caso, você pode até ofender a pessoa a que está se dirigindo! Leia mais detalhes a respeito neste capítulo.

Tratamento Formal ou Informal

Os alemães têm a reputação de serem formais, uma impressão que pode, pelo menos até certo ponto, ser causada pela distinção que eles fazem nas maneiras de dizer "você". No alemão, você usa o formal **Sie** (*zi:*) ou o informal **du** (*du*), dependendo da pessoa com quem você está falando.

É muito importante observar a distinção entre as duas formas de "você": as pessoas irão considerá-lo muito arrogante ou desrespeitoso se você usar a maneira informal quando se dirigir a elas em uma situação que requer mais formalidade.

Em geral, você usa a forma **Sie** quando se dirige a alguém que nunca viu, um oficial, um chefe ou alguém mais velho que você (neste caso, o **Sie** corresponde a "o senhor" ou "a senhora"). Quando conhecer essa pessoa melhor, você pode mudar para **du**. Há até um verbo para o uso informal de "você" – **duzen** (*dutsen*). **Wir duzen uns.** (*viâr dutsen uns*) significa "nós nos tratamos informalmente por ´você`".

No entanto, não há regras fixas e há muitas exceções para o uso de **du** ou **Sie**. Por exemplo, digamos que você esteja viajando pela Alemanha, e um de seus amigos alemães o leva para uma festa. Mesmo que você não conheça ninguém lá, eles provavelmente irão tratá-lo por **du**, especialmente se forem jovens, e esperarão ser tratados por **du** também. Basicamente, tudo depende do ambiente em que você está. Em alguns escritórios, colegas de trabalho se tratam por **du** e, em outros, todos usam o formal **Sie**.

Se você está um pouco inseguro e não sabe como se dirigir a uma pessoa, se com **du** ou com **Sie**, use o **Sie** até que ela peça que você a trate por **du** ou que use o **du** para falar com você.

Conhecendo Cumprimentos e Saudações Comuns

A primeira parte do seu cumprimento é uma básica saudação, um olá. Como dizer esta saudação dependerá da hora do dia em que você irá usá-la. A seguir apresentamos as formas mais comuns:

- **Guten Morgen!** (*guten mórguen*) (Bom dia!) Esta é a saudação que você usa de dia (pela manhã cedo).
- **Guten Tag!** (*guten ta:k*) (Boa tarde!) Esta é a saudação mais comumente usada, a menos que seja de manhã bem cedo ou tarde da noite.
- **Guten Abend!** (*guten a:bent*) (Boa noite!) Evidentemente, esta é a saudação usada à noite ao encontrar alguém.
- **Gute Nacht!** (*gute naçht*) (Boa noite!) Esta é a saudação usada quando da despedida tarde da noite.
- **Hallo!** (*halô*) (Olá!) Você ficará bastante familiarizado com esta saudação, já que ela é muito usada; lembra o "olá" em português.

Perguntando "Como vai?"

Perguntar "como vai?" é uma parte importante quando se encontra e saúda as pessoas em alemão. Esta pergunta geralmente vem logo depois da sua saudação inicial. Quando você faz essa pergunta, usa a versão informal ou formal, dependendo de com quem está falando, o que torna as coisas um pouquinho mais complicadas. Mas não se preocupe, é mais fácil do que você imagina.

Antes ir mais fundo nos encontros e saudações, é importante que você saiba que as palavras **ich** (*içh*), **du** (*du*) (você, informal), **Sie** (você, formal) podem mudar a forma dependendo de como elas são usadas na sentença. No alemão, perguntar "Como vai?" e responder "Tudo bem" requerem o uso de formas diferentes dos pronomes pessoais **ich**, **du** ou **Sie** – a forma usada no caso dativo. (Veja no Capítulo 2 mais informações sobre o caso dativo.)

Capítulo 3: Guten Tag! Hallo! Cumprimentos e Apresentações **45**

Senhor", "senhora" e o proibido "senhorita"

Herr (he:r) é a palavra alemã para "senhor", e Frau (fráu), que literalmente significa "mulher" e também "esposa" em alemão, corresponde à "senhora". O alemão também tem a palavra Fräulein (froiláin), que significa "senhorita", mas você, definitivamente, não deve usá-la – a menos que queira ser inconveniente.

Similar ao português, a sílaba "lein" é a forma do diminutivo, e Fräulein literalmente significa "mulherzinha". Muitas alemãs modernas acham este tratamento ofensivo, e ele raramente é usado; então, você sempre deve tratar uma mulher como Frau, independentemente de sua idade ou do estado civil.

A Tabela 3-1 mostra como isso funciona.

Tabela 3-1	Pronomes Pessoais - Caso Dativo	
Pronomes	*Caso Nominativo*	*Caso Dativo*
eu	ich	mir
você (informal)	du	dir
você (formal)	Sie	Ihnen

A versão formal de "Como vai?" é:

Wie geht es Ihnen? (*vi: gue:t es i:nen*) (Como você vai?)

A tradução literal da expressão em alemão para o português seria "como a vida vai para você?", usando o formal **Ihnen**.

Mais informalmente, você diz

Wie geht es dir? (*vi: gue:t es diâr*) (Como você vai?)

Que tem o mesmo significado, mas usando o informal **dir**.

E, se você realmente conhece bem alguém, pode usar a versão mais casual para essa pergunta:

Wie geht's? (*vi: gue:ts*) (Como está indo?)

Parte I: Para Começar

Encontros e saudações apertam as mãos

As saudações e apresentações são geralmente acompanhadas por algum contato corporal. Na Alemanha, na Áustria e na Suíça, o aperto de mão é a forma da contato corporal mais comum durante saudações e apresentações. Amigas mulheres geralmente trocam um beijo na bochecha (dar dois beijos, em ambas as bochechas, é menos comum) ou se abraçam. Os homens geralmente não trocam beijos e raramente se abraçam, embora eles saúdem suas amigas mulheres com um abraço (ou um beijo). Na Alemanha, esse tipo de contato é reservado apenas para amigos íntimos. No entanto, você pode observar que as pessoas na Alemanha podem também ficar bastante próximas de você, por exemplo, em lojas, no ônibus, no metrô, ou enquanto estão conversando com você.

Respondendo ao "Como vai?"

Em português, a pergunta "Como vai?" é geralmente uma maneira de dizer "Olá", e não se espera que seja respondida. Em alemão, no entanto, sempre se espera alguma resposta. A seguir, mostramos as respostas mais usadas para a pergunta "Como vai?":

- **Danke, gut.** (*dan̲ke, gut*)/ **Gut, danke.** (*gut, dan̲ke*) (Obrigado, vou bem/Vou bem, obrigado). A tradução literal seria "Obrigado, bem"/"Bem, obrigada".

- **Sehr gut.** (*ze:âr gut*) (Muito bem.)

- **Ganz gut.** (*gants gut*) (Tudo bem.)

- **Es geht.** (*es gue:t*) (Vai-se indo.) Esta expressão alemã na verdade significa "(isso) vai" que quer dizer que não se está indo muito bem.

- **Nicht so gut.** (*niçht zo: gut*) (Não tão bem.)

Como no português, a resposta geralmente é acompanhada pela pergunta "E (como vai) você?", que é bem fácil. Primeiro, a versão formal:

Und Ihnen? (*unt i:nen*) (E você/o[a] senhor[a]?)

E a versão informal é a seguinte:

Und dir? (*unt diâr*) (E você?)

Capítulo 3: Guten Tag! Hallo! Cumprimentos e Apresentações **47**

Tendo uma Conversa

No diálogo a seguir, você encontrará algumas frases que normalmente são usadas em saudações nos casos que requerem mais formalidade.

Herr Schulte:	**Guten Tag, Frau Berger!**
	guten ta:k, fráu berguer
	Bom dia, Senhora Berger!
Frau Berger:	**Herr Schulte, guten Tag! Wie geht es Ihnen?**
	he:r chulte, guten ta:k! Vi: gue:ts es i:nen
	Senhor Schulte, bom dia! Como vai o Senhor?
Herr Schulte:	**Danke, gut! Und Ihnen?**
	danke, gut! Unt i:nen
	Obrigado, estou bem! E a Senhora?
Frau Berger:	**Danke, auch gut!**
	danke, auçh gut.
	Obrigada, vou bem também.

Tendo uma Conversa

Agora preste atenção neste diálogo entre Mike e Sylvia, dois velhos amigos que se esbarram na rua.

Mike:	**Hallo Sylvia!**
	halô Zylvia
	Oi, Sylvia!
Sylvia:	**Michael, hallo! Wie geht's?**
	miçhael halô! Vi: guets
	Michael, oi! Como vai?
Mike:	**Danke, mir geht's gut! Und selbst?**
	danke, miâr gue:ts gut! Unt zelbst
	Obrigado, estou bem! E você?
Sylvia:	**Auch gut.**
	auçh gut
	Bem também.

Apresentação Pessoal e dos Amigos

Encontros e saudações geralmente são acompanhados de apresentações. Você pode estar acompanhado de amigos quando encontrar alguém conhecido, ou pode ter de apresentar sua esposa, ou marido, ao seu chefe em um jantar formal. Em algumas ocasiões, não haverá ninguém para apresentá-lo à pessoa que quer conhecer e, portanto, você mesmo deverá fazer isso.

Apresentando seus amigos

Geralmente, as apresentações do dia a dia são fáceis de fazer. Para indicar que alguém é um amigo seu, você diz:

Das ist... (*das ist*) (Este/esta é...)

Em seguida, basta adicionar o nome da pessoa. Para indicar que ele é seu amigo, você diz:

Das ist meine Freundin (f)/ **mein Freund** (m) ... (*das ist máine fróindin/ máin froint...*) (Esta é minha amiga/Este é meu amigo...)

Se você é apresentado a alguém, pode querer dizer "prazer em conhecê-lo". Em alemão, não há uma maneira muito casual de dizer isto e, se as apresentações forem informais, você pode simplesmente responder com um "olá" ou "boa tarde".

Se as apresentações forem um pouco mais formais, você pode expressar o "prazer em conhecê-lo" dizendo:

Freut mich. (*fróit miçh*) (Prazer.)

A pessoa que foi apresentada a você pode responder:

Mich auch. (*miçh auçh*) (Meu também.)

Tendo uma Conversa

No diálogo a seguir, Frau Berger, Herr Schulte e Frau Lempert se encontram pela primeira vez e, portanto, usam as apresentações formais.

Frau Berger: **Herr Schulte, das ist Frau Lempert**.
he:r chulte, das ist fráu lempert
Senhor Schulte, esta é a Senhora Lempert.

___Capítulo 3: Guten Tag! Hallo! Cumprimentos e Apresentações 49

Herr Schulte: **Freut mich.**
fróit miçh
Prazer.

Frau   **Mich auch.**
Lempert: miçh auçh
          Meu também.

De forma mais informal, o diálogo seria assim:

Karin: **Michael, das ist meine Freundin Ute.**
          miçhael, das ist máine fróindin u:te.
          Michael, esta é minha amiga Ute.

Michael: **Hallo Ute.**
          halô, u:te
          Olá, Ute.

Apresentações em situações especiais

Você pode se ver em situações em que as apresentações pedem um nível maior de formalidade. Aqui estão algumas frases que você usaria nestes casos:

- **Darf ich Ihnen... vorstellen?** (*darf içh i:nen... fo:rchtélen*) (Posso apresentá-lo a... ?)
- **Freut mich, Sie kennenzulernen.** (*fróit miçh zi: kenentsulernen*) (Prazer em conhecê-lo.)
- **Meinerseits.** (*mainârzaits*)/ **Ganz meinerseits.** (*gants mainârzaits*) (O prazer é meu.)

Apesar de você provavelmente usar a expressão em português "o prazer é meu", esta não é a tradução literal da expressão em alemão usada aqui. **Meinerseits** simplesmente significa "meu", e **Ganz meinerseits** seria "todo meu" que, neste caso, é uma forma reduzida de "o prazer é todo meu".

Tendo uma Conversa

Aqui temos um diálogo entre os diretores de duas companhias, Herr Kramer e Herr Huber. Eles se encontram em uma reunião oficial, e Herr Huber apresenta sua esposa.

50 Parte I: Para Começar

Herr Kramer: **Guten Abend, Herr Huber!**
guten a:bent, he:r hu:ber
Boa noite, Senhor Huber!

Herr Huber: **Guten Abend! Herr Kramer. Darf ich Ihnen meine Frau vorstellen?**
guten a:bent, he:r kra:mâr. darf içh i:nen máine fráu fo:rchtélen
Boa noite, Senhor Kramer! Posso apresentá-lo a minha esposa?

Herr Kramer: **Guten Abend, Frau Huber! Freut mich sehr, Sie kennenzulernen.**
guten a:bent, fráu hu:ber! Fróit miçh ze:âr zi: kenentsulernen
Boa noite, Senhora Huber! Muito prazer em conhecê-la.

Frau Huber: **Ganz meinerseits, Herr Kramer.**
gants mainârzaits, he:r kra:mâr
O prazer é todo meu, Senhor Kramer.

Palavras e frases úteis

auch	auçh	também
ganz	gants	todo, inteiro
gut	gut	bom/bem
sehr	ze:âr	muito
freuen	fróien	estar contente/ alegrar-se
gehen	gue:en	ir
kennenlernen	kenenlernen	travar conhecimento/ vir a conhecer
vorstellen	fo:rchtélen	apresentar
der Freund (m.)	de:r froint	amigo
die Freundin (f.)	di: fróindin	amiga

Apresentando-se

Pode haver situações em que você não tenha ninguém para apresentá-lo e deve fazer isso por si mesmo. Isto é fácil de fazer, pois as pessoas geralmente se apresentam simplesmente dizendo o nome, até em situações bem formais.

Em alemão, há duas maneiras de dizer o próprio nome às pessoas. Uma delas é:

Mein Name ist... (*máin na:me ist*) (Meu nome é...)

Também há um verbo que expressa a mesma ideia, **heißen** (*háissen*), que significa "chamar-se":

Ich heiße... (*ich háisse*) (Eu me chamo...)

Tendo uma Conversa

No seguinte diálogo, Herr Hauser chega a uma reunião com pessoas a quem ainda não foi apresentado e procura por um lugar na mesa de conferência.

Herr Hauser: **Guten Tag! Ist der Platz noch frei?**
guten ta:k! Ist de:r plats noch frái
Bom dia! Este lugar ainda está livre?

Frau Berger: **Ja, bitte.**
ia, bite
Sim, por favor.

Herr Hauser: **Vielen Dank. Mein Name ist Max Hauser.**
fí:len dank. main na:me ist max hausâr
Muito obrigado. Meu nome é Max Hauser.

Frau Berger: **Freut mich. Karin Berger.**
fróit mich. ka:rin bergâr
Prazer. Karin Berger.

O diálogo anterior soaria completamente diferente se ocorresse entre jovens que se encontram em uma, situação informal, como uma festa. Eles não teriam nenhuma formalidade e, provavelmente, se apresentariam uns aos outros como se segue:

Martin:	**Hallo, wie heißt Du?**
	halō, vi: haist du
	Olá, como você se chama?
Susanne:	**Ich heiße Susanne. Und Du?**
	içh háisse zu:zane. unt du
	Eu me chamo Susanne. E você?
Martin:	**Martin. Und wer ist das?**
	martin. unt ve:r ist das
	Martin. E quem é esta?
Susanne:	**Das ist meine Freundin Anne.**
	das ist máine fróindin ane
	Esta é minha amiga Anne.

Falando Sobre Cidades, Países e Nacionalidades

Apresentar-se a outras pessoas é um bom começo, entretanto ainda não é o suficiente para chegar a uma conversa, que é a melhor maneira de se conhecer alguém. Como você pode observar, um monte de pessoas ao redor do mundo fala alemão e muitas outras gostam de visitar lugares onde se fala o alemão. Nesta seção, você aprenderá como falar às pessoas de que país ou cidade você é, e perguntar a elas de onde vêm e que línguas falam.

Falando de onde você vem

É bem fácil falar de onde você é em alemão – as palavras mágicas são

Ich komme aus... (*içh kóme aus*) (Eu venho de...)

Ich bin aus ... (*içh bin aus*) (Eu sou de...)

Estas poucas palavras vão bem longe. Elas funcionam para países, estados e cidades.

- ✔ **Ich komme aus Amerika.** (*içh kóme aus amé:rica*) (Eu venho da América.)

- ✔ **Ich bin aus Pennsylvania.** (*içh bin aus penzilvania*) (Eu sou da Pensilvânia.)

___Capítulo 3: Guten Tag! Hallo! Cumprimentos e Apresentações 53

✔ **Ich komme aus Zürich.** (*içh kóme aus tsü:riçh*) (Eu venho de Zurique.)

✔ **Ich bin aus Wien.** (*içh bin aus vi:n*) (Eu sou de Viena.)

Parece fácil, não? No entanto, os alemães às vezes parecem gostar de desafios. Alguns nomes de países e regiões são usados com o artigo definido feminino, **die** (*di:*) (a). Os Estados Unidos (EUA) são um desses países. Em alemão, diz-se **die USA** (*di: u-es-a:*) ou **die Vereinigten Staaten** (*di: feráinikten chta:ten*). Para evitar apuros gramaticais, um americano diz **Ich bin aus Amerika.** (*içh bin aus ame:rica*) (Eu sou da América), mas se quer ser um pouco mais específico, ele pode dizer **Ich bin aus den USA.** (*içh bin aus de:n u-es-a:*) (Eu sou dos EUA). Ou ele pode arriscar um trava-língua e dizer **Ich bin aus den Vereinigten Staaten.** (*içh bin aus de:n feráinikten chta:ten*).

Os nomes de alguns países são considerados femininos. Suíça, por exemplo, é **die Schweiz** (*di: chváits*) em alemão. A Senhora Egli, que você encontrará mais adiante neste capítulo, é suíça. Então, para dizer de onde a Senhora Egli é, você diz **Frau Egli ist aus der Schweiz.** (*fráu e:gli ist aus de:r chváits*) (A Senhora Egli é da Suíça).

Sein: o verbo ser/estar

Um dos verbos fundamentais em qualquer língua é o verbo "ser", ou , em alemão, **sein** (*záin*). Você usa este verbo nas expressões **das ist** (*das ist*) (isso/essa/esse é/está) e **ich bin** (*içh bin*) (Eu sou/estou). **Sein** é um dos verbos mais comuns na língua alemã. Como na língua portuguesa, é usado para descrever um estado (doente, triste, feliz etc.) ou características físicas (alto, moreno etc) e, é claro, é um verbo irregular, como no português. Que pena, não há outro jeito mais fácil de imaginar este verbo além de memorizar as suas diferentes formas.

Conjugação	*Pronúncia*
ich bin	içh bin
du bist (informal)	du bist
Sie sind (formal)	zi: zint
er, sie, es ist	eâr, zi: es ist
wir sind	viâr zint
ihr seid (informal)	iâr záit
Sie sind (formal)	zi: zint
sie sind	zi: zint

Parte I: Para Começar

Perguntado às pessoas de onde elas vêm

Para perguntar a uma pessoa de onde ela vem, você simplesmente precisa decidir se vai se dirigir a ela de modo formal com **Sie**, ou de modo informal com **du** (uma pessoa) ou **ihr** (mais de uma pessoa). Então, você pode escolher uma das três sentenças a seguir para perguntar "De onde você vem?":

- ✔ **Wo kommen Sie her?** (*vo:* <u>*k*</u>*ómen zi: hér*)
- ✔ **Wo kommst du her?** (*vo: kómst du hér*)
- ✔ **Wo kommt ihr her?** (*vo: kómt iâr hér*)

Tendo uma Conversa

A Senhora Egli e a Senhora Myers estão em um trem. Depois de olhar por um tempo a paisagem pela janela, elas começam a conversar. Elas acabaram de se apresentar e estão curiosas em conhecer um pouco mais uma da outra.

Frau Egli: **Und wo kommen Sie her, Frau Myers?**
unt vo: <u>*k*</u>*ómen zi: her, fráu miers*
E de onde você vem, Senhora Myers?

Frau Myers: **Ich komme aus den USA, aus Pennsylvania.**
içh <u>*k*</u>*óme aus de:n u-es-<u>a:</u>, aus penzilvania*
Eu venho dos Estados Unidos, da Pennsylvania.

Frau Egli: **Aus den USA, wie interessant. Kommen Sie aus einer großen Stadt?**
aus d:en u-es-<u>a:</u>, vi: interre<u>sant</u>. <u>*k*</u>*ómen zi: aus <u>áin</u>âr <u>gro</u>ssen chtat*
Dos Estados Unidos, que interessante. A Senhora vem de uma cidade grande?

Frau Myers: **Nein, ich komme aus Doylestown. Das ist eine kleine Stadt, aber sie ist sehr schön. Und Sie Frau Egli, wo kommen Sie her?**
náin, içh <u>*k*</u>*óme aus doylestown. Das ist <u>áin</u>e <u>kláin</u>e chtat, <u>a</u>bâr zi: ist ze:âr chö:n. unt zi: fráu <u>e:</u>gli, vo:* <u>*k*</u>*ómen zi: hér*
Não, eu venho de Doylestown. É uma cidade pequena, mas bonita. E a Senhora, de onde vem?

Frau Egli: **Ich bin aus der Schweiz, aus Zürich.**
içh bin aus de:r chváits, aus <u>tsü:</u>riçh
Eu venho da Suíça, de Zurique.

_____Capítulo 3: Guten Tag! Hallo! Cumprimentos e Apresentações **55**

No outro vagão, Claire e Michelle, duas estudantes que viajam juntas, acabam conhecendo Mark, um outro estudante mochileiro. Jovens despreocupados como eles se tratam por **du** e **ihr** desde o começo.

Claire:
Bist du aus Deutschland?
bist du aus _dóitchlant_
Você é da Alemanha?

Mark:
Nein, ich bin aus Österreich, aus Wien. Und ihr, wo kommt ihr her?
Náin, içh bin aus ö:ste:rráiçh, aus vi:n. unt iâr, vo: kómt iâr hér
Não, eu sou da Áustria, de Viena. E vocês, de onde vocês vêm?

Michelle:
Wir sind aus Frankreich. Meine Freundin Claire kommt aus Lyon, und ich komme aus Avignon.
Viâr zint aus frankráiçh. máine fróindin claire kómt aus lyon, unt içh kóme aus a:vignon
Nós somos da França. Minha amiga Claire vem de Lyon, e eu venho de Avignon.

"Kommen": vir

O **kommen** (_kómen_) (vir) é um verbo que você ouvirá com frequência quando conversar em alemão. Este é um verbo regular e fácil de lembrar.

Conjugação	_Pronúncia_
ich komme	içh kóme
du kommst (informal)	du kómst
Sie kommen (formal)	zi: kómen
er, sie, es kommt	eâr, zi: es kómt
wir kommen	viâr kómen
ihr kommt (informal)	iâr kómt
Sie kommen (formal)	zi: kómen
sie kommen	zi: kómen

Aprendendo sobre as nacionalidades

Os falantes de alemão gostam de indicar a nacionalidade com um substantivo. Como você já sabe, os gêneros são muito importantes na língua alemã, e esses substantivos-nacionalidades são gêneros também. Brasileiro, por exemplo, é **Brasilianer** (*brazilia:nâr*), se do sexo masculino, ou **Brasilianerin** (*brazilia:nerin*), se do sexo feminino.

A Tabela 3-2 lista os nomes de alguns países e seus substantivos e adjetivos correspondentes.

Tabela 3-2	Nomes de Países, Substantivos e Adjetivos		
Português	*Alemão*	*Substantivo*	*Adjetivo*
Bélgica	**Belgien** *(bélguien)*	**Belgier(in)** *(bélguiâr[in])*	**belgisch** *(bélguich)*
Alemanha	**Deutschland** *(dóitchlant)*	**Deutsche(r)** *(dóitche[r])*	**deutsch** *(dóitch)*
Inglaterra	**England** *(englant)*	**Engländer(in)** *(englê:ndâr[in])*	**englisch** *(englich)*
França	**Frankreich** *(frankráiçh)*	**Franzose/Französin** *(frantso:ze/ frantsö:zin)*	**französisch** *(frantsö:zich)*
Itália	**Italien** *(italien)*	**Italiener(in)** *(ita:lie:nâr[in])*	**italienisch** *(ita:lie:nich)*
Áustria	**Österreich** *(ö:ste:rráiçh)*	**Österreicher(in)** *(ö:ste:rráiçhâr[in])*	**österreichisch** *(ö:ste:rráiçhich)*
Suíça	**die Schweiz** *(di: chváits)*	**Schweizer(in)** *(chváitsâr[in])*	**schweizerisch** *(chváitserich)*
EUA	**die USA** *(di: u-es-a:)*	**Amerikaner(in)** *(amerika:ne:r[in])*	**amerikanisch** *(amerika:nich)*

A seguir estão alguns exemplos de como essas palavras podem ser usadas em frases:

- ✔ **Frau Myers ist Amerikanerin.** (*fráu myers ist amerika:nerin*) (A Senhora Myers é americana.)

- ✔ **Michelle ist Französin.** (*michele ist frantsö:zin*) (Michelle é francesa.)

- ✔ **Ich bin Schweizerin.** (*içh bin chváitsârin*) (Eu sou suíça.)

- ✔ **Ich bin Österreicher.** (*içh bin ö:ster:ráichâr*) (Eu sou austríaco.)

_____Capítulo 3: Guten Tag! Hallo! Cumprimentos e Apresentações **57**

Que línguas você fala?

Para dizer às pessoas que línguas fala, você usa o verbo **sprechen** (*chprechen*) (falar) e o combina com o nome da língua (veja na Tabela 3-2 a lista de algumas línguas comuns). Mas atenção: embora o adjetivo e o nome da língua de um país ou nacionalidade sejam idênticos, o adjetivo inicia com letra maiúscula quando é usado para descrever a língua. Então, você pode dizer:

Ich spreche Deutsch. (*ich chpreche dóitch*) (Eu falo alemão.)

Se você quer perguntar a alguém se ele/ela fala inglês, você pode dizer (informalmente):

Sprichst du Englisch? (*chprichst du englich*) (Você fala inglês?)

Ou (formalmente)

Sprechen Sie Englisch? (*chprechen zi: englich*) (Você [ou o(a) senhor(a)] fala inglês?)

Veja a conjugação do verbo **sprechen**:

Conjugação	*Pronúncia*
ich spreche	ich chpreche
du sprichst (informal)	du chprichst
Sie sprechen (formal)	zi: chprechen
er, sie, es spricht	eâr, zi: es chpricht
wir sprechen	viâr chprechen
ihr sprecht (informal)	iâr chprecht
Sie sprechen (formal)	zi: chprechen
sie sprechen	zi: chprechen

Tendo uma Conversa

Claire, Michelle e Mark estão conversando sobre as línguas que eles falam.

Claire: **Sprichst du Französisch?**
chprichst du frantsö:zich
Você fala francês?

58 Parte I: Para Começar

Mark: **Nein, gar nicht. Aber ich spreche Englisch. Ihr auch?**
Náin, gar niçht. a:bâr iç chpreçhe englich. iâr auçh
Não, nem um pouco. Mas eu falo inglês. Vocês também?

Michelle: **Ich spreche ein bisschen Englisch, und ich spreche auch Spanisch.**
iç chpreçhe áin bisçhen englich, unt iç chpreçhe auçh chpanich
Eu falo um pouco de inglês e falo espanhol também.

Claire: **Spanisch spreche ich nicht, aber ich spreche auch Englisch. Englisch ist einfach.**
spanich chpreçhe iç niçht, a:bâr iç chpreçhe auçh englich. englich ist áinfaçh
Espanhol eu não falo, mas eu falo inglês também. Inglês é fácil.

Mark: **Deutsch auch.**
dóitch auçh
Alemão também.

Claire: **Ich weiß nicht recht.**
iç váis niçht reçht
Não sei não.

Despedindo-se

Quando é hora de ir embora, você pode dizer (formalmente):

Auf Wiedersehen! (*auf vi:dârze:en*) (Adeus!)

Ou (informalmente)

Tschüs! (*tchü:s*) (Tchau!)

E se você quiser dizer "foi um prazer conhecê-lo(a)", pode usar a expressão

War nett, Sie kennenzulernen. (*var net, zi: kenentsulernen*)

Capítulo 3: Guten Tag! Hallo! Cumprimentos e Apresentações 59

Palavras e frases úteis

einfach	áinfaçh	fácil/simples
groß	gross	grande
interessant	interressant	interessante
klein	kláin	pequeno
schön	chön	bonito
aber	a:bâr	mas
ein bisschen	áin bisçhen	um pouco
gar nicht	gar niçht	nem um pouco
nie	ni:	nunca
sein	záin	ser/estar
sprechen	chpreçhen	falar
ich weiß nicht	içh váis niçht	eu não sei

Tendo uma Conversa

O trem está chegando na estação, e a Senhora Egli está pronta para descer.

Frau Egli: **Das ist meine Station. War nett, Sie kennenzulernen, Frau Myers.**
Das ist máine chtatsio:n. Va:r net zi: kenentsulernen, fráu myers.
Essa é a minha estação. Foi um prazer conhecê-la, Senhora Myers.

Frau Myers: **Ganz meinerseits. Auf Wiedersehen, Frau Egli.**
Gants mainârzáits. Auf vi:dârze:en, frau e:gli
O prazer foi todo meu. Adeus, Senhora Egli.

Frau Egli: **Auf Wiedersehen.**
auf vi:dârze:en
Adeus!

Parte I: Para Começar

Michelle e Claire também estão descendo.

Michelle e Claire:
Tschüs Mark.
Tchü:s, mark
Tchau, Mark.

Mark:
Tschüs Claire, tschüs Michelle. Schöne Ferien!
Tchü:s, claire, tchü:s michele.chö:ne fe:rien
Tchau, Claire, tchau Michelle. Boas férias!

Você diz "hallo" e eu digo "Grüezi"

Você será entendido perfeitamente na parte da Suíça e da Áustria onde se fala o alemão se você simplesmente falar hallo nas ocasiões mais casuais, ou se desejar Guten Morgen/Guten Tag/Guten Abend (dependendo da hora do dia). No entanto, as pessoas nesses países também podem usar outras saudações.

Na Suíça, você pode ouvir, com frequência, Grüezi (grü:zi:), que significa literalmente "minhas saudações". Entre as pessoas que se conhecem muito bem, a saudação salü (salü:) é muito comum. E, no sul da Alemanha e na Áustria, você pode desejar a alguém Grüß Gott (grüs: got) ou abordar as pessoas com o mais casual servus (zervus), que significa "seu criado".

Na Suíça, você pode dizer Auf Wiedersehen, mas também pode tentar girar a sua língua em torno da mesma expressão no vernacular Uff wiederluege (uf vidârlu:gue). Entretanto, ade (ade:), que é muito comum e um pouco mais formal, é consideravelmente mais fácil de pronunciar.

Capítulo 3: Guten Tag! Hallo! Cumprimentos e Apresentações

Passatempo

Abaixo está uma lista de palavras que se perderam. Veja se você consegue encontrar um lugar para elas no texto a seguir.

bin   spricht   Österreicher   aus   ich   ist   Freundin

Hallo, ich_____ Claire Latour. _____ komme aus Lyon. Das _____ in Frankreich. Meine _____ Michelle ist aus Avignon. Michelle_____ Spanisch und ein bisschen Englisch. Mark ist _____. Er kommt_____ Wien.

E a seguir, um diálogo entre Frau Lempert e os Hubers:

Ihnen   gut   geht   freut   ist   auch

Herr Huber: Guten Tag, Frau Lempert. Wie _____ es Ihnen?

Frau Lempert: Danke, gut. Und _____?

Herr Huber: Danke, auch _____. Frau Lempert, das _____ meine Frau.

Frau Lempert: Guten Tag, Frau Huber! _____ mich sehr, Sie kennenzulernen.

Frau Huber: Mich _____.

Respostas: bin; ich; ist; Freundin; spricht; Österreicher; aus; geht; Ihnen; gut; ist; freut; auch.

62 Parte I: Para Começar

Parte II
Alemão em Ação

Nesta parte...

Nós apresentamos o alemão no contexto da vida diária. Mostramos como manter diálogos casuais, como pedir um prato em um restaurante alemão, como fazer compras, como se comunicar com colegas de trabalho e muito, muito mais. E aproveitamos também para mostrar algumas lições de gramática extremamente úteis.

Capítulo 4

Jogando Conversa Fora

Se realmente quer conhecer alguém, você deve saber iniciar uma conversa. Pequenas conversas superficiais são uma maneira fácil de

Neste Capítulo

- Falando sobre você
- Falando sobre sua família
- Falando sobre o tempo

iniciar contatos e melhorar o seu alemão. Isto pode ser considerado, em si, uma habilidade pessoal, mas, felizmente, não é tão difícil assim começar uma conversa casual. Não importa se você está conhecendo alguém em uma festa, ou se você quer conversar com alguém que está sentado ao seu lado no trem, no avião ou no ônibus. Há três tópicos que sempre funcionam como uma introdução: você, sua família e, é claro, o tempo.

Falando Sobre Você

Em que você trabalha? Você está estudando? Onde você mora? Qual é o seu endereço e seu número de telefone? Estas são as questões-chave que você pode responder quando for falar sobre você.

Descrevendo o seu trabalho

Algumas expressões e palavras simples podem ajudá-lo a descrever o seu trabalho e a sua empresa.

Parte II: Alemão em Ação

Na maioria dos casos, você pode descrever que tipo de trabalho você faz, ligando **Ich bin** (*içh bin*) (Eu sou) ao nome da profissão, sem nenhum artigo. Os nomes da maioria das profissões e empregos existem nos gêneros feminino e masculino. As palavras do gênero masculino terminam com – *er* e as do gênero feminino terminam com – *in*. Por exemplo:

- ✔ **Ich bin Buchhalter** (m) / **Buchhalterin** (f). (*içh bin <u>bu:</u>çhhaltâr/<u>bu:</u>çhhaltârin*) (Eu sou contador.)

- ✔ **Ich bin Student** (m) / **Studentin** (f). (*içh bin chtu<u>dent</u>/chtu<u>dentin</u>*) (Eu sou estudante.)

Se você é estudante, pode querer falar sobre o que está estudando. Você pode fazer isso usando a frase **Ich studiere** (*içh chtu<u>di:</u>re*) (Eu estou estudando). No final da sentença você completa com o nome da área (sem nenhum artigo), por exemplo:

- ✔ **Architektur** (*arçhitektu:âr*) (arquitetura)

- ✔ **Betriebswirtschaft** (*betri:psvirtchaft*) (economia)

- ✔ **Jura** (*iu:ra:*) (direito)

- ✔ **Kunst** (*kunst*) (arte)

- ✔ **Literaturwissenschaft** (*literatuârvissenchaft*) (literatura)

- ✔ **Medizin** (*medi<u>zi:n</u>*) (medicina)

Em outros casos, você pode descrever o seu trabalho usando a frase **Ich bin** (*içh bin*) (Eu sou), terminando com o adjetivo apropriado. Por exemplo:

- ✔ **Ich bin pensioniert** (*içh bin <u>penzionie:rt</u>*) (Eu sou aposentado.)

- ✔ **Ich bin angestellt.** (*içh bin <u>anguechtelt</u>*) (Eu estou empregado.)

- ✔ **Ich bin geschäftlich unterwegs.** (*içh bin gue<u>chéft</u>liçh untârveks*) (Eu viajo a negócios.)

- ✔ **Ich bin selbständig.** (*içh bin <u>zelpchtê:ndiçh</u>*) (Eu sou autônomo.)

O local do seu trabalho é quase tão importante quanto o trabalho em si. A frase **Ich arbeite bei** (*içh <u>ar</u>baite bai*) (Eu trabalho em) significa, em poucas palavras, onde você passa a maior parte do seu tempo. Em alguns casos, você pode precisar de um substituto para a preposição *bei*. Por exemplo:

- ✔ **Ich arbeite bei der Firma...** (*içh <u>ar</u>baite bai de:r <u>fi:</u>rma*) (Eu trabalho na empresa...). Depois da palavra **Firma**, você simplesmente insere o nome da empresa na qual você trabalha.

- ✔ **Ich arbeite im Büro Steiner.** (*içh <u>ar</u>baite im bü:<u>ro:</u> chta<u>in</u>âr*) (Eu trabalho no escritório Steiner.)

_____Capítulo 4: Conhecendo você: Iniciando um pequeno diálogo **67**

A palavra **Büro** é usada junto com o nome da empresa para a qual você está trabalhando e é reservada para empresas pequenas. Se você quer informar em que área a sua empresa atua, você pode usar um nome composto (com o artigo indefinido) para descrever o tipo de escritório; por exemplo:

> **Ich arbeite in einem Ingenieurbüro / Architekturbüro.** (*içh arbaite in ainem inge:niö:rbü:ro/arçhitektu:ârbü:ro*) (Eu estou trabalhando em um escritório de engenharia/escritório de arquitetura.)

Antes de você iniciar o assunto na conversa, alguém pode lhe perguntar o que você faz para viver. Você pode receber uma das seguintes perguntas:

- ✔ **Bei welcher Firma arbeiten Sie?** (*bai velçhe:r fi:rma arbaiten zi:*) (Em que empresa você trabalha?)

- ✔ **Was machen Sie beruflich?** (*vas maçhen zi:berufliçh*) (Em que você trabalha?)

- ✔ **Sind Sie berufstätig?** (*zint zi: beru:fchtê:tiçh*) (Você tem um emprego?)

Passando o seu endereço e número de telefone

Dizer onde você mora e como você pode ser contactado pode ser muito importante para a continuidade dos seus contatos sociais.

Dizendo onde você mora

Quando alguém lhe perguntar **Wo wohnen Sie?** (*vo: vo:nen zi:*) (Onde você mora?), você pode responder com um dos seguintes modelos:

- ✔ **Ich wohne in Berlin.** (*içh vo:ne in berli:n*) (Eu moro em Berlim.) Simplesmente complete com o nome do lugar onde você mora.

- ✔ **Ich wohne in der Stadt / auf dem Land.** (*içh vo:ne in de:r chtat/auf de:m lant*) (Eu moro na cidade / no interior.)

- ✔ **Ich habe ein Haus/eine Wohnung.** (*içh habe ain haus/áine vo:nung*) (Eu tenho uma casa/um apartamento.)

Dependendo das circunstâncias, alguém pode lhe perguntar **Wie ist Ihre Adresse?** (*vi: ist i:re adresse*) (Qual é o seu endereço?). Se a pergunta for mais específica, você precisará das seguintes palavras:

Soletrando telefones

Os alemães soletram seus telefones em pares de número. Se o seu número for 23 86 57, por exemplo, você dirá dreiundzwanzig sechsundachtzig siebenundfünfzig (_dráiuntsvantsiçh zeksuntaçhtsiçh zi:benuntfü:nftsiçh_). Se os números são lidos um por um, você pode ouvir o número 2, ou zwei (tsvái) pronunciado como zwo (tsvo:), fazendo 23 86 57 soar como zwo drei acht sechs fünf sieben (tso: drái açht zeks fü:nf zi:ben). Veja no Capítulo 2 mais informações sobre como dizer os números em alemão.

- ✓ **die Adresse** (_di: adresse_) (o endereço)
- ✓ **die Straße** (_di: chtrasse_) (a rua)
- ✓ **die Hausnummer** (_di: hausnumâr_) (o número da casa)
- ✓ **die Postleitzahl** (_di: postlaittsa:l_) (o código postal)

Com o tempo, você pode substituir a palavra apropriada na seguinte sentença: **Die Adresse/Straße/Hausnummer/Postleitzahl ist** (_di: adresse/ chtrasse/hausnumâr/ postlaittsa:l ist..._) (O endereço/a rua/o número da casa/o código postal é...)

Passando o seu número de telefone

Se você está tendo uma conversa casual com um conhecido ou fazendo um acordo de negócios, chegará a hora em que você terá de dizer o número do seu telefone. Isto parecerá mais fácil depois que você conhecer as seguintes palavras:

- ✓ **die Telefonnummer** (_di: telefo:nnumâr_) (o número de telefone)
- ✓ **die Vorwahl** (_di: fo:rva:l_) (o prefixo da área)

É fácil usar essas palavras na sentença: **Die Telefonnummer/ die Vorwahl ist...** (_di: telefo:nnumâr/ di: fo:rva:l ist..._) (O número de telefone/código da área é...)

Entregando o seu cartão pessoal

Às vezes um cartão pessoal pode substituir muitas palavras. Se você tiver a sorte de portar um consigo, poderá economizar um pouco da sua apresentação, usando as seguintes palavras: **Hier ist meine Karte.** (_hiâr ist máine karte_) (Aqui está o meu cartão.).

Capítulo 4: Conhecendo você: Iniciando um pequeno diálogo   69

Os substantivos e seus artigos

Em alemão, as palavras podem ter um entre três gêneros:

- **Masculino: der** (*de:r*)
- **Feminino: die** (*di:*)
- **Neutro: das** (*das*)

O plural dos substantivos é formado com o artigo **die** (*di:*).

Infelizmente, o significado da palavra não necessariamente indica o seu gênero. Portanto, não há outro jeito senão memorizar o gênero de cada palavra. No entanto, há pelo menos algumas regras a serem seguidas:

- Os nomes de pessoas do sexo masculino geralmente são masculinos.
- Os nomes de pessoas do sexo feminino geralmente são femininos.

Já que você está lidando com três diferentes gêneros no alemão, você também terá de usar três artigos indefinidos diferentes. Felizmente, o artigo indefinido para as palavras masculinas e neutras é o mesmo.

- **Para os substantivos masculinos:** Você simplesmente usa **ein** (*áin*). Por exemplo, **ein Name** (*áin na:me*) (um nome), **ein Beruf** (*áin be<u>ru:f</u>*) (uma profissão), **ein Architekt** (*áin arçhi<u>tekt</u>*) (um arquiteto).

- **Para os substantivos neutros:** Você também usa **ein**: **ein Büro** (*áin bü:<u>ro</u>*) (um escritório), **ein Haus** (*áin háus*) (uma casa), **ein Geschäft** (*áin gue<u>ché:ft</u>*) (uma loja).

- **Para substantivos femininos:** Você adiciona um *e* ao **ein**, formando **eine** (*áine*). Por exemplo, **eine Firma** (*áine <u>firma</u>*) (uma empresa), **eine Adresse** (*<u>áine</u> a<u>dresse</u>*) (um endereço), **eine Architektin** (*áine arçhi<u>tektin</u>*) (uma arquiteta).

Não é tão difícil, não é mesmo? Mas as coisas podem ficar um pouco mais complicadas. Você já sabe que o gênero de um substantivo determina os artigos que o acompanharão. No entanto, as terminações dos artigos também mudam dependendo se o substantivo ao qual eles estão ligados está no caso *nominativo*, *genitivo*, *dativo* ou *acusativo*. As terminações especificadas na lista acima são usadas no caso nominativo.

Não se preocupe – nós não esperamos que você memorize todas as terminações dos artigos em todos os diferentes casos. Nós diremos a você a forma exata a ser usada em frases e orações específicas ao longo deste livro. Para entender como esses casos funcionam e como eles influenciam na terminação dos artigos, veja a seção sobre os artigos no Capítulo 2.

70 Parte II: Alemão em Ação

Palavras compostas

A língua alemã é famosa, ou mal-afamada, por seus longos nomes. Mas eles não são tão incompreensíveis como parecem. A maioria é simplesmente formada por pequenas palavras que foram combinadas. Se você reconhecer os componentes de uma longa palavra, você pode adivinhar o significado de muitas dessas palavras compostas sem pesquisá-las. Um bom exemplo é a palavra Postleitzahl (<u>post</u>laittsa:l). Ela é composta por Post (post) (correio), leit (láit) (guia) e Zahl (tsa:l) (número), que combinadas formam "número de guia de correio" – um código postal, o CEP.

Tendo uma Conversa

Kurt Hanser está em um voo de Munique para Frankfurt. Ele se senta ao lado de Frau Schneider, uma mulher de negócios. Após terem se apresentado, eles conversam sobre seus trabalhos.

Herr Hanser: **Was machen Sie beruflich, wenn ich fragen darf?**
vas <u>ma</u>chen zi: be<u>ru:</u>fliçh, ven içh <u>fra:</u>guen darf
Em que a senhora trabalha, se posso perguntar?

Frau Schneider: **Ich arbeite als Architektin bei der Firma Listex.**
içh <u>ar</u>baite als arçhi<u>tek</u>tin bái de:r <u>fir</u>ma listex
Eu trabalho como arquiteta na empresa Listex.

Herr Hanser: **Das ist ja interessant. Haben Sie eine Karte?**
das ist ia interres<u>sant</u>. <u>Ha:</u>ben zi: <u>ái</u>ne karte
Que interessante. A senhora tem um cartão?

Frau Schneider: **Ja, hier bitte. Was machen Sie beruflich?**
ia, hiâr <u>bi</u>te. Vas maçhen zi: be<u>ru:</u>fliçh
Sim, aqui está, por favor. Em que o senhor trabalha?

Herr Hanser: **Ich arbeite in einem Ingenieurbüro. Ich habe leider meine Karte nicht dabei.**
içh <u>ar</u>baite in <u>ái</u>nem <u>in</u>geniö:r<u>bü</u>:<u>ro:</u>. Içh <u>ha:</u>be <u>lái</u>dâr <u>mái</u>ne <u>kar</u>te niçht da<u>bái</u>
Eu trabalho em um escritório de engenharia. Infelizmente, não estou com o meu cartão de visitas.

Frau Schneider: **Ist Ihre Firma in Frankfurt?**
ist i:re <u>fir</u>ma in Frankfurt
Sua empresa fica em Frankfurt?

Capítulo 4: Conhecendo você: Iniciando um pequeno diálogo

Herr Hanser: **Ja, in der Bockenheimer Straße 27.**
ia, in de:r bókenháimâr chtra:se zi:benunttsvantsiçh
Sim, na Rua Bockenheimer 27.

Palavras e frases úteis

fragen	fra:guen	perguntar
geben	gue:ben	dar
dabei haben	dabái ha:ben	ter consigo
leider	laidâr	infelizmente

Pronomes possessivos

Vamos voltar um pouco e dar uma olhada na versão de "meu" e "seu", que usamos no diálogo anterior – **mein** (*máin*) e **Ihr** (*iâr*). Estes pronomes possessivos são usados para mostrar que um objeto pertence a alguém ou algo. A sua terminação depende do gênero, do caso e do número do objeto que é possuído. Por exemplo, "Este é meu cartão" seria:

Das ist meine Karte. (*das ist máine karte*)

Karte (*karte*) é feminino e o pronome possessivo feminino da primeira pessoa do singular é "meine".

As formas básicas dos possessivos (masculinos e neutros) no caso nominativo são:

- **mein** (*máin*) (meu/minha)
- **dein** (*dáin*) (seu/sua; informal)
- **Ihr** (*iâr*) (seu/sua; formal)
- **sein, ihr, sein** (*záin, iâr, záin*) (dele, dela, dele/dela neutro)
- **unser** (*unsâr*) (nosso/nossa)

Parte II: Alemão em Ação

- **euer** (*óiâr*) (de vocês; informal)
- **Ihr** (*iâr*) (de vocês; formal)
- **ihr** (*iâr*) (deles/delas)

A Tabela 4-1 mostra todas as formas de **mein** (*máin*) para todos os gêneros nos diferentes casos (os outros possessivos recebem as mesmas terminações):

Tabela 4-1	Formas de mein por Caso			
Gênero	*Nominativo*	*Genitivo*	*Dativo*	*Acusativo*
Masculino	mein	meines	meinem	meinen
Feminino	meine	meiner	meiner	meine
Neutro	mein	meines	meinem	mein

Falando Sobre a Sua Família

Falar sobre família é uma ótima forma de conhecer alguém e o assunto dá a você uma riqueza de tópicos quando estiver tendo uma pequena conversa superficial. Algumas pessoas até se sentem à vontade para mostrar fotos dos membros da família que carregam em suas carteiras, embora esta seja uma prática menos comum na Alemanha que na América.

Você pode encontrar todos os membros da sua árvore genealógica na lista a seguir. Mesmo que você não tenha filhos ou cunhada, por exemplo, é bom se familiarizar com essas palavras, pois, assim, você irá reconhecê-las quando estiver falando sobre o assunto "família" com alguém.

- **der Mann** (*de:r man*) (homem/marido)
- **die Frau** (*di: fráu*) (mulher/esposa)
- **der Junge** (*de:r iungue*) (garoto)
- **das Mädchen** (*das mê:dçhen*) (garota)
- **die Eltern** (*di: eltern*) (pais)
- **der Vater** (*de:r fa:târ*) (pai)
- **die Mutter** (*di: mutâr*) (mãe)
- **die Kinder** (*di: kindâr*) (filhos)
- **der Sohn** (*de:r zo:n*) (filho)
- **die Tochter** (*di: tóçhtâr*) (filha)
- **die Geschwister** (*di: guechvistâr*) (irmãos)

Capítulo 4: Conhecendo você: Iniciando um pequeno diálogo 73

- **die Schwester** (*di: chvéstâr*) (irmã)
- **der Bruder** (*de:r bru:dâr*) (irmão)
- **der Großvater** (*de:r gro:sfa:târ*) (avô)
- **die Großmutter** (*di: gro:smutar*) (avó)
- **der Onkel** (*de:r onkel*) (tio)
- **die Tante** (*di: tante*) (tia)
- **der Cousin** (*de:r kuza:n*) (primo)
- **die Cousine** (*di: kuzine*) (prima)
- **die Schwiegereltern** (*di: chvi:gâreltern*) (sogros)
- **der Schwiegervater** (*de:r chvi:gârfa:târ*) (sogro)
- **die Schwiegermutter** (*di: chvi:gârmutâr*) (sogra)
- **der Schwiegersohn** (*de:r chvi:gârzo:n*) (genro)
- **die Schwiegertochter** (*de:r: chvi:gârtoçhtâr*) (nora)
- **die Schwager** (*de:r chva:gâr*) (cunhado)
- **die Schwägerin** (*di: chvê:gârin*) (cunhada)

Para dizer que você tem um certo parente, você pode usar a simples frase

Ich habe einen/eine/ein... (*içh ha:be áinen/áine/áin*) (Eu tenho um...)

Nesta frase, você está usando o acusativo (objeto direto); o que envolve diferentes formas de artigo indefinido tanto para o gênero quanto para o caso. Os artigos indefinidos neutro e feminino são os mesmos nos casos nominativo (sujeito) e acusativo (objeto direto). O artigo indefinido masculino, entretanto, assume com uma forma diferente no acusativo.

- **Substantivos masculinos:** Substantivos como **der Mann, der Bruder** e **der Schwager** usam a forma **einen.**
- **Substantivos femininos:** Membros da família como **die Frau, die Tochter** e **die Schwägerin** usam **eine.**
- **Substantivos neutros: Das Mädchen** usa **ein.**

Então, o que você faz quando quer dizer que não tem irmão, filho ou esposa, ou qualquer outro parente? Em português, você usa o advérbio de negação antes do verbo ter: "Eu não tenho irmã".

Parte II: Alemão em Ação

Adicionando o *s*

Para marcar o substantivo que tem a posse de algo (ou alguém), você pode adicionar um s. Esse método para demonstrar posse pode ser usado com membros da família e nomes próprios. Então, a tradução para o alemão de "a filha de Miller" seria **Müllers Tochter** (mü:lers tóçhtâr) e a de "o pai do Michael" seria **Michaels Vater** (miçhaels fa:târ).

Em alemão, usa-se a forma negativa do artigo indefinido **ein** (masculino)/ **eine** (feminino)/**ein** (neutro) (*áin/áine/áin*) (um/uma), que é **kein/keine/ kein** (*káin/káine/káin*) (nenhum/nenhuma). A boa notícia é que a forma negativa – **kein/keine/kein** – funciona exatamente como **ein/eine/ein**. Você só precisa adicionar a letra "k".

- Substantivos masculinos, como der Sohn: Ich habe keinen Sohn. (*içh ha:be káinen zo:n*) (Eu não tenho nenhum filho.)
- Substantivos femininos, como die Tochter: Ich habe keine Tochter. (*içh ha:be káine tóçhtâr*) (Eu não tenho nenhuma filha.)
- Substantivos neutros, como das Kind: Ich habe kein Kind. (*içh ha:be káin kint*) (Eu não tenho nenhuma criança.)

Tendo uma Conversa

Herr Hanser e Frau Schneider estão conversando um pouco sobre suas famílias para passar o tempo.

Herr Hanser: **Wohnen Sie in Frankfurt?**
vo:nen zi: in frankfurt
A senhora mora em Frankfurt?

Frau Schneider: **Nicht direkt. Mein Mann und ich haben ein Haus in Mühlheim. Und Sie?**
niçht direkt. máin man unt içh ha:ben áin háus in mü:lháin. Unt zi:?
Não exatamente. Meu marido e eu temos uma casa em Mülheim. E o senhor?

_____Capítulo 4: Conhecendo você: Iniciando um pequeno diálogo **75**

Herr Hanser:	**Wir haben eine Wohnung in der Innenstadt. Unser Sohn wohnt in München. Er studiert dort. Haben Sie Kinder?**
	viâr ha:ben áine vo:nung in de:r inenchta:t. unzâr zo:n vo:nt in mü:nçhen. Eâr chtudiert dort. Ha:ben zi: kindâr
	Nós temos uma casa no centro da cidade. Nosso filho mora in Munique. Ele estuda lá. A senhora tem filhos?
Frau Schneider:	**Ja, zwei. Mein Sohn Andreas arbeitet bei Siemens und meine Tochter Claudia studiert in Köln.**
	ia, tsvái. máin zo:n andre:as arbaitet bai zi:mens unt máine tóchtâr claudia chtudiert in kö:ln
	Sim, dois. Meu filho Andreas trabalha na Siemens e minha filha Claudia estuda em Colônia.
Herr Hanser:	**Ach, meine Frau kommt aus Köln. Sie ist Juristin. Und was macht Ihr Mann beruflich?**
	ach, máine fráu komt aus kö:ln. Zi: ist iuristin. Und vas maçht iâr man beru:fliçh
	Ah, minha esposa é de Colônia. Ela é jurista. E em que trabalha seu marido?
Frau Schneider:	**Er ist Lehrer.**
	eâr ist le:râr
	Ele é professor.

Falando Sobre o Tempo

As pessoas, em qualquer canto do mundo, amam conversar sobre **das Wetter** (*das vétâr*) (o tempo). Além disto, ele afeta os principais aspectos da vida – sua ida ao trabalho, seus planos para atividades ao ar livre e, às vezes, até mesmo o seu humor. E ele geralmente também é um motivo para você reclamar!

Como está lá fora?

A frase **Es ist** (*es ist*) (está) ajuda a descrever o tempo, não importando o que a previsão indique. Você simplesmente complementa com o adjetivo apropriado no final da sentença. Por exemplo:

- **Es ist kalt.** (*es ist kalt*) (Está frio.)
- **Es ist heiß.** (*es ist háis*) (Está calor.)
- **Es ist schön.** (*es ist chö:n*) (Está bonito.)

As palavras a seguir permitem que você descreva praticamente qualquer condição do tempo:

- **bewölkt** (*bevö-lkt*) (com nuvens)
- **neblig** (*ne:bliçh*) (nublado)
- **regnerisch** (*re:knerich*) (chuvoso)
- **feucht** (*fóiçht*) (úmido)
- **windig** (*vindiçh*) (com vento)
- **kühl** (*kü:l*) (fresco)
- **frostig** (*frostiçh*) (gelado)
- **warm** (*varm*) (ameno)
- **sonnig** (*zoniçh*) (ensolarado)

Você também pode usar as frases a seguir para dar o seu relato pessoal sobre o tempo:

- **Die Sonne scheint.** (*di: zone cháint*) (O Sol está brilhando.)
- **Es regnet/schneit.** (*es re:knet/chnáit*) (Está chovendo/nevando.)
- **Es blitzt/donnert.** (*es blitst/donert*) (Está relampejando/trovejando.)
- **Es wird hell/dunkel.** (*es virt hél/dunkel*) (Está clareando/escurecendo.)

Em alemão, você usa dois verbos peculiares para dizer que está começando ou parando de chover: **anfangen** (*anfanguen*) (começar) e **aufhören** (*aufhö:ren*) (parar). Estes dois verbos são separáveis, o que significa que, ao usá-los em uma sentença, suas partes se separam e mudam de posição. Eles funcionam da seguinte maneira:

- **Es fängt an zu regnen.** (*es fêngt an tsu re:knen*) (Está começando a chover.)
- **Es hört auf zu regnen.** (*es hö:rt auf tsu regnen*) (Está parando de chover.)

Veja no Capítulo 14 mais informações sobre os verbos separáveis.

_____Capítulo 4: Conhecendo você: Iniciando um pequeno diálogo **77**

Falando sobre a temperatura

Na Alemanha, como no Brasil, a temperatura é medida em Celsius (*tselzius*). Desta forma, você conseguirá identificar a temperatura ambiente. Quando ela é o assunto da conversa, as seguintes frases com certeza aparecerão:

- ✔ **Zehn Grad.** (*tse:n gra:d*) (Dez graus.) É claro, você substitui o número antes da palavra **Grad.** (Veja no Capítulo 2 mais informações sobre os números.)

- ✔ **Es ist minus zehn Grad.** (*es ist minus tse:n gra:d*) (Está menos dez graus.) Novamente, você substitui o número antes da palavra **Grad.**

- ✔ **Es ist zehn Grad unter Null.** (*es ist tse:n gra:d untâr nul*) (Está dez graus abaixo de zero.)

- ✔ **Die Temperatur fällt/steigt.** (*di: tempera:tuâr félt/chtaikt*) (A temperatura está caindo/subindo.)

Comentando sobre o tempo

Qualquer uma das seguintes frases pode aparecer em uma conversa sobre o tempo:

- ✔ **Was für ein herrliches Wetter!** (*vas fü:âr áin hérliçhes vétâr*) (Que tempo esplêndido!)

- ✔ **Was für ein schreckliches Wetter!** (*vas fü:âr áin chrékliçhes vétâr*) (Que tempo horrível!)

- ✔ **Was für ein schöner Tag!** (*vas fü:âr áin chö:nâr ta:k*) (Que dia lindo!)

Parte II: Alemão em Ação

Tendo uma Conversa

Anita e Rolf moram no mesmo corredor de um prédio. Eles planejaram ir ao parque no domingo à tarde. No domingo de manhã, Rolf bate à porta de Anita para falar sobre seus planos.

Rolf: **Was machen wir jetzt? Bei so einem Wetter können wir nicht in den Park gehen. Es ist regnerisch und windig.**
vas machen viâr ietst? bái zo áinem vétâr kö: nen viâr nicht in de:n park gue:en. es ist re:knerich unt vindiçh
O que faremos agora? Com este tempo não podemos ir ao parque. Está chovendo e ventando.

Anita: **Ja, ja, ich weiß. Aber gegen Mittag soll es aufhören zu regnen.**
ia, ia içh váis. a:bâr gue:guen mita:k zol es aufhö:ren tsu re:knen
Sim, sim, eu sei. Mas por volta do meio-dia deve parar de chover.

Rolf: **Na ja, ich sehe nur Wolken am Himmel...**
na ia, içh se:e nuâr vólken am himel
Bem, eu só vejo nuvens no céu...

Anita: **Keine Panik! Heute Mittag scheint bestimmt wieder die Sonne.**
káine pa:nik. hóite mita:k cháint bechtimt vi:dâr di: zone
Sem pânico! Hoje ao meio-dia o Sol voltará a brilhar.

Rolf: **Na gut. Vielleicht hast du recht.**
na gut. fi:laicht hast du reçht
Está bem. Talvez você tenha razão.

Anita: **Bis später! Tschüs!**
Bis chpê:târ. tchü:s
Até mais tarde! Tchau!

Capítulo 4: Conhecendo você: Iniciando um pequeno diálogo 79

Palavras e frases úteis

machen	má̱chen	fazer
sehen	ze̱:en	ver
wissen	v̱issen	saber
Recht haben	reçht ha̱:ben	estar com razão
vielleicht	fi:laiçht	talvez
bis später	bis chpê:târ	até mais tarde

Complete com as palavras que faltam!

bewölkt Sonne Temperaturen Regen regnen unter Null

1. Es friert, mit _____ um 0 Grad Celsius.

2. Am Sonntag fällt die Temperatur _____, aber wir sehen auch ein bisschen _____.

3. Montag und Dienstag ist es wieder _____, und es fängt an zu _____

4. In Berlin hört der _____ nicht vor Donnerstag auf.

Respostas: 1. Temperaturen; 2. unter Null, Sonne; 3. bewölkt, regnen; 4. Regen

Capítulo 5

Guten Appetit! Saindo para Jantar e Indo ao Mercado

Neste Capítulo

- Pedindo um prato
- Pagando a conta
- Comprando comida – onde encontrar o que precisa?
- Comprando comida no mercado
- Pesos e medidas

Conhecer a comida e os hábitos alimentares de outro país é uma das mais prazerosas maneiras de aprender sua cultura. Em um almoço de negócios ou em um jantar informal, saindo para comer ou cozinhando em casa – você só precisa saber os truques culinários.

Se sair para comer na Alemanha, você observará que a variedade da comida não é assim tão diferente do que você já está acostumado. A cozinha básica "estilo caseiro" alemã (que basicamente consiste em carne, batatas e vegetais) não é particularmente famosa e fez parte dos alimentos com alto teor de gordura no passado; isso mudou graças à crescente consciência mundial em relação à saúde e ao colesterol. Além da culinária regional, que varia de uma parte a outra do país, você também encontra uma grande variedade da culinária internacional.

"Bom apetite" ou **Guten Appetit** (*gu:ten apetít*), como os alemães desejam uns aos outros antes de começar a comer!

Já É Hora de Comer?

Com as seguintes frases, você poderá "mostrar a voz" quando for hora de comer ou beber:

82 Parte II: Alemão em Ação

> ✔ **Ich habe Hunger/Durst.** (*içh ha:be hungâr/durst*) (Eu estou com fome/sede.)
>
> ✔ **Ich bin hungrig/durstig.** (*içh bin hungriçh/durstiçh*) (Eu estou com fome/sede.)

Para satisfazer sua fome ou sede, você deve comer – **essen** (*éssen*) – e beber – **trinken** (*trinken*).

Essen é um verbo irregular (veja no Capítulo 2 mais informações sobre os verbos irregulares):

Conjugação	*Pronúncia*
Ich esse	içh ésse
du isst	du ist
Sie essen	zi: éssen
er/sie/es isst	eâr/zi:/es ist
wir essen	viâr éssen
ihr esst	iâr est
Sie essen	zi: éssen
sie essen	zi: éssen

E assim se conjuga o verbo **trinken** *(trinken)*:

Conjugação	*Pronúncia*
ich trinke	içh trinke
du trinkst	du trinkst
Sie trinken	zi: trinken
er/sie/es trinkt	eâr/zi:/es trinkt
wir trinken	viâr trinken
ihr trinkt	iâr trinkt
Sie trinken	zi: trinken
sie trinken	zi: trinken

Capítulo 5: Guten Appetit! Saindo para Jantar e Indo ao Mercado   **83**

Tudo Sobre as Refeições

Os horários de refeição alemães não diferem muito dos brasileiros. Na maioria dos restaurantes e hotéis, o café da manhã é servido de sete às dez horas da manhã. O almoço é geralmente servido entre 11 h e 14 h. Para os alemães, o almoço era tradicionalmente a principal refeição do dia, mas isso vem mudando.

A refeição-padrão nas casas alemãs geralmente consiste em pão com carne fria, queijo, e talvez salada e pratos frios, mas para cada vez mais pessoas, o jantar se tornou a refeição principal, já que muitas pessoas trabalham durante o dia e seu plano de trabalho não permite que tenham tempo suficiente para uma refeição completa. Em restaurantes, um cardápio completo está geralmente disponível entre 18 h 30 min e 21 h, e, em cidades e restaurantes maiores, pode ser servido até às 22 h ou 23 h.

As três principais **Mahlzeiten** (_ma:ltsáiten_) (refeições) do dia são as seguintes:

- ✔ **das Frühstück** (_das frü:chtü:k_) (café da manhã)
- ✔ **das Mittagessen** (_das mita:k essen_) (almoço)
- ✔ **das Abendessen** (_das a:bent essen_) (jantar)

Você pode ocasionalmente ouvir as pessoas dizerem **Mahlzeit!** como uma saudação na hora do almoço. Se alguém disser isto para você, simplesmente retribua com – **Mahlzeit!** – e sorria.

Arrumando a Mesa

Na mesa alemã você encontra todos os itens que você tem na sua casa, por exemplo:

- ✔ **das Glas** (_das gla:s_) (copo)
- ✔ **die Tasse** (_di: tasse_) (xícara)
- ✔ **der Teller** (_de:r telãr_) (prato)
- ✔ **der Suppenteller** (_de:r zupentelãr_) (prato de sopa)
- ✔ **die Serviette** (_di: servi:ete_) (guardanapo)
- ✔ **das Messer** (_das messãr_) (faca)
- ✔ **die Gabel** (_di: ga:bel_) (garfo)
- ✔ **der Löffel** (_de:r lö:fel_) (colher)
- ✔ **das Besteck** (_das bechték_) (talher – Conjunto de garfo, faca e colher)

Parte II: Alemão em Ação

Se você estiver em um restaurante e precisar de um item que não está na mesa (por exemplo, uma colher, um garfo ou uma faca), chame o garçom dizendo:

Entschuldigen Sie bitte! (*ent_chul_digen zi: bi_te*) (Com licença, por favor!)

e pergunte:

Kann ich bitte einen Löffel/eine Gabel/ein Messer haben? (*kân içh bite áinen lö:fel/áine ga:bel/áin mes_sâr ha:ben*) (Eu poderia ter uma colher/um garfo/uma faca?)

Saindo para um Restaurante

Comer fora tem se tornado um hábito bastante popular na Alemanha, e você perceberá que não há muita diferença entre sair para um restaurante aqui e na Alemanha. Em muitos restaurantes na Alemanha, você não precisa esperar para sentar a uma mesa – embora o garçom ou a garçonete geralmente o leve para sua mesa nos lugares mais exclusivos. Levar as sobras também é comum, e cada vez mais restaurantes (exceto os mais chiques) permitem que você leve o que restou para casa.

Distinguindo lugares para comer

A maioria dos estabelecimentos para jantar na Alemanha expõe o cardápio fora, o que torna mais fácil saber que tipo de jantar você poderá experimentar. Isto ajuda quando você está simplesmente dando uma olhada procurando um lugar para comer, mas se você quer perguntar a alguém sobre algum lugar especial, as seguintes palavras o ajudarão a saber os diferentes tipos de estabelecimentos disponíveis:

- **das Restaurant** (*das restô:ran*) (restaurante): Você encontra uma grande variedade de restaurantes na Alemanha, desde os mais simples até os mais luxuosos, com os seus cardápios respectivos.

- **die Gaststätte** (*di: gastchté:t*) (um tipo regional de restaurante): Este é um tipo mais simples de restaurante do qual não se espera um cardápio muito sofisticado e onde se pode encontrar especialidades regionais.

- **das Gasthaus** (*das gastháus*)/**der Gasthof** (*gastho:f*) (hospedaria): Este você encontra geralmente no interior. Geralmente oferece comida caseira e a atmosfera tende a ser mais popular.

- **die Raststätte** (*di: rastchté:t*) (restaurante de beira de estrada): Geralmente encontrado em autoestradas e rodovias com serviços de estacionamento e, algumas vezes, alojamento temporário. (É chamado **der Rasthof** (*de:r rastho:f*) na Áustria.

_____Capítulo 5: Guten Appetit! Saindo para Jantar e Indo ao Mercado **85**

- **der Ratskeller** (*de:r ra:tskélãr*): Este é difícil de traduzir literalmente. Os restaurantes que recebem este nome vêm dos estabelecimentos alimentícios situados em porões da prefeitura **Rathaus** (*ra:tháus*). Você geralmente os encontra em prédios históricos.

- **die Bierhalle** (*di: biãrhale*)/**die Bierstube** (*di: biãrchtu:be*)/ **der Biergarten** (*de:r biãrgarten*)/**das Bierzelt** (*das biãrtsélt*) (barracas onde se toma cerveja): Além das cervejas servidas em barris enormes, você também pode pedir pratos quentes (geralmente alguns pratos do dia), saladas e pretzels. A maioria das cervejarias (e as mais conhecidas) estão em Munique, Bavária, onde acontece a **Oktoberfest** (*okto:bãrfest*) no final de setembro.

- **die Weinstube** (*di: váinchtu:be*) (adega): Um restaurante confortável, geralmente encontrado em áreas de produção de vinho, onde pode experimentar vinhos, com bar, comidas e lanche.

- **die Kneipe** (*di: knáipe*) (bar - restaurante): Este é um tipo de combinação de bar e restaurante, geralmente não muito sofisticado. Você pode beber algo no bar ou sentar-se à mesa, de onde você também pode pedir uma comida.

- **das Café** (*das kafé:*) (café): Este pode variar desde uma cafeteria a um estabelecimento exclusivo. Viena é famosa por seus tradicionais cafés.

- **der (Schnell)imbiss** (*de:r chnélimbi:s*) (lanchonete, restaurante *fast-food*): Aqui se pode escolher entre diferentes tipos de comida e peculiaridades para levar consigo.

Fazendo reservas

Quando você liga para um restaurante, a pessoa que atende o telefone geralmente já está pronta para fazer sua reserva. É claro que não é sempre necessário fazê-la e, durante a semana, você pode conseguir uma mesa sem marcar com antecedência, a menos que você escolha um lugar que esteja na moda no momento ou que tenha lugares bem limitados. (No entanto, para os restaurantes populares, recomenda-se fazer reservas aos finais de semana). Geralmente não se faz reserva em uma **Kneipe** ou **Gaststätte** (veja a seção anterior) – as mesas são tomadas pelas pessoas que vão chegando primeiro.

Quando se está fazendo uma reserva, as seguintes palavras e frases podem ser utilizadas:

- **Ich möchte gern einen Tisch reservieren/bestellen.** (*içh mö:çhte guern áinen tich rezervi:ren/bechtelen*) (Eu gostaria de reservar/pedir uma mesa.)

- **Haben Sie um... Uhr einen Tisch frei?** (*ha:ben zi: um... uãr áinen tich frái*) (O senhor tem às... horas uma mesa livre?)

- **Ich möchte gern einen Tisch für... Personen um... Uhr.** (*içh mö:çhte guern áinen tich fü:ar...perso:nen um...uãr*) (Eu gostaria de uma mesa para... pessoas às... horas.)

Parte II: Alemão em Ação

Para dar informações mais específicas sobre quando você quer fazer a reserva, pode adicionar o dia específico da semana ao seu pedido ou uma das seguintes frases apropriadas:

- **heute Abend** (_hóite a:bent_) (hoje à noite)
- **morgen Abend** (_mórguen a:bent_) (amanhã à noite)
- **heute Mittag** (_hóite mita:k_) (hoje ao meio-dia)
- **morgen Mittag** (_mórguen mita:k_) (amanhã ao meio-dia)

Então, você poderia dizer:

- **Ich möchte gern für heute Abend einen Tisch reservieren.** (_içh mö:çhte guern fü:âr hóite a:bent áinen tich rezervi:ren_) (Eu gostaria de reservar uma mesa para hoje à noite.)
- **Haben Sie morgen Mittag um… Uhr einen Tisch frei?** (_ha:ben zi: mórguen mita:k um… uâr áinen tich frái_) (O senhor tem uma mesa livre para amanhã na hora do almoço, às… horas?)

Tendo uma Conversa

Mike e sua amiga Ute querem conhecer o recém-inaugurado restaurante Gallerie. Mike liga para o restaurante para fazer uma reserva.

Restaurant: **Restaurant Galleria.**
restó:ran galeri:
Restaurante Galleria.

Mike: **Guten Tag. Ich möchte gern einen Tisch für heute Abend bestellen.**
gu:ten ta:k. Içh mö:çhte guern áinen tich fü:âr hóite a:bent bechtelen
Bom dia. Eu gostaria de reservar uma mesa para hoje à noite.

Restaurant: **Für wie viele Personen?**
fü:âr vi: fi:le perzo:nen
Para quantas pessoas?

Mike: **Zwei Personen, bitte. Haben Sie um acht Uhr einen Tisch frei?**
tsái perzo:nen, bite. ha:ben zi: um açht uâr áinen tich frái
Duas pessoas, por favor. O senhor tem uma mesa livre para às oito horas?

_____Capítulo 5: Guten Appetit! Saindo para Jantar e Indo ao Mercado **87**

Restaurant:	**Tut mir leid, um acht ist alles ausgebucht. Sie können aber um acht Uhr dreißig einen Tisch haben.**
	tut miâr láit, um açht ist ales ausguebuçht. zi: kö:nen a:bâr um açht uâr dráissiçh áinen tich ha:ben
	Sinto muito, para as oito já estão todas reservadas. Mas o senhor pode reservar uma mesa para as oito e trinta.
Mike:	**Acht Uhr dreißig wäre auch gut.**
	açht uâr dráissiçh vé:re auçh gut
	Oito e trinta seria bom.
Restaurant:	**Und Ihr Name, bitte?**
	unt iâr na:me bite
	E o seu nome, por favor?
Mike:	**Evans.**
	evans
	Evans.
Restaurant:	**Geht in Ordnung, ich habe den Tisch für Sie reserviert.**
	gue:t in ordnung, içh ha:be de:n tich fü:âr zi: rezervi:ert
	Está certo, eu reservei a mesa para o senhor.
Mike:	**Vielen Dank. Bis heute Abend.**
	fi:len dank. bis hóite a:bent.
	Muito obrigado. Até a noite.

No diálogo anterior, Mike teve sorte e conseguiu uma mesa. Mas você também pode ouvir o seguinte quando fizer reservas:

Es tut mir leid. Wir sind völlig ausgebucht. (*tut miâr láit, viâr zint fö:liçh ausguebuçht*) (Sinto muito. Nossas mesas estão todas reservadas.)

Se você aparece no restaurante sem fazer nenhuma reserva, esteja pronto para ouvir o seguinte:

- ✔ **In... Minuten wird ein Tisch frei.** (*in ... minuten virt áin tich frái*) (Em ... minutos uma mesa ficará livre.)

- ✔ **Können Sie in... Minuten wiederkommen?** (*kö:nen zi: in...minuten vi:dârkómen*) (O senhor pode voltar em... minutos?)

Dividindo uma mesa

Talvez com exceção dos restaurantes, você observará que não é muito incomum dividir uma mesa com outra pessoa. Esses lugares geralmente tendem a ficar lotados e alguns deles têm mesas bem grandes. Se ainda há lugares livres à mesa onde você está, alguém pode perguntar Ist hier noch frei? (ist hiâr noçh frái) (Este lugar ainda está livre?) ou Können wir uns dazu setzen? (kö:nen viâr uns datsu zetsen) (Podemos nos sentar aqui com vocês?). É uma organização bem casual, e você não é obrigado a começar uma conversa com a pessoa que está dividindo a mesa com você. Algumas pessoas podem achar a falta de privacidade um pouco irritante, mas também é uma boa oportunidade para conhecer as pessoas do local.

Chegando e sentando

Quando você chega ao restaurante, irá querer tomar o seu lugar à mesa, **Platz nehmen** (*plats ne:men*), e ler o **Speisekarte** (*chpáizekarte*) (cardápio). Um garçom, **der Kellner** (*de:r kelnâr*), o acompanhará à mesa.

Tendo uma Conversa

Mike e Ute estão ansiosos para comer no restaurante Galleria desde que ele fez a reserva. Eles chegam ao restaurante e se sentam.

Mike: **Guten Abend. Mein Name ist Evans. Wir haben einen Tisch für zwei Personen bestellt.**
gu:ten a:bent. Máin na:me ist evans. viâr ha:ben áinen tich fü:âr tsvái perzo:nen bechtelt.
Boa noite. Meu nome é Evans. Nós reservamos uma mesa para duas pessoas.

Kellner: **Guten Abend. Bitte, nehmen Sie hier vorne Platz.**
gu:ten a:bent. bite, ne:men zi: hiâr forne plats
Boa noite. Por favor, Sentem-se aqui na frente.

Ute: **Könnten wir vielleicht den Tisch dort drüben am Fenster haben?**
kö:nten viâr fi:láiçht de:n tich dort drü:ben am fenstâr ha:ben
Nós poderíamos talvez conseguir uma mesa ali na janela?

Capítulo 5: Guten Appetit! Saindo para Jantar e Indo ao Mercado 89

Kellner: **Aber sicher, kein Problem. Setzen Sie sich. Ich bringe Ihnen sofort die Speisekarte.**
a:bâr zichâr, káin problem. zetsen zi: zich. Ich bringue i:nen zofort di: chpáizekarte.
Mas é claro, sem problema. Sentem-se. Eu já trago o cardápio.

Palavras e frases úteis

bringen	bringuen	trazer
vielleicht	fi:láicht	talvez
hier vorne	hiâr forne	aqui na frente
dort drüben	dort drü:ben	do outro lado
Setzen Sie sich!	zetsen zi: zich	Sentem-se!
Tut mir leid!	tut miâr láit	Sinto muito!
In Ordnung!	in ordnung	Está certo!

Entendendo o cardápio

Agora vem a parte divertida – decidir o que você quer comer. É claro, o que há no cardápio depende inteiramente do estabelecimento onde você está.

Se você vai para um restaurante francês, espanhol ou chinês, o cardápio poderá estar no idioma do respectivo país com uma tradução em alemão embaixo do nome original do prato. Em alguns restaurantes, você encontra também o nome em inglês.

As seguintes seções falam sobre comidas que você poderá encontrar em restaurantes alemães em todo o país. Esta seção não mostra a culinária regional, que difere substancialmente de região para região; de fato, muitas áreas têm sua especialidade local. Por exemplo, há alguns pratos que você encontrará comumente no cardápio na Baviera ou no sul da Alemanha, mas nunca no norte do país.

Parte II: Alemão em Ação

Café da manhã

Os seguintes itens podem ser oferecidos **zum Frühstück** *(tsum früh:chtü:k)* (para o café da manhã):

- **das Brot** *(das bro:t)* (pão)
- **das Brotchën** *(das brö:tchen)* (pãozinho)
- **der Toast** *(de:r to:st)* (torrada)
- **der Aufschnitt** *(de:r aufchnit)* (queijos e frios fatiados)
- **die Butter** *(di: butâr)* (manteiga)
- **die Cerealien** *(di: tse:rea:lien)* (cereais)
- **das Müsli** *(das mü:sli)* (musli)
- **die Milch** *(di: milch)* (leite)
- **der Saft** *(de:r zaft)* (suco)
- **die Wurst** *(di: vurst)* (salsicha, embutidos)
- **das Ei** *(das ái)* (ovo)
- **das Spiegelei** *(das chpi:guelái)* (ovo frito)
- **die Rühreier** *(di: rü:ráie:r)* (ovos mexidos)

Na Alemanha, os **Brötchen** são muito populares no café da manhã; entretanto, você também pode encontrar todos os tipos de pães ou croissants. É também muito comum comer frios no café da manhã e, se você pedir ovos sem especificar se quer mexidos ou estrelados, você receberá ovos quentes num porta-ovos.

Aperitivos

Para **Vorspeisen** *(fo:rchpáizen)* (aperitivos), você encontrará o seguinte:

- **Gemischter Salat** *(gemichtâr zala:t)* (salada mista)
- **Grüner Salat** *(grü:nâr zala:t)* (salada verde)
- **Melone mit Schinken** *(melo:ne mit chinken)* (melão com presunto)
- **Meeresfrüchtesalat mit Toastecken** *(me:resfrü:chtezalat mit to:steken)* (salada de frutas variadas com fatias de torrada)

Sopas

Você pode conferir as seguintes **Suppen** *(zupen)* (sopas) no cardápio:

- **Tomatensuppe** *(toma:tenzupe)* (sopa de tomate)
- **Bohnensuppe** *(bo:nenzupe)* (sopa de feijão)

_____Capítulo 5: Guten Appetit! Saindo para Jantar e Indo ao Mercado **91**

- ✔ Ochsenschwanzsuppe (_oksenchvantszupe_) (sopa de rabada)

- ✔ Französische Zwiebelsuppe (_frantsö:ziche tsvi:belzupe_) (sopa de cebola francesa)

Pratos principais

Hauptspeisen (_hauptspáizen_) (pratos principais) são tão diversos como em qualquer outra cultura; estes são alguns que você pode encontrar em um cardápio alemão:

- ✔ Kalbsleber mit Kartoffelpüre (_kalpsle:bâr mit kartófelpü:rê_) (fígado de vitela com purê de batatas)

- ✔ Frischer Spargel mit Kalbsschnitzel oder Räucherschinken/ Kochschinken (_frichâr chpargel mit kalpchnitsel o:dâr róícharchinken/ koçchinken_) (aspargos frescos com costeleta de vitela ou presunto/ presunto defumado)

- ✔ Rindersteak mit Pommes Frites und gemischtem Gemüse (_rindârstei:k mit póm frit unt gemichten gemü:se_) (bife de carne de vaca com batatas fritas e salada de legumes)

- ✔ Lammkotelett nach Art des Hauses (_lamkotelét naçh art des háuses_) (costeleta de cordeiro estilo da casa)

- ✔ Hühnerfrikassee mit Butterreis (_hü:nerfrikassê mit butârráis_) (fricassê de frango com arroz de manteiga)

- ✔ Lachs an Safransoße mit Spinat und Salzkartoffeln (_laks an zafra:nzôsse mit chpina:t unt zaltskartofeln_) (salmão com molho de açafrão com espinafre e batatas salgadas)

- ✔ Fisch des Tages (_fich des ta:gues_) (peixe do dia)

Prato de acompanhamento

Você pode às vezes pedir **Beilagen** (_bai-lah-gen_) (acompanhamentos) separadamente do seu prato principal:

- ✔ Butterbohnen (_butârbo:nen_) (feijão-manteiga)

- ✔ Gurkensalat (_gurkenzala:t_) (salada de pepino)

- ✔ Bratkartoffeln (_bra:tkartofeln_) (batatas-fritas)

Sobremesa

Os restaurantes alemães comumente oferecem muitos outros pratos **zum Nachtisch** (_tsum naçhtich_) (como sobremesa), incluindo os seguintes:

- ✔ Frischer Obstsalat (_frichâr obstzala:t_) (salada de frutas frescas)

- ✔ Apfelstrudel (_apfelchtrudel_) (torta de maçã)

92 Parte II: Alemão em Ação

- ✔ **Gemischtes Eis mit Sahne** (*gemichtes áis mit za:ne*) (sorvete misto com chantili)

- ✔ **Rote Grütze mit Vanillesoße** (*ro:te grü:tse mit vanilezo:sse*) (frutas vermelhas com creme de baunilha)

Bebidas

Quando chega a hora de pedir **Wasser** (*va:ssâr*) (água), você pode escolher entre água com gás ou sem gás: **ein Wasser mit Kohlensäure** (*áin va:ssâr mit ko:lenzóire*) ou **ein Wasser ohne Kohlensäure** (*áin va:ssâr o:ne ko:lenzóire*), respectivamente. Se você pede ao garçom ou garçonete **ein Mineralwasser** (*minera:lvassâr*) (água mineral), você geralmente recebe água com gás.

Vinho é geralmente oferecido em garrafa – **die Flasche** (*di: flache*) – ou taça – **das Glas** (*das gla:s*). Às vezes, você também pode receber uma jarra de vinho, que é chamada **die Karaffe** (*di: ka:rafe*).

Na lista a seguir, você encontra algumas bebidas comuns, **Getränke** (*gueträ:nke*), que você provavelmente verá no cardápio:

- ✔ **Bier** (*das biâr*) (cerveja)

- ✔ **das Export** (*das export*)/**das Kölsch** (*das kö:lch*) (cerveja menos amarga, tipo *lager*)

- ✔ **das Bier vom Fass** (*das biâr fom fas*) (chope)

- ✔ **das Pils/Pilsener** (*das pils/pilzenâr*) (cerveja amarga, tipo *lager*)

- ✔ **das Altbier** (*das altbiâr*) (cerveja escura)

- ✔ **Wein** (*váin*) (vinho)

- ✔ **der Weißwein** (*de:r váisvain*) (vinho branco)

- ✔ **der Rotwein** (*de:r ro:tváin*) (vinho tinto)

- ✔ **der Tafelwein** (*de:r ta:felváin*) (vinho de mesa, de qualidade mais baixa)

- ✔ **der Kafee** (*de:r kafê*) (café)

- ✔ **der Tee** (*de:r te:*) (chá)

Fazendo o seu pedido

Você pode usar uma variedade de expressões comuns para fazer pedidos. Felizmente, não são muito complicadas e você pode usá-las para pedir qualquer coisa de alimentos e de bebidas, ou para comprar alimentos em uma loja:

- Ich hätte gern... (*içh hé:te guern*) (eu teria...)
- Für mich bitte... (*fü:âr miçh bite*) (para mim, por favor...)
- Ich möchte gern... (*içh mö:çhte guern*) (eu gostaria...)

Quando fizer o seu pedido, talvez você queira arriscar e perguntar ao garçom:

Können Sie etwas empfehlen? (*kö:nen zi: etvas empfe:len*) (O senhor pode recomendar algo?)

Esteja preparado para receber uma resposta relâmpago, com nomes de pratos que talvez você nunca tenha ouvido antes. Para evitar qualquer confusão com a resposta do garçom, tente levantar o seu cardápio para que ele aponte os pratos enquanto responde.

Usando o conjuntivo

Observe as formas verbais **hätte**, **könnte** e **würde** que você viu na seção anterior. De onde elas vêm e quais são suas funções?

O *conjuntivo* é usado para expressar uma possibilidade e tem um correspondente em português. Basicamente, o conjuntivo funciona como o futuro do pretérito. Vamos ver como esses verbos são aplicados:

Ich hätte (*içh hé:te*) (eu teria) vem de **haben** (*ha:ben*) (ter)

Da mesma forma, você também pode dizer **Ich würde** (*içh vü:rde*) (eu ia), que vem de **werden** (*vé:rden*) (vir a ser/torna-se). É bem simples: **würde** corresponde basicamente à terminação "ia" para formar o futuro do pretérito e pode ser usado assim:

Ich würde essen. (*içh vü:rde essen*) (Eu comeria.)

Como em português, **würde** é sempre usado com o verbo no infinitivo. E se você gostaria de ter algo? Como acima, você usaria **gern** para expressar isso:

Ich würde gern haben. (*içh vü:rde guern ha:ben*) (Eu gostaria de ter.)

A frase **Ich könnte** (*içh kö:nte*) (eu poderia) vem do verbo **können** (*kö:nen*) (poder). A construção com **könnte** é similar à de **würde**.

Ich könnte essen. (*içh kö:nte essen*) (Eu poderia comer.)

Tendo uma Conversa

Mike e Ute tiveram a oportunidade de olhar o cardápio. O garçom retorna para anotar o pedido.

Kellner: **Darf ich Ihnen etwas zu trinken bringen?**
darf içh i:nen etvas tsu trinken bringuen
Posso trazer-lhe algo para beber?

Mike: **Ja, bitte. Ich möchte gern ein Glas Bier.**
ia, bite. içh mö:çhte guern áin gla:s biâr
Sim, por favor. Eu gostaria de uma cerveja.

Kellner: **Pils oder Export?**
pils o:dâr export
Pilsen ou Export?

Mike: **Export, bitte.**
export, bite.
Export, por favor.

Kellner: **Ein Export. Und was darf es für Sie sein?**
Áin export. Unt vas darf es fü:âr zi: záin
Um export. E para a senhora o que pode ser?

Ute: **Ich hätte gern ein Glas Rotwein.**
içh hé:te guern áin gla:s ro:tváin
Eu gostaria de uma taça de vinho tinto.

Usando os modais

Você quer saber mais sobre as formas verbais que nós usamos nas expressões **Darf ich...?/Ich möchte...?** Aqui está a história: Estes verbos o ajudam a determinar a ação expressa por outro verbo (por isso eles são chamados de verbos modais), e são similares a "poder" e "dever".

Ich darf (*içh darf*) (eu posso, tenho permissão para) vem do verbo **dürfen** (*dü:rfen*) (poder, ter permissão para):

- ✔ **Ich darf Bier trinken.** (*içh darf biâr trinken*) (Eu tenho permissão para beber cerveja.)
- ✔ **Darf ich Bier trinken?** (*darf içh biâr trinken*) (Eu posso beber cerveja?)
- ✔ **Dürfen wir rauchen?** (*dü:rfen viâr rauçhen*) (Nós podemos fumar?)

Capítulo 5: Guten Appetit! Saindo para Jantar e Indo ao Mercado

Ich möchte (*içh mö:çhte*) (Eu gostaria de) se origina de **mögen** (*mö:guen*) (gostar):

- **Ich möchte Wein trinken.** (*içh mö:çhte váin trinken*) (Eu gostaria de beber vinho.)
- **Möchten Sie Wein trinken?** (*mö:çhten zi: váin trinken?*) (Você gostaria de beber vinho?)

Você também pode usar **mögen** simplesmente para dizer que gosta de algo (presente).

- **Ich mag Wein.** (*içh ma:k váin*) (Eu gosto de vinho.)
- **Wir mögen Wein.** (*viâr mö:guen váin*) (Nós gostamos de vinho.)

Pedindo algo especial

Você talvez precise das seguintes frases para pedir algo um pouco fora do comum:

- **Haben Sie vegetarische Gerichte?** (*ha:ben zi: vegueta:riche guerichte*) (O senhor tem comida vegetariana?)
- **Ich kann nichts essen, was... enthält** (*içh kan nichts essen, vas... enthélt*) (Eu não posso comer nada que contenha...)
- **Haben Sie Gerichte für Diabetiker?** (*ha:ben zi: gerichte fü:âr diabê:tikâr*) (O senhor tem pratos para diabéticos?)
- **Haben Sie Kinderportionen?** (*ha:ben zi: kindârportsionen*) (O senhor tem porções para crianças?)

Acendendo um cigarro

Na maior parte da Europa, fumar em restaurante ainda é uma prática comum, e na Alemanha não é diferente. Os restaurantes que não permitem fumar são difíceis de encontrar. Embora o fumo seja cada vez mais restrito em lugares públicos, como aeroportos, ainda há muitos restaurantes que possuem áreas para fumantes e não fumantes (os trens têm compartimentos para fumantes e não fumantes). Se você vai para uma Kneipe (knáipe), já deve saber que a pessoa perto de você provavelmente irá acender um cigarro enquanto você está comendo.

Parte II: Alemão em Ação

Como você gostaria que fosse preparado?

Se você pede um prato com carne – bife, por exemplo – o garçom pode perguntar **Wie hätten Sie das Steak gern?** (vi hé:ten zi: das steik guern) (Como o Senhor gostaria do bife?) Você pode responder com qualquer uma das seguintes formas:

- 🖙 **englisch** (englich) (mal-passado)
- 🖙 **medium** (me:dium) (ao ponto)
- 🖙 **durchgebraten** (durchguebraten) (bem-passado)

Respondendo se você gostou da comida

Depois de uma refeição, é tradicional que o garçom ou a garçonete pergunte se você gostou da comida:

> **Hat es Ihnen geschmeckt?** (*hat es i:nen gechmekt*) (O senhor gostou da comida?)

Espera-se que você tenha gostado da comida e esteja persuadido a dar uma das seguintes respostas:

- 🖙 **danke, gut** (*danke, gut*) (obrigado, estava boa)
- 🖙 **sehr gut** (*ze:âr, gut*) (estava muito boa)
- 🖙 **ausgezeichnet** (*ausguetsáiçhnet*) (excelente)

Pedindo a conta

Ao final da refeição, o garçom pode perguntar-lhe o seguinte como forma de terminar os seus pedidos e saber se você está pronto para receber a conta:

> **Sonst noch etwas?** (*zonst noçh etvas*) (Mais alguma coisa?)

A menos que você queira pedir alguma outra coisa, é hora de pagar **die Rechnung** (*di: rechnung*) (conta). Você pode pedir a conta das seguintes maneiras:

- 🖙 **Ich möchte bezahlen.** (*içh mö:çhte betsa:len*) (Eu gostaria de pagar.)
- 🖙 **Die Rechnung, bitte.** (*di: rechnung, bite*) (A conta, por favor.)

Você pode pagar junto – **Alles zusammen, bitte.** (*ales tsuzamen, bite*) (Tudo junto, por favor.) – ou separadamente – **Wir möchten getrennt zahlen.** (*viâr mö:çhten getrent tsa:len*) (Nós gostaríamos de pagar separadamente.)

Dicas

Você está se perguntando por que o garçom ou a garçonete deixa você sentado à mesa sem nunca trazer a sua conta? Na Alemanha, você tem de pedir a conta se você quiser pagar. Seria considerado agressivo e descortês colocar a conta sobre a mesa antes de você a pedir. Em estabelecimentos mais informais, como uma **Kneipe**, é muito comum apenas fazer o garçom saber que você quer pagar, e os pagamentos são providenciados à mesa. Na Alemanha, os garçons e garçonetes recebem um salário e não vivem da gorjeta. Se você quer pagar ao garçom da sua mesa, simplesmente adicione 8 a 10 por cento do total da sua conta. A frase **Stimmt so** (chtimt zo:) (Já está certo), deixa o garçom saber que o valor adicionado à conta é a gorjeta dele.

Alguns restaurantes alemães, especialmente os estabelecimentos exclusivos, permitem que você pague com cartão de crédito – **die Kreditkarte** (*di: kreditkarte*). Esses restaurantes mostram, na vitrine ou porta, as bandeiras dos cartões que aceitam (assim como no Brasil). Se é essencial para você pagar com cartão de crédito, simplesmente observe essas bandeiras.

Se você precisa de um **Quittung** (*kvitung*) (recibo), por pagamento de imposto ou algum outro motivo, simplesmente pergunte ao garçom ou à garçonete depois de pedir a conta:

Und eine Quittung, bitte. (*unt éine kvitung, bite*) (E um recibo, por favor.)

Tendo uma Conversa

Mike e Ute gostaram da ótima refeição no restaurante. Eles estão prontos para receber a conta e planejam dar uma gorjeta ao garçom.

Mike: **Die Rechnung, bitte**
di: rechnung, bite
A conta, por favor.

Kellner: **Sofort. Das macht 85 Euro 80.**
zo:fort. Das macht fu:nfuntaçhttsiçh ói:ro açhttsiçh
Imediatamente. O total é de 85,80 euros.

Mike deixa 90 euros sobre a mesa.

Parte II: Alemão em Ação

Mike:	**Stimmt so.**	
	chtimt zo	
	Já está certo.	
Kellner:	**Vielen Dank.**	
	fi:len dank	
	Muito obrigado.	
Mike:	**Bitte, bitte.**	
	bite, bite	
	De nada.	

Palavras e frases úteis

bezahlen	betsa:len	pagar
die Kreditkarte	di: kreditkarte	cartão de crédito
die Quittung	di: kvitung	recibo
in bar bezahlen	in ba:r betsa:len	pagar à vista, em dinheiro
die Rechnung	di: reçhnung	a conta
Stimmt so!	chtimt zo:	Já está certo!
Bitte, bitte	bite, bite	De nada

Comprando Comida

Às vezes você pode estar sem vontade de sair para comer e prefira ir cozinhar você mesmo.

A primeira coisa que deve saber é aonde ir e o que se pode comprar em diferentes estabelecimentos.

- ✔ **das Lebensmittelgeschäft** (*das le:bensmitelgue chéft*) (mercearia)
- ✔ **der Supermarkt** (*de:r zu:pârmarkt*) (supermercado)
- ✔ **der Markt** (*de:r markt*) (mercado)

_____Capítulo 5: Guten Appetit! Saindo para Jantar e Indo ao Mercado **99**

- die Metzgerei (*di: metsguerái*) (açougue)
- die Bäckerei (*di: békârái*) (padaria)
- die Weinhandlung (*di: váinhandlung*) (loja de vinhos)
- die Backwaren (*di: bakva:ren*) (produtos de padaria)
- das Gebäck (*das guebä:k*) (biscoito)
- das Gemüse (*das guemü:se*) (vegetais)
- der Fisch (*de:r fich*) (peixe)
- das Fleisch (*das fláich*) (carne)
- das Obst (*das obst*) (fruta)
- die Spirituosen (*di: chpirituo:zen*) (destiladas)

Encontrando o que precisa

Em várias lojas você pode encontrar as seguintes mercadorias:

- das Brot (*das bro:t*) (pão)
- das Brötchen (*das bro:tçhen*) (pãozinho)
- das Schwarzbrot (*das chvartsbro:t*) (pão preto)
- das Weißbrot (*das váisbro:t*) (pão branco)
- der Kuchen (*de:r kuçhen*) (bolo)
- die Torte (*di: torte*) (torta)
- die Butter (*di: butâr*) (manteiga)
- der Käse (*de:r kä:ze*) (queijo)
- die Milch (*di: milçh*) (leite)
- die Sahne (*di: za:ne*) (creme)
- die Flunder (*di: flundâr*) (linguado)
- der Kabeljau (*de:r ka:beliau*) (bacalhau fresco)
- die Krabben (*di: kraben*) (camarões)
- der Krebs (*de:r krebs*) (siri)
- die Muschel (*di: muchel*) (concha)
- der Tunfisch (*de:r tunfich*) (atum)
- der Apfel (*de:r apfel*) (maçã)
- die Banane (*di: bana:ne*) (banana)

Parte II: Alemão em Ação

- die Birne (*di: birne*) (pera)
- die Erdbeere (*di: e:rtbe:re*) (morango)
- die Orange (*di: o:rônge*) (laranja)
- die Bratwurst (*di: bra:tvurst*) (linguiça frita)
- das Rindfleisch (*das rintfláich*) (carne de vaca)
- der Schinken (*de:r chinken*) (presunto)
- das Schweinefleish (*das chvaineflaich*) (carne de porco)
- der Speck (*de:r chpek*) (toucinho)
- die Wurst (*di: vurst*) (salsicha, embutidos)
- das Hähnchen (*das hé:nçhen*) (frango)
- die Bohne (*di: bo:ne*) (feijão)
- der Brokkoli (*de:r bro:koli*) (brócolis)
- die Erbse (*di: erpse*) (ervilha)
- die Gurke (*di: gurke*) (pepino)
- die Kartoffel (*di: kartófel*) (batata)
- der Kohl (*de:r ko:l*) (couve)
- der Kopfsalat (*de:r kopfzala:t*) (alface)
- die Möhre (*di: mö:re*) (cenoura)
- das Paprika (*das paprika:*) (pimenta)
- der Pilz (*de:r pilts*) (cogumelo)
- der Reis (*de:r ráis*) (arroz)
- der Salat (*de:r zala:t*) (salada)
- das Sauerkraut (*das zauerkraut*) (chucrute)
- der Spinat (*de:r chpina:t*) (espinafre)
- die Tomate (*di: toma:te*) (tomate)
- der Zucchini (*de:r tsukini*) (abobrinha)
- die Zwiebel (*di: tsvi:bel*) (cebola)

Se você está indo fazer compras em um supermercado na Alemanha, talvez descubra que há alguns processos de reciclagem com os quais ainda não está acostumado(a). Sacolas plásticas não são algo que você simplesmente recebe de graça no mercado. Ou você deve levar a sua própria de casa ou pagar um pequeno valor para obter a sacola de plástico no caixa. Portanto, não as jogue fora; você irá economizar quando for fazer compras no mercado.

Capítulo 5: Guten Appetit! Saindo para Jantar e Indo ao Mercado   **101**

Pesos e medidas

Pedir algo em uma feira ou no supermercado é o mesmo que fazer um pedido no restaurante. Você pode simplesmente dizer:

Ich hätte gern... (*içh hé:te guern*) (Eu gostaria de...)

No final da frase, você pode dizer à pessoa o que você quer, incluindo qualquer um dos pesos e medidas:

- **ein/zwei Kilo** (*áin/tsvái kilo*) (um/dois quilos)
- **ein/zwei Pfund** (*áin/tsvái pfûnt*) (uma/duas libras)
- **ein/einhundert Gramm** (*áin/éin hunde:rt gram*) (um/cem gramas)
- **ein/zwei Stück** (*áin/tsvái chtü:k*) (um/dois pedaços)
- **eine Scheibe/zwei Scheiben** (*áine cháibe/tsvái cháiben*) (uma/duas fatias)

Para especificar o que você quer, simplesmente adicione a palavra apropriada ao final da frase inteira. Por exemplo, se você quer um quilo de maçãs, você pode dizer:

Ich hätte gern ein Kilo Äpfel. (*içh hé:te guern áin kilo é:pfel*) (Eu gostaria de um quilo de maçãs.)

Tendo uma Conversa

Frau Bauer compra todos os produtos que precisa na feira. Hoje ela precisa de maçãs e tomates. Depois de comprar em várias barracas, ela volta a uma delas.

Verkäuferin: **Guten Tag. Was darf es sein?**
guten ta:k. Vas darf es záin
Boa tarde. Pois não?

Frau Bauer: **Ein Kilo Äpfel und ein Pfund Tomaten.**
áin kilo é:pfel unt éin pfunt toma:ten
Um quilo de maçãs e uma libra de tomates.

Verkäuferin: **Sonst noch etwas?**
zonst noçh etvas
Mais alguma coisa?

102 Parte II: Alemão em Ação

Frau Bauer:	**Danke, das ist alles.**
	danke, das ist ales
	Obrigada, isso é tudo.

A seguir, Frau Bauer vai à seção de congelados.

Frau Bauer:	**Ich hätte gern etwas von dem Gouda.**
	ich hé:te guern etvas fon de:m gouda
	Eu gostaria de um pouco de gouda.

Verkäuferin:	**Wie viel hätten Sie denn gern?**
	vi: fi:l hé:ten zi: de:n guern
	Quanto a senhora gostaria?

Frau Berger:	**Zweihundert Gramm, bitte.**
	tsvái hundert gram, bite
	Duzentos gramas, por favor.

Verkäuferin:	**Sonst noch etwas?**
	zonst noch etvas?
	Algo mais?

Frau Bauer:	**Nein, danke. Das wär's.**
	náin danke, das vé:res
	Não, obrigada. Só isso.

Palavras e frases úteis

das Kilo	das kilo	quilo
das Pfund	das pfunt	libra
das Gramm	das gram	grama
wie viel	vi: fi:l	quanto
wie viele	vi fi:le	quantos
Das wär´s	das vé:res	É tudo
Was darf es sein?	vas darf es záin	Pois não!? E o que o senhor deseja?
Sonst noch etwas?	zonst noch etvas	Algo mais?

_____Capítulo 5: Guten Appetit! Saindo para Jantar e Indo ao Mercado 103

Você acaba de pedir um copo d'água, café, sopa, salada, bife e purê de batatas para o almoço em um café. Identifique esses elementos à mesa para se certificar de que o garçom não esqueceu nada. Use os artigos der, die ou das:

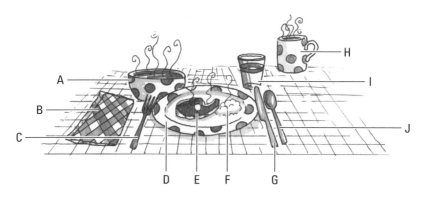

A. _____

B. _____

C. _____

D. _____

E. _____

F. _____

G. _____

H. _____

I. _____

J. _____

Respostas: A. die Suppe; B. die Serviette; C. die Gabel; D. der Teller; E. das Steak; F. das Kartoffelpüree; G. das Messer; H. die Tasse Kaffee; I. das Glas Wasser; J. der Löffel. (O garçom esqueceu a salada.)

104 Parte II: Alemão em Ação

Capítulo 6

Fazendo Compras de um Jeito Fácil

Neste Capítulo

- Descobrindo onde comprar
- Pedindo ajuda
- Dando uma olhada na loja
- Experimentando e comprando roupas
- Escolhendo o tamanho, a cor e o tecido certos

*F*azer compras em outro país pode ser uma parte divertida do mergulho em outra cultura e uma grande oportunidade de conhecer os seus moradores. Em cidades europeias, você tem a chance de descobrir diversas mercadorias em atrativas lojas especializadas, ou, se você quer fazer compras em um só local, pode visitar as principais lojas de departamento encontradas em todas as grandes cidades.

Os centros das cidades tendem a ser compactos e fazem com que você ande bem lentamente, situação ideal para fazer compras – **Schaufensterbummel** (*chaufenstârbumel*).

Lugares para Comprar na Cidade

Quando estiver na Europa, você encontrará muitas oportunidades de fazer compras nos mais diversos estabelecimentos, incluindo os seguintes:

- **das Kaufhaus** (*das kaufháus*) (loja de departamento)
- **das Fachgeschäft** (*das fachgueché:ft*) (loja especializada)
- **die Boutique** (*di: bu:tike*) (loja pequena, muitas vezes elegante, que geralmente vende roupas ou presentes)
- **die Buchhandlung** (*di: buchhandlung*) (livraria)
- **die Fußgängerzone** (*di: fusguéngartso:ne*) (área de pedestres)
- **der Kiosk** (*de:r kiosk*) (banca de jornal)
- **der Flohmarkt** (*de:r flo:markt*) (feira de usados/mercado de pulgas)

Descobrindo o Horário de Funcionamento

Os horários de fazer compras não são bem os que você está acostumado no Brasil. As horas de funcionamento são reguladas por lei. Na Alemanha, as lojas podem abrir às 6 horas da manhã, e elas fecham por volta das 20 horas. (Na Áustria, elas fecham às 19 h 30 min). Em cidades pequenas, algumas podem fechar entre 12:30 e 14 ou 15 horas para o almoço.

Não espere que os bancos estejam abertos depois das 16 horas, embora você possa ter a sorte nas quintas-feiras, quando alguns bancos ficam abertos até cerca das 18 horas.

Aos sábados, as lojas ficam abertas até as 16 horas. (Em algumas regiões, as lojas podem estar abertas até as 18 horas no primeiro sábado do mês e nos quatro sábados antes do Natal). Nos domingos, pode haver lojas abertas em algumas cidades *resort*; em qualquer outro lugar elas fecham, com exceção de padarias, que podem ficar abertas por três horas. (Horários de domingo para padarias são uma tradição na Suíça. No entanto, isto é uma sorte para os alemães, que apenas recentemente passaram a poder aproveitar pãezinhos frescos, ou **Brötchen** (*brö:tçhen*), nos domingos.)

A melhor maneira de saber quando uma loja abre é ligar para ela, ou dar um pulo lá para fazer as seguintes perguntas:

- ✔ **Wann öffnen Sie?** (*van ö:fnen zi:*) (Quando o senhor abre?)
- ✔ **Wann schließen Sie?** (*van chli:ssen zi:*) (Quando o senhor fecha?)
- ✔ **Haben Sie mittags geöffnet?** (*ha:ben zi: mita:ks gueö:fnet*) (O senhor abre ao meio-dia?)
- ✔ **Um wie viel Uhr schließen Sie am Samstag?** (*um vi: fi:l uâr chli:ssen zi: am zamsta:k*) (E a que horas o senhor fecha aos sábados?)

Dando uma Olhada na Loja

Se você precisa encontrar algum item específico ou uma seção em uma loja de departamentos, você pode consultar o estande de informações – **die Auskunft** (*di: auskunft*) ou **die Information** (*di: informatsio:n*). Eles têm todas as respostas, ou, pelo menos, algumas delas.

Se você está procurando por um determinado item, você pode perguntar por ele usando o seu nome com uma das seguintes frases (no final da frase, apenas complete com a forma no plural):

- ✔ **Wo bekomme ich...?** (*vo bekóme içh...*) (Onde eu consigo... ?)
- ✔ **Wo finde ich...?** (*vo finde içh...*) (Onde eu encontro... ?)

Capítulo 6: Fazendo Compras de um Jeito Fácil 107

E o primeiro andar?

Os falantes de alemão se referem aos prédios como os brasileiros. Eles não contam o andar térreo, **das Erdgeschoss** (das ertguechós), como o primeiro andar. Eles começam a contar a partir do andar acima do térreo. Este sistema corresponde ao que é adotado no Brasil.

As pessoas no estande de informações dirão ...**führen wir nicht** (... fü:ren viâr niçht) (Nós não levamos...) ou indicarão a seção da loja apropriada, usando as seguintes frases:

- **Im Erdgeschoss.** (im <u>ert</u>guechós) (No andar térreo.)
- **Im Untergeschoss.** (im <u>untârguechós</u>) (No subsolo.)
- **In der...Etage.** (in de:r...e<u>ta:ge</u>) (No... andar.)
- **Im...Stock.** (im....chtok) (No.... piso.)
- **Eine Etage höher.** (áine e<u>ta:ge hö:</u>hâr) (Um andar acima.)
- **Eine Etage tiefer.** (áine e<u>ta:ge ti:</u>fâr) (Um andar abaixo.)

Se você quiser dar uma volta em uma seção de uma loja, ou observar uma característica especial do estabelecimento, você pode usar a frase **Wo finde ich...?** (vo finde içh) (Onde eu encontro...?), terminando a frase com um dos seguintes nomes de departamentos ou pontos:

- **Haushaltsgeräte** (<u>háus</u>haltsguerê:te) (eletrodomésticos)
- **die Herrenabteilung** (di: herrenap<u>tái:</u>lung) (roupa masculina)
- **die Damenabteilung** (di: <u>da:</u>menap<u>tái:</u>lung) (roupa feminina)
- **die Kinderabteilung** (di: <u>kin</u>dârap<u>tái:</u>lung) (roupa infantil)
- **die Schuhabteilung** (di: <u>chu:</u>ap<u>tái:</u>lung) (calçados)
- **die Schmuckabteilung** (di: <u>chmuk</u>ap<u>tái:</u>lung) (joias)
- **den Aufzug/den Fahrstuhl** (de:n <u>auf</u>tsuk/de:n fa:<u>r</u>chtul) (elevador)
- **die Rolltreppe** (di: ról<u>tré</u>pe) (escada rolante)

Perguntando Gentilmente

Dizer "por favor" e "com licença" pode ajudá-lo em quase todas as situações. Quando você está fazendo compras, essas palavras mágicas podem mostrar a diferença entre uma resposta calma, dita pausadamente, e um serviço não muito bom.

Pedindo "por favor"

Quando você pede ajuda a alguém, é bom adicionar **bitte** (*bite*) (por favor) ao seu pedido. Você pode adicionar **bitte** a quase todas as perguntas, incluindo as frases apresentadas nas seções anteriores. Poderá vir em qualquer posição na frase, mas é mais fácil – e razoável em relação à gramática – passá-lo para o final do seu pedido. Por exemplo:

- **Wo finde ich Schuhe, bitte?** (*vo: fin̲d̲e iç̲h chu:e: bi̲te*) (Onde encontro sapatos, por favor?)
- **Wo ist der Aufzug, bitte?** (*vo: ist de:r au̲ftsuk, bi̲te*) (Onde fica o elevador, por favor?)

Pedindo licença

Quando pedir ajuda, você pode ser especialmente educado e dizer **Entschuldigen Sie, bitte...** (*entchu̲l̲diguen zi: bi̲te*) (Com licença, por favor...), no início do seu pedido. Não é fácil de pronunciar? Não se preocupe, as pessoas vão entender imediatamente. Além disso, essa introdução dá à pessoa com quem você está falando tempo para concentrar a atenção em você e escutar o que está querendo dizer.

A seguir estão alguns exemplos de como você pode usar esta frase no início da pergunta:

- **Entschuldigen Sie, bitte, wo sind die Toiletten?** (*entchu̲l̲diguen zi: bi̲te, vo: zint di: toa:le̲ten*) (Com licença, por favor, onde ficam os banheiros?)
- **Entschuldigen Sie bitte, wo finde ich Wintermäntel?** (*entchu̲l̲diguen zi: bi̲te, vo: fin̲d̲e iç̲h vintãrme̲:ntel*) (Com licença, por favor, onde encontro casacos de inverno?)

Será bem fácil para você se colocar a palavra **Entschuldigung** (*entchu̲l̲digung*) (que na verdade é traduzida como "desculpa") antes de qualquer coisa que vá perguntar.

Entschuldigung. Wo ist der Ausgang, bitte? (*entchu̲l̲digung, vo: ist de:r ausgang, bite*) (Com licença, onde fica a saída, por favor?)

Olhando com Estilo

Talvez você apenas queira ver os produtos da loja sem a ajuda de nenhum vendedor. No entanto, os vendedores podem oferecer ajuda perguntando o seguinte:

- ✔ **Suchen Sie etwas Bestimmtes?** (*zu̱chen zi: etvas bechti̱mtes*) (O[a] senhor[a] procura algo especial?)
- ✔ **Kann ich Ihnen behilflich sein?** (*kan içh i̱:nen behi̱lfliçh záin*) (Posso ajudá-lo[a]?)

Quando você quer apenas dar uma olhada, esta frase pode ajudá-lo a recusar a ajuda educadamente:

Ich möchte mich nur umsehen. (*içh mö̱:çhte miçh nu:âr u̱mze:en*) (Eu só gostaria de dar uma olhada.)

O vendedor provavelmente irá responder que está tudo bem e que você pode ficar à vontade com uma das seguintes frases:

- ✔ **Aber natürlich. Sagen Sie Bescheid, wenn Sie eine Frage haben.** (*a:bâr natü̱:rliçh. za̱guen zi: bechái̱t, ven zi: ái̱ne fra̱:gue ha:ben*) (Sim, claro. Avise se precisar de algo.)
- ✔ **Rufen Sie mich, wenn Sie eine Frage haben.** (*ru̱:fen zi: miçh, wen zi: ái̱ne fra̱:gue ha̱:ben*) (Chame-me se precisar de algo.)

Recebendo Auxílio

Em algumas situações, você pode precisar de auxílio. A seguir apresentamos algumas frases úteis que você pode ouvir ou dizer:

- ✔ **Würden Sie mir bitte helfen? Ich suche...** (*vü̱:rden zi: miâr bi̱te helfen? içh zu̱:çhe...*) (O[a] senhor[a] poderia me ajudar? Eu estou procurando...)
- ✔ **Aber gern, hier entlang bitte.** (*a̱:bâr guern, hiâr e̱ntlang bi̱te*) (Claro, por aqui, por favor.)
- ✔ **Welche Größe suchen Sie?** (*ve̱lçhe grö̱:sse zu̱:çhen zi:*) (Que tamanho o[a] senhor[a] procura?)
- ✔ **Welche Farbe soll es sein?** (*ve̱lçhe fa̱rbe zól es záin*) (Que cor deve ser?)
- ✔ **Wie gefällt Ihnen diese Farbe?** (*vi: guefé̱lt i̱:nen di̱:ze fa̱rbe*) (O[a] senhor[a] gosta dessa cor?)

Você encontrará vendedores competentes e com conhecimento para lhe auxiliar na maioria das lojas da Áustria, Alemanha e Suíça. Isso depende em parte do sistema de educação. Os vendedores, como a maioria das pessoas que trabalha com comércio, passam por estágio de três anos que combina prática com a teoria da escola profissionalizante.

110 Parte II: Alemão em Ação

Palavras e frases úteis

der Aufzug	de:r auftsug	elevador
die Rolltreppe	di: roltrepe	escada rolante
die Abteilung	di: aptái:lung	departamento
hier entlang	hiâr entlang	por aqui
gefallen	guefalen	agradar
die Größe	di: grö:sse	tamanho
die Farbe	di: farbe	cor

Comprando Roupas

O que você realmente deseja? Muitos termos usados para roupas são destinados aos dois gêneros, mas alguns são geralmente reservados somente para um gênero apenas.

Entre os itens que geralmente são dirigidos às mulheres estão os seguintes:

- **die Bluse** (*di: blu:ze*) (blusa)
- **das Kleid** (*das kláid*) (vestido)
- **das Kostüm** (*das kostüm*) (conjunto)
- **der Hosenanzug** (*de:r ho:senantsuk*) (calça)
- **der Rock** (*de:r rók*) (saia)

As seguintes palavras são aplicadas ao vestuário masculino:

- **das Oberhemd** (*das o:bârhemt*) (camisa de botão)
- **der Anzug** (*de:r antsuk*) (terno)

Os seguintes itens são geralmente usados tanto por homens quando por mulheres:

- **der Pullover** (*de:r pulo:vâr*) (suéter)
- **die Jacke** (*di: iake*) (cardigã, jaqueta com botões)
- **das Jackett** (*das djaket*) (jaqueta esporte)

Capítulo 6: Fazendo Compras de um Jeito Fácil **111**

- ✔ **der Blazer** (*de:r blé:zãr*) (paletó)

- ✔ **die Weste** (*di: veste*) (colete)

- ✔ **die Krawatte** (*di: kravate*) (gravata)

- ✔ **der Mantel** (*de:r mantel*) (casaco)

- ✔ **die Hose** (*di: ho:ze*) (calça)

- ✔ **das Hemd** (*das hemt*) (camisa)

- ✔ **das T-Shirt** (*das t-shirt*) (camiseta)

Evidentemente, esses itens podem ser de diversos materiais e estilos, incluindo os seguintes:

- ✔ **die Seide** (*di: zái:de*) (seda)

- ✔ **die Wolle** (*di: vóle*) (lã)

- ✔ **die Baumwolle** (*di: baumvóle*) (algodão)

- ✔ **das Leinen** (*das lái:ne*) (linho)

- ✔ **das Leder** (*das le:dar*) (couro)

- ✔ **gestreift** (*guechtráift*) (listrado)

- ✔ **kariert** (*karriârt*) (xadrez)

- ✔ **geblümt** (*gueblü:mt*) (florido)

- ✔ **gepunktet** (*guepunktet*) (pontilhado)

- ✔ **einfarbig** (*áinfarbiçh*) (colorido)

- ✔ **sportlich** (*chportliçh*) (esportivo)

- ✔ **elegant** (*elegant*) (elegante)

As cores em alemão

As **Farben** (*farben*) (cores) básicas são:

- ✔ **schwarz** (*chvárts*) (preto)

- ✔ **weiß** (*váis*) (branco)

- ✔ **rot** (*rô:t*) (vermelho)

- ✔ **grün** (*grü:n*) (verde)

- ✔ **gelb** (*guelp*) (amarelo)

- ✔ **blau** (*blau*) (azul)

Estas cores são todas adjetivos. Se você quer saber mais sobre como usá-los em frases e orações, veja o Capítulo 2.

Conhecendo o seu tamanho

Encontrar o tamanho certo para você pode ser uma dor de cabeça em qualquer ida ao shopping para as compras. Na Europa, os tamanhos das roupas não são os mesmos do Brasil. Para os países de língua alemã, os quadros a seguir podem ser um ótimo guia para a conversão dos números.

Estes são os números aproximados das roupas femininas:

Brasileiros	36	38	40	42	44	46	48	50
Alemães	34	36	38	40	42	44		46	48

Para paletós e ternos masculinos, você pode usar as seguintes conversões aproximadas:

Brasileiros	46	48	50	52	54	56
Alemães	36	38	40	42	44	

Tendo uma Conversa

Frau Schulte está na seção feminina de uma loja de departamentos. Ela quer comprar uma blusa e está conversando com uma vendedora.

Verkäuferin: **Kann ich Ihnen behilflich sein?**
kan ich i:nen be_hilf_lich záin
Posso ajudar a senhora?

Frau Schulte: **Ja bitte. Ich suche eine Bluse.**
ia, bite. ich zu:che áine blu:ze
Sim, por favor. Eu estou procurando uma blusa.

Verkäuferin: **Hier entlang, bitte. Welche Farbe soll es denn sein?**
hiár ent_lang_, bite. velche _farbe_ zól es den záin
Por aqui, por favor. Que cor a senhora deseja?

Frau Schulte: **Weiß.**
váis
Branca.

Verkäuferin: **Suchen Sie etwas Sportliches?**
zu:chen zi: etvas ch_port_lichen
A senhora procura algo esportivo?

Capítulo 6: Fazendo Compras de um Jeito Fácil **113**

Frau Schulte:	**Nein, eher etwas Elegantes.** _náin, ehâr etvas e:legantes_ Não, melhor algo elegante.
Verkäuferin:	**Gut. Welche Größe haben Sie?** _gu:t. velçhe grö:sse ha:ben zi:_ Está bem. Qual é o tamanho da senhora?
Frau Schulte:	**Größe 38.** _grö:sse achtuntdráissiçh._ Tamanho 38.
Verkäuferin:	**Wie gefällt Ihnen dieses Modell?** _vi: guefélt i:nen di:zes modél_ A senhora gosta desse modelo?
Frau Schulte:	**Sehr gut.** _ze:ar gu:t_ Muito bom.

Experimentando

Quando encontra algo que parece cair bem em você, talvez queira experimentá-lo. Você pode fazer uma das seguintes perguntas ao vendedor, substituindo o nome do artigo que você quer experimentar:

> **Kann ich... anprobieren?** (_kan içh... anprobi:ren_) (Posso experimentar...?)

O vendedor pode responder imediatamente:

> **Möchten Sie... anprobieren?** (_mö:çhten zi:... anprobi:ren_) (O[a] senhor[a] gostaria de experimentar...?)

Em qualquer caso, o objetivo agora é se dirigir à cabine de prova, sobre a qual você pode perguntar dizendo o seguinte:

> **Wo sind die Umkleidekabinen?** (_vo: zint di: umkláidekabi:nen_) (Onde ficam os provadores?)

Depois de você experimentar, o vendedor pode fazer qualquer uma das seguintes perguntas para saber se você gostou do que viu na cabine de provas:

- ✔ **Passt...?** (_past_) (É o seu tamanho?)

- ✔ **Wie passt Ihnen...?** (_vi: past i:nen_) (Como ficou o tamanho?)

- ✔ **Gefällt Ihnen...?** (_guefélt i:nen_) (O[a] senhor[a] gostou?)

114 Parte II: Alemão em Ação

Você pode responder com uma das seguintes formas, dependendo de como caiu o item que experimentou:

- **Nein,... ist zu lang/kurz/eng/weit/groß/klein.** *(náin,... ist tsu lang/kurts/eng/váit/gro:s/kláin)* (Não,... é muito longo/curto/apertado/folgado/grande/pequeno.)

- **Können Sie mir eine andere Größe bringen?** (*kö:nen zi:miâr áine andere grö:sse bringuen*) (O[a] senhor[a] pode me trazer outro número?)

- **... passt sehr gut.** *(past ze:âr gu:t)* (... ficou muito bom.)

- **... steht mir.** *(chtet miâr)* (... me serve.)

- **... gefällt mir.** *(guefélt miâr)* (Eu gosto...)

- **Ich nehme...** *(içh ne:me...)* (Eu vou levar...)

Palavras e frases úteis

eng	eng	apertado
weit	váit	folgado
lang	lang	longo
kurz	kúrts	curto
groß	gro:s	grande
klein	kláin	pequeno
das Modell	das model	modelo
anprobieren	anprobi:ren	experimentar
bringen	bringuen	trazer
passen	passen	caber
stehen	chte:em	emprega-se no contexto de experimentar roupas: cair bem/mal; ficar bom/ruim
gefallen	guefalen	agradar
... gefällt mir	guefétmiâr	... eu gosto
die Umkleidekabine	di: umkláidekabine	cabine de prova
kaufen	kaufen	comprar

Capítulo 6: Fazendo Compras de um Jeito Fácil **115**

Tendo uma Conversa

Frau Schulte gosta da blusa que a vendedora lhe mostrou e quer experimentar.

Frau Schulte: **Ich möchte die Bluse anprobieren. Wo sind die Umkleidekabinen, bitte?**
içh mö:çhte di: blu:se anprobi:ren. vo: zint di: umkláidekabinen, bite
Eu gostaria de experimentar a blusa. Onde ficam os provadores, por favor?

Verkäuferin: **Ja, natürlich. Hier entlang, bitte.**
ia, natü:rliçh.hiãr entlang, bite
Sim, claro. Por aqui, por favor.

(Alguns minutos depois, Frau Schulter retorna.)

Verkäuferin: **Passt die Bluse?**
past di: blu:se
A blusa ficou boa?

Frau Schulte: **Ja. Ich nehme die Bluse!**
ia,içh ne:me di: blu:se
Sim, vou levar a blusa!

Pagando a Conta

Na maioria das vezes, quando você faz uma compra, o produto tem uma etiqueta que informa o preço exato. O valor que você vê na etiqueta é o total que você pagará no caixa, incluindo o imposto sobre o valor agregado (IVA). Se você não mora em um país da União Europeia, você geralmente pode receber de volta o valor do imposto quando deixa a UE. Este imposto é chamado **die Mehrwertsteuer** (Mwst) (*di: meãrvertchtóiãr*) na Alemanha. A devolução do Mwst é chamada **die Mehrwertsteuerrückerstattung** (*di: meãrvertchtóiãr-rü:kãrchtatung*).

Embora você possa ficar assustado com essa palavra, receber de volta o seu Mwst é geralmente bem simples. Apenas pergunte pelo formulário de devolução do Mwst antes de pagar o registro. Junte todos os recibos de produtos que você está levando da União Europeia, assim como os formulários, e tenha os produtos aprovados pela alfândega antes de sair da UE para voltar para casa. Se tiver tempo, você pode passar pela cabine de devolução do Mwst no aeroporto, onde você pode receber este valor (descontado o serviço) em dinheiro.

116 Parte II: Alemão em Ação

Às vezes você pode se encontrar em uma situação em que precise perguntar o preço **(der Preis)** (*de:r práis*) de uma mercadoria. As etiquetas de preço, pequenas criaturas tortuosas que são, podem arranjar um jeito de cair ou serem indecifráveis, especialmente quando escritas à mão, caso em que o número um pode simplesmente parecer um terrível número sete.

As seguintes frases podem resolver esta questão do preço:

- **Was kostet...?** (*vas kóstet...*) (Qual é o preço...?)

- **Wie viel kostet...?** (*vi: fi:l kóstet...*) (Quanto custa...?)

Palavras e frases úteis

kosten	kósten	custar
der Preis	de:r práis	preço
die Mehrwertsteuer (Mwst)	di: meârvertchtóiâr	imposto sobre o valor agregado (IVA)

Tendo uma Conversa

Frau Schulte passa no caixa para pagar pela mercadoria.

Kassiererin: **Das macht 69,90 EUR.**
das maçht nóinuntzeçhtsiçh ói:ro nóintsiçh
69,90 euros, por favor.

Frau Schulte: **Nehmen Sie Kreditkarten?**
ne:men zi: kre:ditkarten
O[a] senhor[a] aceita cartão de crédito?

Kassiererin: **Kein Problem.**
káin proble:m
Sim, sem problemas.

Frau Schulte: **Hier bitte.**
hiâr, bite
Aqui está.

_Capítulo 6: Fazendo Compras de um Jeito Fácil **117**

Kassiererin:	**Danke. Würden Sie bitte unterschreiben? Und hier ist Ihre Quittung.**
	danke. : wü:rden zi: bite untârchráiben? unt hiâr ist i:rre kvitung
	Obrigado. A senhora poderia assinar aqui? E aqui está o seu recibo.
Frau Schulte:	**Danke!**
	danke
	Obrigada!

Fazendo Comparações

Em português, quando você faz uma comparação, você usa "do que" e um adjetivo ou advérbio apropriado. Por exemplo, em português, você poderia fazer as seguintes comparações:

- ✔ Aquele homem é mais velho do que as montanhas.

- ✔ Bacalhau é mais gostoso do que camarão.

As comparações em alemão são feitas da mesma forma – tudo que você precisa é a palavra **als** (als) (do que) mais o adjetivo ou advérbio apropriado. Por exemplo:

- ✔ **Die grünen Schuhe sind teurer als die weißen.** (*di: grü:nen chu:e zint tóirâr als di: váissen*) (Os sapatos verdes são mais caros que os brancos.)

- ✔ **Das blaue Kleid gefällt mir besser als das grün-weiß gestreifte.** (*das blaue kláit guefélt miâr bessâr als das grü:n-váis guestráifte*) (Prefiro o vestido azul ao listrado em verde e branco.)

- ✔ **Der gelbe Rock ist länger als der schwarze.** (*de:r guelbe rók ist lé:ngâr als dâr chvártse*) (A saia amarela é mais longa que a preta.)

- ✔ **Hamburg ist größer als Düsseldorf.** (*hamburg ist grö:ssâr als dü:sseldorf*) (Hamburgo é maior que Düsseldorf.)

Passatempo

As seguintes palavras alemãs foram embaralhadas. Todas elas são cores. Desembaralhe-as!

UABL _____

ZRSAHWC _____

BLEG _____

TRO _____

NUARB _____

ÜRGN _____

Respostas: 1. BLAU; 2. SCHWARZ; 3. GELB; 4. ROT; 5. BRAUN; 6. GRÜN

Capítulo 7

Dando uma Volta pela Cidade

Neste Capítulo

- Dizendo a hora
- Obtendo informações sobre cinemas, museus e teatros
- Falando sobre diversão
- Indo a festas

*N*este capítulo você verá as formas de passar o tempo de forma agradável – seja indo ao cinema, visitando uma exposição de arte ou indo a uma festa.

Há muitos espetáculos, museus, galerias e exibições na Alemanha, onde as instituições culturais são financiadas pelos governos estadual e federal. Para experimentar a vida cultural da Alemanha, você deveria participar desse circuito. Como no Brasil, os jornais locais oferecem guias semanais dos eventos ocorrendo na área (**der Veranstaltungskalender**) (*de:r feranchtaltungskalendãr*).

Antes de planejar o seu dia de diversão ou a noite na cidade, você precisa saber os dias da semana e como perguntar pelas horas em alemão. Depois disso, você precisa saber quando o divertimento começa.

Dizendo a Hora

A seguir mostramos como falar sobre hora em alemão sem cometer nenhum engano.

Perguntando a hora

A maioria das pessoas gosta de se precaver e usa um relógio para que não precise perguntar a hora na rua – então, por que tornar a vida ainda mais complicada, não é? No entanto, você deve saber as seguintes frases para perguntar a hora se, por acaso, algum dia seu relógio estiver longe de você:

- **Wie viel Uhr ist es?** (*vi: fi:l u:âr ist es*) (Que horas são?)
- **Wie spät ist es?** (*vi: chpê:t ist es*) (Que horas são?) – (literalmente significa "quão tarde é")

Quando se aproximar de alguém para perguntar a hora, você pode, como sempre, tornar a pergunta um pouco mais educada adicionando a frase **Entschuldigen Sie, bitte** (*entchuldiguen zi: bite*) (Com licença, por favor) ao início dela.

Dizendo a hora do "jeito antigo": Do 1 ao 12

Os falantes de alemão podem usar um dos dois sistemas de horário para dizer a hora: o "jeito antigo", que usa os números do relógio padrão (1 a 12); ou o formato de 24 horas, que será discutido na próxima seção.

Qual sistema adotar, o de 12 horas ou de 24 horas, é questão de escolha. Muitos falantes de alemão usam o formato de 12 horas quando estão falando casualmente e mudam para o formato de 24 horas quando querem ter absoluta certeza sobre o horário e para não haver qualquer tipo de desentendimento, por exemplo, quando discutem sobre plano de horário.

Muitas pessoas preferem usar o formato de 24 horas todo o tempo, assim como as empresas aéreas, de trem e de ônibus, ou ainda, as casas de teatro e de cinema, todas essas aderem ao sistema de 24 horas em seu esquema de horário.

Em ponto

Quando se trata do horário exato, dizer a hora é muito fácil. Você simplesmente diz:

Es ist... Uhr. (*es ist... u:âr*) (São... horas)

substituindo o número da hora apropriada. (Veja no Capítulo 2 mais informações sobre os números.)

Em quinze ou trinta minutos

Informar a hora fica um pouco mais complicado quando tem quinze minutos antes ou depois da hora corrente. As seguintes frases mostram como dizer em alemão quinze minutos (claro, quando você precisa inserir a hora apropriada na frase):

✔ **Es ist Viertel nach...** (*es ist fie:rtel naçh...*) (São... e quinze)

✔ **Es ist Viertel vor...** (*es ist fie:rtel for...*) (São quinze para...)

A meia hora merece um pouco mais de explicações. Os falantes de alemão realmente pensam adiantado quando se trata de referência a metade da hora. Eles sempre falam meia hora antes da próxima hora, em vez de meia hora depois da última hora. Por exemplo, em alemão, quando são 4 h 30 min, diz-se que é meia hora antes das cinco, em vez de meia-hora depois das quatro. Em alemão, para dizer 4 h e 30 min, você deve dizer **Es ist halb fünf** (*es ist halp fü:nf*).

Es ist halb... (*es ist halp...*) (meia hora antes das...)

Poucos minutos antes e depois

Como todos sabemos, às vezes as coisas não acontecem no tempo planejado. Você pode precisar falar sobre um hora que não seja exata ou expressa em meia hora ou em quinze minutos. Nesses casos, você pode se referir à hora em termos de minutos antes ou depois. Por exemplo:

✔ **Es ist fünf Minuten vor zwölf.** (*es ist fü:nf minu:ten for tsvö:lf*) (Faltam cinco minutos para as doze.)

✔ **Es ist zwanzig Minuten nach sechs.** (*es ist tsvantsiçh minu:ten naçh zeks*) (São vinte minutos depois das seis.)

É muito comum deixar de lado a palavra **Minuten** em frases como essas. Não se confunda quando ouvir alguém dizer **Es ist fünf vor zwölf** em vez de **Es ist fünf Minuten vor zwölf**. Ambas as frases têm o mesmo significado.

Usando a contagem de tempo de 24 horas: 0 a 24

Em situações em que é importante evitar qualquer tipo de confusão, os falantes de alemão usam o sistema de 24 horas. Esse sistema é comumente usado em qualquer tipo de esquema de horário, como de partidas e chegadas de trem, sessões de cinema e assim por diante.

Com o sistema de 24 horas, uma vez que você aprendeu o de 12, basta adicionar horas até chegar à 24 ou **Mitternacht** (*mitârnaçht*) (meia-noite), que também é referida como **null Uhr** (*nu:l u:âr*) (literalmente, hora zero).

Nesse sistema, não há frases como meia hora depois ou quinze minutos antes da hora. Tudo é expresso em termos de minutos depois da hora. Observe nos exemplos a seguir que as horas vêm antes e seguidos pelos minutos:

✔ **Es ist 15 Uhr dreißig.** (*es ist fü:nftse:n uâr draissiçh*) (São 15 horas e 30). Significa que são três e meia da tarde.

122 Parte II: Alemão em Ação

✔ **Es ist 21 Uhr fünfzehn.** (*es ist áinuntsvantsiçh u:âr fü:nftse:n*) (São 21 horas e 15). São nove horas e quinze da noite.

✔ **Es ist 22 Uhr vierundvierzig.** (*es ist tsváiuntsvantsiçh u:âr fiâruntfiârtsiçh*) (São 22 horas e 44). Você já sabe, são 10 e 44 da noite.

✔ **Es ist null Uhr siebenundreißig.** (*es ist nu:l u:âr zi:benuntdráissiçh*) (É zero hora e 37). Você ainda está acordado a essa hora – é meia-noite e 37!

Períodos do dia

Aqui mostramos como o dia é dividido na Alemanha. No entanto, não siga esses períodos de tempo tão literalmente; eles são usados como um guia. As pessoas podem ter ideias um pouco diferentes sobre quando começa e quando termina uma parte do dia.

✔ **der Morgen** (*de:r mórguen*) (cedo da manhã: das 4 h ao meio-dia)

✔ **der Vormittag** (*de:r fo:rmita:k*) (manhã: das 9 h ao meio-dia)

✔ **der Mittag** (*de:r mita:k*) (meio dia: das 12 h às 14 h)

✔ **der Nachmittag** (*de:r naçhmita:k*) (tarde: das 14 h às 18 h)

✔ **der Abend** (*de:r a:bent*) (noite: das 18 h à meia-noite)

✔ **die Nacht** (*di: naçht*) (tarde da noite: da meia-noite às 4 h)

Dias da semana

A programação dos jornais pode informar os horários dos filmes ou peças de teatro, mas se você não sabe os nomes dos dias da semana **(die Woche)** (*di: vóche*), você pode acabar ficando no escuro.

Seus dias básicos

Os dias da semana são todos do mesmo gênero, masculino **(der)**, mas geralmente eles são usados sem artigo. Por exemplo, se você quiser dizer que hoje é segunda-feira, você dirá **Heute ist Montag** (*hóite ist mo:nta:k*).

Dito isso, estes são os dias da semana:

✔ **Montag** (*mo:nta:k*) (segunda-feira)

✔ **Dienstag** (*di:nsta:k*) (terça-feira)

Capítulo 7: Dando uma Volta pela Cidade 123

- ✔ **Mittwoch** (*mitvóçh*) (quarta-feira)

- ✔ **Donnerstag** (*donârsta:k*) (quinta-feira)

- ✔ **Freitag** (*fraita:k*) (sexta-feira)

- ✔ **Samstag/Sonnabend** (*zamsta:k/zoná:bent*) (sábado)

- ✔ **Sonnta:k** (*zonta:k*) (domingo)

As seguintes formas são usadas para indicar que algo sempre acontece em tal dia específico da semana. Por exemplo, você pode ir a um museu ou a um restaurante e encontrá-lo fechado. Eles devem ter um aviso na porta escrito **montags geschlossen** (*mo:nta:ks gechlossen*) (fechado às segundas):

- ✔ **montags** (*mo:nta:ks*) (às segundas-feiras)

- ✔ **dienstags** (*di:nsta:ks*) (às terças-feiras)

- ✔ **mittwochs** (*mitvóçhs*) (às quartas-feiras)

- ✔ **donnerstags** (*donârsta:ks*) (às quintas-feiras)

- ✔ **freitags** (*fraita:ks*) (às sextas-feiras)

- ✔ **samstags/sonnabends** (*zamsta:ks/zoná:bents*) (aos sábados)

- ✔ **sonntags** (*zonta:ks*) (aos domingos)

Por falar em dias...

Em português, nem sempre você se refere aos dias dizendo seus nomes. Por exemplo, se hoje é segunda-feira e você quer falar sobre um evento que acontecerá na terça-feira, você não diz "Será na terça-feira", e sim "Será amanhã". O mesmo acontece no alemão, que usa as seguintes palavras para se referir a dias específicos:

- ✔ **heute** (*hóite*) (hoje)

- ✔ **gestern** (*guestern*) (ontem)

- ✔ **vorgestern** (*fo:rguestérn*) (anteontem)

- ✔ **morgen** (*mórguen*) (amanhã)

- ✔ **übermorgen** (*ü:bârmórguen*) (depois de amanhã)

Para falar precisamente sobre uma parte de um dia específico, você pode combinar as palavras acima com os períodos do dia mostradas na seção "Períodos do dia" deste capítulo. Veja os seguintes exemplos:

- ✔ **heute Morgen** (*hóite mórguen*) (hoje de manhã cedo)

- ✔ **heute Vormittag** (*hóite fo:rmita:k*) (esta manhã)

- ✔ **gestern Abend** (*guestern a:bent*) (ontem à noite/a noite passada)

Palavra com duas funções

A palavra morgen (mórguen) aparece em duas diferentes versões. Escrita com a inicial minúscula "m", morgen significa amanhã. O substantivo der Morgen escrito com a inicial maiúscula "m" significa manhã. Teoricamente, você pode dizer morgen Morgen significando amanhã de manhã, mas os falantes de alemão, em vez disso, dizem morgen früh (mórguen frü:).

No entanto, Morgen, morgen, existe. É o início de um provérbio alemão, e às vezes apenas o início auspicioso é evocado. O provérbio completo é:

Morgen, morgen, nur nicht heute, sagen alle faulen Leute (mórguen, mórguen, nuâr nicht hóite, zaguen ale faulen lóite) (Amanhã, amanhã, só não hoje, é o que dizem as pessoas preguiçosas.)

O que Você Gostaria de Fazer?

Há vezes que você tem vontade de sair sozinho e há vezes que você quer companhia. Se você quer trocar ideias com alguém sobre os seus planos, você pode perguntar:

Was wollen wir unternehmen? (*vas volen viâr untârnemen*) (O que vamos fazer?)

Essa é uma forma comum de perguntar a alguém o que vocês podem fazer juntos.

Use as frases a seguir se você quer descobrir sobre os planos de alguém. Essas frases são também muito úteis se você quer saber se algum amigo ou conhecido está disponível para sair com você:

- **Haben Sie (heute Abend) etwas vor?** (*ha:ben zi: [hóite a:bent] etvas fo:r*) (Você tem planos [para esta noite]?)
- **Hast du (morgen Vormittag) etwas vor?** (*hast du [mórguen fo:rmita:k] etvas fo:r*) (Você tem planos [para amanhã de manhã]?)
- **Haben Sie (heute Abend) Zeit?** (*ha:ben zi: [hóite a:bent])tsáit*) (Você tempo [esta noite]?)

Indo ao Cinema

Assistir a filmes na língua que você quer aprender o ajuda a assimilar novas palavras e absorver expressões úteis, e geralmente mostra algumas facetas do cenário cultural por trás da língua. Ao mesmo tempo, faz com que você se acostume com os seus diferentes falantes e os entenda.

Quando você quiser ir ao cinema, use as seguintes frases para se comunicar com as pessoas:

- Ich möchte ins Kino gehen. (içh mö:çhte ins kino ge:en) (Eu gostaria de ir ao cinema.)
- Ich möchte einen Film sehen. (içh mö:çhte áinen film ze:en) (Eu gostaria de assistir a um filme.)

Procurando as exibições

Se você está procurando um cinema para ir, as programações dos jornais são o meio mais fácil de encontrar o que está acontecendo a sua volta. Essas programações geralmente informam tudo o que você precisa saber sobre **die Vorstellung** (di: fo:rchtélung) (a exibição): quando e onde o filme está sendo exibido; os atores; e se o filme é apresentado na língua original – **im Original** (im origui_na:l_) – ou é dublado – **synchronisiert** (zinkronizi:ert). (Veja mais informações sobre as línguas dos filmes no quadro "Que voz estranha você tem" neste capítulo).

Às vezes você pode não conseguir todas essas informações na programação do jornal. As seguintes frases podem ajudá-lo quando você precisar perguntar algum detalhe sobre o filme:

- In welchem Kino läuft... ? (in vélchem kino lóift) (Em que cinema está sendo exibido... ?)
- Um wie viel Uhr beginnt die Vorstellung? (um vi: fi:l u:ār beguint di: fo:rchtélung) (A que horas começa a exibição?)
- Läuft der Film im Original oder ist er synchronisiert? (lóift de:r film im origui_na:l_ o:dār ist er zinkronizi:ert) (O filme é apresentado na língua original ou é dublado?)

Que voz estranha você tem

A maioria dos filmes exibidos na Alemanha é dublado em alemão. De vez em quando, especialmente em cinemas alternativos, os filmes estrangeiros são exibidos na língua original com subtítulo em alemão – **Originalfassung mit deutschen Untertiteln** (origuina:Lfassung mit dóitchen untârtiteln). Portanto, se você não quer ter a experiência de ver os seus atores preferidos assumindo vozes estranhas e inteligíveis, procure pelas versões não dubladas do filme ou vá assistir filmes exclusivamente em alemão.

Na Suíça trilíngue, você não precisará se preocupar. Os filmes são geralmente exibidos na língua original com subtítulos em alemão, italiano e francês, dependendo do caso.

Comprando bilhetes

Você pode usar as seguintes frases quando quiser comprar bilhetes, seja para óperas, cinemas ou museus:

Ich möchte... Karten für... (*içh mö:çhte... karten fu:ãr*) (Eu gostaria de... bilhetes para...)

Depois de pedir os seus bilhetes ao atendente, você pode receber algumas informações sobre a exibição, incluindo o seguinte:

- **Die Vorstellung hat schon begonnen.** (*di: fo:rchtélung hat chon begónen*) (A exibição já começou.)

- **Die...-Uhr-Vorstellung ist leider ausverkauft.** (*di: ... u:ãr fo:rchtélung ist láidãr ausferkauft*) (Os bilhetes para a exibição das... horas infelizmente estão esgotados.)

- **Wir haben noch Karten für die Vorstellung um... Uhr.** (*viãr ha:ben noçh karten fü:ãr di: fo:rchtélung um... uãr*) (Nós ainda temos bilhetes para a apresentação das... horas.)

Estas frases podem ser usadas para qualquer tipo de evento; não estão limitadas a cinemas.

Tendo uma Conversa

Antje está conversando com seu amigo Robert ao telefone. Antje quer ir ao cinema. Após cumprimentar seu amigo, Antje vai direto ao assunto.

Antje: **Der neue Sciencefictionfilm von Spielberg soll super spannend sein.**
de:r nóie sciencefictionfilm fon spielberg zól zu:pãr chpanent záin.
O novo filme de ficção científica do Spielberg deve ser muito interessante.

Robert: **Wann willst du gehen?**
van vilst du ge:en
Quando você quer ir?

Antje: **Morgen Abend habe ich Zeit.**
mórguen a:bent ha:be içh tsáit
Amanhã à noite eu tenho tempo.

_____Capítulo 7: Dando uma Volta pela Cidade **127**

Robert: **Morgen passt mir auch.**
mórguen passt miãr auch
Amanhã está bom para mim também.

In welchem Kino läuft der Film?
in vélçhem kino lóift de:r film
Em que cinema está passando?

Antje: **Im Hansatheater. Die Vorstellung beginnt um 20 Uhr.**
im hanzatea:tãr.die fo:rchtélung beguint um tsvántsiçh u:ãr
No Teatro Hansa. A exibição começa às 20 horas.

Robert: **Gut, treffen wir uns um Viertel vor acht am Hansa.**
gu:t, trefen viãr uns um fi:rtel for açht am hanza
Está bem, vamos nos encontrar quinze para as
oito no Hansa.

Antje: **Prima. Bis morgen dann.**
pri:ma. bis mórguen dan
Ótimo. Até amanhã então.

Palavras e frases úteis

das Kino	das kino	cinema
der Spielfilm	de:r chpi:lfilm	longa-metragem
die Vorstellung	di: fo:rchtélung	exibição
die Karte	di: karte	bilhete
die Eintrittskarte	di: áintritskarte	bilhete
der Platz	de:r plats	lugar
spannend	chpanent	interessante, cheio de suspense
sehen	ze:em	ver
laufen	láufen	passar

O que Foi Isso? O Passado de Sein

Você já deve estar familiarizado com o tempo presente de **sein** (*záin*) (ser): **Ich bin/du bist** (*içh bin/du bist*) (eu sou[estou]/você é[está]), e assim por diante. (Veja no Capítulo 2 mais informações sobre o verbo **sein.**) Quando falar sobre ações que ocorreram no passado – como eu fui[estive], você foi[esteve], eles foram[estiveram] – você passa o verbo **sein** para o tempo passado, o **Imperfekt** (*imperfékt*) no alemão. O **Imperfekt** do verbo **sein** é assim conjugado:

Conjugação	Pronúncia	Tradução
ich war	içh va:r	Eu fui/estive
du warst	du va:rst	Você foi/esteve (informal)
Sie waren	zi: vá:ren	Você foi/esteve, ou o(a) Senhor(a) foi/esteve (formal)
er/sie/es war	eâr/zi:/es va:r	Ele/ela foi/esteve (**es** se refere ao substantivo neutro)
wir waren	viâr vá:ren	Nós fomos/estivemos
ihr wart	iâr va:rt	Vocês foram/estiveram (informal)
Sie waren	zi: vá:ren	Vocês foram/estiveram, ou os(as) Senhores(as) foram/estiveram (formal)
sie waren	zi: vá:ren	Eles/elas foram/estiveram

Você pode usar o passado de **sein** para expressar muitas ideias e questões diferentes. Por exemplo:

- ✔ **Ich war gestern im Kino.** (*içh va:r guestern im kino*) (Eu fui ontem ao cinema.)

- ✔ **Vorgestern war Sonntag.** (*fo:rguestérn va:r zonta:k*) (Anteontem foi domingo.)

- ✔ **Wie war der Film?** (*vi: va:r de:r film*) (Como foi o filme?)

- ✔ **Wir waren heute Morgen im Kunstmuseum.** (*viâr vá:ren hóite mórguen im kunstmuze:um.*) (Nós estivemos no museu de arte esta manhã.)

- ✔ **Warst du letzte Woche in der Schule?** (*va:rst du letste vóçhe in de:r chu:le*) (Você esteve na escola esta semana?)

- ✔ **Wo waren Sie am Freitag?** (*vo vá:ren zi: am fraita:k*) (Onde você esteve na sexta-feira?)

Indo ao Museu

A Alemanha tem uma longa e frutífera tradição de museus, com muitas instituições respeitáveis espalhadas por todo o país. Muitos deles recebem financiamento do governo federal ou estadual e, por isso, cobram valores comparativamente mais baixos de entrada.

Se você gosta de arte, deve conhecer o **Kunstmuseum** (*kunstmuze:um*) (Museu de Arte). Se você quiser saber mais sobre os tesouros de certas áreas, vá ao **Landesmuseum** (*landesmuze:um*) encontrado na capital de cada estado.

Para visitas históricas, há o **Historisches Museum** (*histo:riches muze:um*) (Museu Histórico), e, se você é fascinado por história da natureza, você deve procurar pelo **Naturgeschichtliches Museum** (*natu:arguechiçhtliçhes muze:um*) (Museu de História Natural). Há museus para quase tudo pelo que alguém possa se interessar.

Da próxima vez que alguém lhe perguntar o que você gostaria de fazer, simplesmente diga:

> **Ich möchte ins Museum gehen.** (*içh mö:çhte ins muze:um ge:en*) (Eu gostaria de ir ao museu.)

Quando você quer visitar uma exposição – **Ausstellung** (*auschtélung*), as seguintes frases podem ser úteis:

- **Ich möchte die...Ausstellung sehen.** (*içh mö:çhte di: auschtélung ze:en*) (Eu gostaria de ver a exposição...)
- **In welchem Museum läuft die... Ausstellung?** (*in vélçhem muze:um lóift di: auschtélung*) (Em que museu está a exposição... ?)
- **Ist das Museum sonntags geöffnet?** (*ist das muze:um zonta:ks gueö:fnet*) (O museu está aberto aos domingos?)
- **Um wie viel Uhr öffnet das Museum?** (*um vi: fi:l u:âr ö:fnet das muze:um*) (A que horas o museu abre?)
- **Haben Sie eine Sonderausstellung?** (*ha:ben zi: áine zonderauschtélung*) (Há alguma exposição especial?)

Fechado às Segundas

Especialistas em museus advertem: Muitos museus europeus e outras instituições culturais ficam fechadas às segundas-feiras, **montags geschlossen** (*mo:nta:ks guechlossen*). Assegure-se de ver os horários de funcionamento, **die Öffnungszeiten** (*di: ö:fnungstsáiten*), antes de sair.

Parte II: Alemão em Ação

Tendo uma Conversa

Jan e Mona estão planejando sua ida a um museu. Eles convidam seu amigo Ingo para ir com eles.

Jan: **Hallo Ingo. Wir wollen morgen ins Städtische Museum.**
halô ingo. Viâr vólen mórguen ins chtê:tiche muze:um
Olá Ingo. Nós queremos ir ao museu municipal amanhã.

Mona: **Wir wollen uns die Ausstellung über die Bronzezeit ansehen.**
viâr vólen uns di: auschtélung ü:bâr di: brontsetsait anze:en
Nós queremos ver a exibição sobre a era de bronze.

Kommst du mit?
kómst du mit
Você vem com a gente?

Ingo: **Hmm, ich weiß nicht. Die Ausstellung habe ich gestern schon gesehen.**
hmm, içh váis niçht. di: auschtélung ha:be içh guestern chon geze:en
Humm, eu não sei. Eu já vi a exposição ontem.

Mona: **Hat sie dir gefallen?**
hat zi: diâr guefálen
Você gostou dela?

Ingo: **Ja. Vielleicht komme ich noch einmal mit.**
ia. fi:láiçht kóme içh noçh áinmal mit
Sim. Talvez eu vá mais uma vez com vocês.

Jan: **Wir wollen morgen um 10.00 Uhr in die Ausstellung.**
viâr vólen mórguen um tse:n u:âr in di: auschtélung
Nós queremos ir à exibição amanhã às 10 h.

Ingo: **Gut. Ich treffe euch dort.**
gu:t. Içh trefe óiçh dort
Está bem. Eu encontro vocês lá.

Falando Sobre Ações no Passado

Antes neste capítulo, nós mostramos como usar o passado simples do verbo **sein** para dizer frases como "Eu estive no museu ontem" ou "Ontem fez frio". Para se comunicar usando uma grande gama de ações no passado, você precisa de um grupo de diferentes palavras.

O pretérito perfeito – **Perfekt** (_pérfekt_) – é o grupo de palavras que você precisa. Para formar o pretérito perfeito, você precisa de duas coisas:

- A forma apropriada no tempo presente ou de **haben** (_ha:ben_) ou de **sein** (_záin_). Se a oração é uma pergunta, a sua forma no presente aparece em primeiro lugar na oração. Se é uma oração afirmativa, aparece em segunda posição na oração.

- O particípio do verbo da ação vai para o final da oração. Qual verbo usar, se **haben** ou **sein**, com o particípio passado do verbo da ação dependerá de qual verbo de ação você está empregando. Assim sendo, a maioria dos verbos requer **haben** e alguns usam **sein**. Você precisa apenas memorizar quais verbos usam **haben** e quais verbos usam **sein**. (Mais informações sobre como formar o particípio passado do verbo você encontra na próxima seção.)

Você poderia considerar o Perfekt como um verdadeiro salva-vidas. Este tempo é muito versátil em alemão, e você pode usá-lo para a maioria das ações e situações que acontecem no passado. Há muitos outros tempos que você pode usar para descrever ações no passado, mas se você sabe bem o Perfekt, não precisará de outros tempos até que você esteja escrevendo o seu primeiro livro em alemão ou esteja se preparando para escrever para o Parlamento Alemão. Ei! Isso pode acontecer, mas não por enquanto.

Formulando o particípio passado

O particípio passado é uma forma que você deverá aprender com cada novo verbo. No entanto, há algumas regras que o tornam mais fácil. Para aplicar essas regras, você precisa saber em que categoria que está o verbo em questão.

Verbos fracos

Os verbos fracos, também chamados de verbos regulares, formam o maior grupo de verbos alemães. Quando se forma o particípio passado de um verbo fraco é usada a seguinte fórmula:

ge + **núcleo do verbo** (infinitivo menos –en) + **(e)t** = **particípio passado**

Não é tão difícil quanto álgebra, não é mesmo? Veja como a fórmula funciona com o verbo **fragen** (_fra:guen_) (perguntar).

ge + frag + t = gefragt

Agora veja um verbo com a terminação – **et**, em vez de – **t**, como **reden** (_re:den_) (conversar):

ge + red + et = geredet

Nesse caso, você adiciona – **et** para conseguir pronunciar o final da palavra.

Outro verbo que segue este padrão é **öffnen** (_ö:fnen_) (abrir):

ge + öffn + et

Sem o **e** seria difícil de pronunciar o grupo de consoantes.

Verbos fortes

Outros verbos, os chamados verbos fortes, também conhecidos como verbos irregulares, seguem um padrão diferente. Eles adicionam **ge–** no início e **–en** no final. Formar o particípio passado de um verbo forte requer o seguinte:

ge + núcleo do verbo (infinitivo menos –en) + **en** = **particípio passado**

O verbo **kommen** (_kómen_) (vir), é um bom exemplo disso:

ge + kómm + en = gekommen

Criaturas desagradáveis que são, alguns verbos fortes mudam seu núcleo quando formam o particípio passado. Por exemplo, uma vogal do núcleo e, às vezes, até uma consoante do núcleo podem mudar.

O verbo **helfen** (_helfen_) (ajudar) tem a vogal do seu núcleo modificada:

ge + hólf + en = geholfen

No verbo **gehen** (_ge:en_) (ir) mudam uma vogal e uma consoante:

ge + gang + en = gegangen

Gehen, um verbo indicativo de mudança de lugar, é um dos verbos conjugados (ou usados) com **sein**. Todos os verbos conjugados com **sein** são verbos fortes. Então, você precisa lembrar que uma vogal e possivelmente uma consoante modificam em cada um deles. Mas pelo lado bom, lembre-se: esse tempo faz você ir longe no alemão, já que o Perfekt é usado a todo momento na língua falada.

_Capítulo 7: Dando uma Volta pela Cidade **133**

Usando o "haben" no pretérito perfeito

Como as formas do presente de **haben** são tão importantes para formar o pretérito perfeito com muitos verbos, adicionamos aqui um rápido lembrete da conjugação de **haben** no tempo presente:

Conjugação	Pronúncia
ich habe	içh há:be
du hast	du hast
Sie haben	zi: há:ben
er/sie/es hat	eâr/zi:/es hat
wir haben	viâr ha:ben
ihr habt	iâr habt
Sie haben	zi: há:ben
sie haben	zi: há:ben

A Tabela 7-1 mostra alguns verbos alemães muito comuns que usam **haben** no Pretérito Perfeito

Tabela 7-1   Verbos que Usam o haben no Pretérito Perfeito

Verbo	Particípio Passado
hören *(hö:ren)* (ouvir)	gehört
kaufen *(kaufen)* (comprar)	gekauft
lachen *(laçhen)* (rir)	gelacht
lesen *(le:zen)* (ler)	gelesen
nehmen *(ne:men)* (tomar, pegar)	genommen
sehen *(ze:en)* (ver)	gesehen

Veja alguns exemplos de como o verbo **haben** combina o particípio passado para formar o pretérito perfeito:

- **Ich habe den Film gesehen.** (*içh ha:be de:n film gueze:en*) (Eu vi o filme.)

- **Hast du eine Theaterkarte bekommen?** (*hast du áine tea:terkarte bekómen*) (Você recebeu um ingresso de teatro?)

134 Parte II: Alemão em Ação

- ✔ **Wir haben das Kino verlassen.** (*viâr ha:ben das kino ferlassen*) (Nós saímos da sala de cinema.)

- ✔ **Habt ihr Karten für die Matinee gekauft?** (*hapt iâr karten fü:âr di: matinê: guekauft*) (Vocês compraram ingresso para a matinê?)

- ✔ **Hat euch der Film gefallen?** (*hat óiçh de:r film guefalen*) (Vocês gostaram do filme?)

Usando o "sein" no pretérito perfeito

Alguns verbos não usam o presente de **haben** para formar o particípio passado, mas usam, em vez dele, o **sein**.

Como um lembrete, a seguir estão as formas do presente de **sein**:

Conjugação	Pronúncia
ich bin	içh bin
du bist	du bist
Sie sind	zi: zint
er/sie/es ist	eâr/zi:/es ist
wir sind	viâr zint
ihr seid	iâr záit
Sie sind	zi: zint
sie sind	zi: zint

Os verbos dessa categoria incluem o próprio verbo **sein** e geralmente verbos que indicam mudança de lugar ou mudança de estado. Parece um pouco teórico? A Tabela 7-2 mostra alguns verbos comuns que usam o verbo **sein** no particípio.

Coincidentemente todos os verbos conjugados com **sein** são verbos fortes, por isso, pode-se dizer que seus particípios são irregulares. É melhor memorizar o particípio passado toda vez que você empregar um novo verbo conjugado com **sein**.

Tabela 7-2	Verbos que Usam o sein no Pretérito Perfeito
Verbo	**Particípio Passado**
gehen *(gue:en)* (ir)	gegangen
fahren *(fa:ren)* (dirigir/ir)	gefahren
fliegen *(fli:guen)* (voar, ir de avião)	geflogen
kommen *(kómen)* (vir)	gekommen

_____Capítulo 7: Dando uma Volta pela Cidade **135**

Verbo	Particípio Passado
laufen *(laufen)* (ir/andar)	gelaufen
sein *(záin)* (ser/estar)	gewesen

Observe esses exemplos de verbos que formam o Perfekt com o verbo **sein** no presente e o particípio passado.

- ✓ **Ich bin ins Theather gegangen.** (*içh bin ins tea:târ guegánguen*) (Eu fui ao teatro.)
- ✓ **Bist du mit dem Auto gekommen?** (*bist du mit de:m auto guekómen*) (Você veio de carro?)
- ✓ **Sie ist mit dem Zug gefahren.** (*zi: ist mit de:m tsuk guefa:ren*) (Ela viajou de trem.)
- ✓ **Wir sind letzte Woche ins Kino gegangen.** (*viâr zint letste vóçhe ins kino guegánguen*) (Nós fomos ao cinema na semana passada.)
- ✓ **Seid ihr durch den Park gelaufen?** (*záit iâr durçh de:n park guelaufen*) (Vocês correram pelo parque?)
- ✓ **Sie sind gestern im Theater gewesen.** (*zi: zint guestern im tea:târ gueve:zen*) (Eles estavam no teatro ontem.)

Saindo de Casa

Independentemente de onde você esteja na Europa, você está provavelmente bem perto, de instituições que apresentam **Oper** (*ô:pâr*) (ópera), **Konzert** (*kontsért*) (concerto) e **Theater** (*tea:târ*) (teatro). Há muitos centros de arte na Europa, por isso se você está animado para sair, você pode dizer **Ich möchte heute Abend ausgehen.** (*içh mö:çhte hóite a:bent ausgue:en*) (Eu gostaria de sair hoje à noite.)

Preocupado com o que vestir? Você pode se vestir como quiser, pois os lugares na Europa são muito liberais. Geralmente, as pessoas se vestem elegantemente para **Premiere** (*premié:r*) (estreias) ou **Galavorstellung** (*galafo:rchtélung*) (festa de gala), mas, fora isso, quase ninguém o faz.

As seguintes frases e palavras podem ajudá-lo em uma saída para uma apresentação de ópera ou teatro.

- ✓ **Ich möchte ins Theater/Konzert gehen.** (*içh mö:çhte ins tea:târ/ kontsert ge:en*) (Eu gostaria de ir ao teatro/concerto.)
- ✓ **Ich möchte in die Oper gehen.** (*içh mö:çhte in di: ô:pâr ge:en*) (Eu gostaria de ir à ópera.)

136 Parte II: Alemão em Ação

- ✔ **Gehen wir ins Theater/Konzert.** (*gue:en viâr ins tea:târ/kontsert*) (Vamos ao teatro/concerto.)

- ✔ **Gehen wir in die Oper.** (*gue:en viâr in di: ô:pâr*) (Vamos à ópera!)

- ✔ **Wann ist die Premiere von...?** (*van ist di: premié:r fon*) (Quando é a estreia de...?)

- ✔ **In welchem Theater spielt...?** (*in vélçhem tea:târ chpi:lt...*) (Em que teatro está sendo exibido...?)

- ✔ **Gibt es noch Orchesterplätze für die Matinee?** (*guibt es noçh orkestârplé:tse fü:âr di: matinê:*) (Ainda há lugar para a orquestra na matinê?)

Palavras e frases úteis

das Theater	das tea:târ	teatro
die Oper	di: ô:par	ópera
das Ballet	das balet	balé
die Pause	di: pause	intervalo
der Sänger/die Sängerin	de:r zê:ngâr	cantor/cantora
der Schauspieler/die Schauspielerin	de:r chauchpi:lâr/ chauchpi:lârin	ator/atriz
der Tänzer/die Tänzerin	de:r tê:ntsâr/ tê:ntsârin	dançarino/dançarina
singen	zinguen	cantar
tanzen	tantsen	dançar
klatschen	klatchen	aplaudir
der Beifall	de:r bai:fal	aplauso
die Zugabe	di: tsuga:be	bis
die Kinokasse/ Theaterkasse	di: kinokasse/ tea:terkasse	bilheteria de cinema/ bilheteria de teatro
der Platz	de:r plats	lugar

Capítulo 7: Dando uma Volta pela Cidade **137**

Como Foi? Falando Sobre Diversão

Quando se fala sobre entretenimento, todo mundo parece ter uma opinião. Então, por que ficar de fora da diversão?

Pedindo opiniões

Alguém pode lhe fazer uma das seguintes perguntas, ou você mesmo pode fazer para outra pessoa, a fim de começar uma conversa sobre alguma exibição, um filme, uma performance (a primeira versão é para uma conversa formal e a segunda, para uma conversa informal):

- ✔ **Hat Ihnen die Ausstellung/der Film/die Oper gefallen?** (*hat i̱nen di: au̱schtélung/de:r film/di: ô̱:pâr guefa̱len*) (Você [ou o senhor] gostou da exposição/do filme/da ópera?)

- ✔ **Hat dir die Ausstellung/der Film/die Oper gefallen?** (*hat diâr di: au̱schtélung/de:r film/di: ô̱:pâr guefa̱len*) (Você gostou da exposição/ do filme/da ópera?)

Expondo sua opinião

Agora vem a parte divertida – dizer para alguém o que você achou de um filme ou concerto que acabou de ver. Para iniciantes, pode-se dizer apenas se gostou ou não. Tente uma das seguintes frases:

- ✔ **Die Ausstellung/der Film/die Oper hat mir (sehr) gut gefallen.** (*di: au̱schtélung/de:r film/di: ô̱:pâr hat miâr (ze:r) gu:t guefa̱len*) (Gostei [muito] da exposição/do filme/da ópera.)

- ✔ **Die Ausstellung/der Film/die Oper hat mir (gar) nicht gefallen.** (*di: au̱schtélung/de:r film/di: ô̱:pâr hat miâr (gar) niçht guefa̱len*) (Não gostei [nem um pouco] da exposição/do filme/da ópera.)

Talvez você queira continuar a frase dando a sua razão. Comece dizendo:

Die Ausstellung/der Film/die Oper war wirklich... (*di: au̱schtélung/de:r film/di: ô̱:pâr va:r vi̱rkliçh*) (A exposição/o filme/a ópera foi realmente...)

Parte II: Alemão em Ação

Então, você pode terminar a ideia com qualquer dos seguintes adjetivos que podem ser aplicados. (Se quiser, você sempre pode usar mais de um adjetivo, unindo-os com a conjunção **und** [*unt*] [e]):

- **aufregend** (*aufre:guent*) (excitante)
- **wunderschön** (*vundârchö:n*) (lindo)
- **phantastisch** (*fantastich*) (fantástico)
- **ausgezeichnet** (*ausguetsáichnet*) (excelente)
- **spannend** (*chpanent*) (interessante, cheio de suspense)
- **unterhaltsam** (*untârhaltza:m*) (divertido)
- **sehenswert** (*ze:ensve:rt*) (que vale a pena assistir)
- **enttäuschend** (*ent-tóichent*) (desapontador)
- **langweilig** (*langváilich*) (chato)

Tendo uma Conversa

Frau Peters foi ao teatro ontem à noite. Hoje, no escritório, ela conta ao seu colega, Herr Krüger, como foi a peça.

Herr Krüger: **Sind Sie nicht gestern im Theater gewesen?**
zint zi: nicht guestern im tea:târ geve:zen
Você não esteve ontem no teatro?

Frau Peters: **Ich habe das neue Ballet gesehen.**
ich ha:be das nóie balet geze:en
Eu vi o novo balé.

Herr Krüger: **Wie hat es Ihnen gefallen?**
vi: hat es i:nen guefalen
Você gostou?

Frau Peters: **Die Tänzer sind phantastisch. Die Vorstellung hat mir ausgezeichnet gefallen.**
di: tê:ntsâr zint fantastich. di: fo:rchtélung hat miâr ausguetsáichnet guefalen.
Os dançarinos são fantásticos. Gostei muitíssimo da apresentação.

Herr Krüger: **War es einfach, Karten zu bekommen?**
va:r es áinfach karten tsu bekómen
Foi fácil conseguir ingressos?

Capítulo 7: Dando uma Volta pela Cidade **139**

Frau Peters:	**Ja. Ich habe die Karte gestern Morgen an der Theaterkasse gekauft.**
	ia, içh ha:be di: karte guestern mórguen an de:r tea:tärkasse guekauft
	Sim, eu comprei o ingresso ontem de manhã na bilheteria do teatro.

Indo a Festas

Assim como no Brasil, diferentes pessoas têm diferentes opiniões sobre o que faz uma boa festa. Alguns gostam de planejar eventos com meses de antecedência, e eles se esforçam bastante para se assegurar de que tudo estará em ordem. Outros preferem que suas festas sejam eventos imprevisíveis em que eles sabem menos sobre o que vai acontecer do que seus próprios convidados, muitos dos quais são apenas amigos de amigos de amigos.

No caso de você ser convidado para um evento mais formal na residência de alguém, seria educado da sua parte levar um pequeno presente, como uma garrafa de vinho.

Se você receber um **Einladung** (*áinla:dung*) (convite) escrito, verifique se é esperada uma resposta. Neste caso, no convite deve estar escrito a mensagem **U.A w.g**, que é a forma curta de **Um Antwort wird gebeten** (*um antvort virt guebe:ten*), um pedido de resposta a esse convite.

Se em vez disso você for chamado para uma festa mais informal que inclui dança, o dono da festa pode pedir que você contribua com uma bebida. Você também pode tomar a iniciativa de perguntar se você deve levar alguma coisa, perguntando **Soll ich etwas mitbringen?** (*zol içh etvas mitbringuen*) (Você quer que eu leve alguma coisa?)

Se você for convidado para um **Kaffee und Kuchen** (*kafê: unt kuchen*), café e bolo à tarde, um hábito na Alemanha, não espere ser convidado para o jantar. Você pode ser, mas não conte com isso.

Recebendo um convite

Você pode ouvir uma das seguintes frases comuns quando receber um convite – **Einladung** (*áinla:dung*) – para uma festa:

- ✔ **Ich würde Sie gern zu einer Party einladen.** (*içh vü:rde zi: guern tsu áinâr parti áinla:den*) (Eu gostaria muito de convidá-lo para uma festa.)

- ✔ **Wir wollen eine Party feiern. Hast du Lust zu kommen?** (*viâr volen áine parti fáiern. hast du lust tsu kómen*) (Nós vamos fazer uma festa. Você quer vir?)

140 Parte II: Alemão em Ação

Você pode precisar perguntar quando e onde será a festa antes de aceitar ou recusar o convite. Essas simples frases podem ajudá-lo na informação de que precisa:

- ✔ **Wann findet die Party statt?** (*van findet di: parti chtat*) (Quando será a festa?)

- ✔ **Wo findet die Party statt?** (*vo: findet di: parti chtat*) (Onde será a festa?)

Recusando

Se você não pode ir (ou não quer ir por qualquer motivo), você pode educadamente recusar o convite dizendo o seguinte:

- ✔ **Nein, tut mir leid, ich kann leider nicht kommen.** (*náin, tut miâr láit, içh kan láidâr niçht kómen*) (Não, desculpe, infelizmente não posso ir.)

- ✔ **Nein, da kann ich leider nicht. Ich habe schon etwas anderes vor.** (*náin, da kan içh láidâr niçht. içh há:be chon etvas anderes fo:r*) (Não, infelizmente não posso ir. Eu já tenho outro compromisso.)

Aceitando

Se a hora, o lugar e o seu ânimo forem favoráveis, você pode aceitar o convite com as seguintes frases:

- ✔ **Vielen Dank. Ich nehme die Einladung gern an.** (*fi:len dank. içh ne:me di: áinla:dung guern an*) (Muito obrigado. Eu aceito seu convite com prazer.)

- ✔ **Gut, ich komme gern. Soll ich etwas mitbringen?** (*gu:t, içh kóme guern. zol içh etvas mitbringuen*) (Está bem, vou com prazer. Você quer que eu leve alguma coisa?)

Para a pergunta sobre se você deve levar alguma coisa, o anfitrião pode responder:

- ✔ **Nicht nötig. Für Essen und Trinken ist gesorgt.** (*niçht nö:tiçh. fü:âr essen unt trinken ist guezorgt*) (Não é necessário. Já cuidamos das comidas e bebidas.)

- ✔ **Es wäre schön, wenn Sie... mitbringen.** (*es vé:re chö:n, ven zi: mitbringuen*) (Seria ótimo, se você [formal] trouxesse...)

- ✔ **Es wäre schön, wenn du... mitbringst.** (*es vé:re chö:n, ven du mitbringst*) (Seria ótimo, se você [informal] trouxesse...)

Falando sobre a festa

Se alguém pergunta **Wie war die Party am Samstag?** (*vi: va:r di: parti am zamsta:k*) (Como foi a festa no sábado?), aqui estão algumas respostas possíveis:

- ✔ **Toll, wir haben bis... Uhr gefeiert.** (*tól, viâr ha:ben bis... u:âr guefáiert*) (Ótima, foi até as... horas.)

- ✔ **Wir haben uns ausgezeichnet unterhalten.** (*viâr ha:ben uns ausguetsáiçhnet untârhalten*) (Nós nos divertimos muito.)

- ✔ **Die Party war...** (*di: parti va:r...*) (A festa foi...)

Veja na lista de adjetivos da seção "Expondo sua opinião", anteriormente neste capítulo, as qualidades apropriadas para concluir estas frases.

Passatempo

Nas frases a seguir, você quer falar sobre algo divertido que você ou outra pessoa fez no passado. Complete com as formas apropriadas de **haben** e **sein**, escolhidas da seguinte lista.

habe   hat   haben   seid   hast   sind

Wir _____ letzte Woche eine Party gefeiert.

_____ du schon den neuen Western im Kino gesehen?

_____ ihr am Wochenende im Kino gewesen?

Ich _____ mit dir Sonderausstellung im Museum angesehen.

Herr und Frau Munster _____ ins Theater gegangen.

Alexander _____ eine Kinokarte gekauft.

Respostas: 1. haben; 2. Hast; 3. Seid; 4. habe; 5. sind; 6. hat

Capítulo 8

Recreação e Passeios ao Ar Livre

Neste Capítulo

- Falando sobre hobbies e interesses
- Praticando esportes
- Descobrindo animais e plantas

*N*este capítulo, daremos uma olhada nas coisas divertidas que as pessoas fazem quando não estão trabalhando. Europeus recebem em média de 25 a 30 dias de férias por ano e gostam de aproveitar a maioria destes dias. Eles adoram fazer viagens internacionais bem como visitar muitos lugares bonitos nos seus próprios países. Seja navegando em um dos muitos lagos, escalando montanhas, ou simplesmente, aproveitando a natureza enquanto caminham por uma das muitas trilhas bem demarcadas, os europeus gostam de se manter ocupados, mesmo no lazer, e de se divertir.

Falando Sobre Hobbies e Interesses

Durante o curso da conversa, o tópico frequentemente vai se voltar aos vários interesses das pessoas, incluindo coleções e outros hobbies. Nesta seção, nós lhe diremos o que você precisa saber para entrar neste assunto.

Colecionando

As pessoas gostam de colecionar toda e qualquer coisa. Talvez você fique inspirado também, ou já seja um ávido colecionador. Você pode comentar sobre sua área particular de interesse, usando uma das seguintes frases:

- **Ich sammele...** *(içh zãmlé...)* (Eu coleciono...)
- **Ich interessiere mich für...** *(içh interessi:re miçh fü:ar...)* (Eu me interesso por...)

No fim destas frases, você dá nome à coisa que você gosta de colecionar. Por exemplo, você poderia terminar com qualquer uma das seguintes coisas:

- **Briefmarken** (*bri:fmarken*) (selos)
- **Münzen und Medaillen** (*mü:ntsen unt medali:en*) (moedas e medalhas)
- **antikes Glas und Porzellan** (*antikes gla:s unt portsela:n*) (copos antigos e porcelana)
- **Antiquitäten und Trödel** (*antikvitê:ten unt trö:del*) (antiguidades e lembrancinhas).
- **Puppen** (*pupen*) (bonecas)

Falando sobre o seu hobby

Algumas pessoas gostam de trabalhos manuais. Seja algo para comer ou vestir, é sempre recompensador – assim como saber descrever seu hobby favorito em alemão. Apenas use esta simples frase para introduzir o assunto:

Mein Hobby ist... *(main hobi: ist...)* (Meu hobby é...)

No fim desta frase, você dá a informação necessária.

Por exemplo:

- **Basteln** (*bastéln*) (artesanato)
- **Malen** (*ma:len*) (pintura)
- **Kochen** (*kóchen*) (cozinha)
- **... sammeln** (*... zameln*) (colecionar...)
- **Gärtnerei** (*gué:rtnerai*) (jardinagem)

Usando a Forma Reflexiva

Verbos alemães têm uma reputação de agir um pouco estranhamente. Eles fazem coisas que os verbos em português simplesmente não fazem – por exemplo, os verbos alemães podem ir para o fim de uma frase. E algumas vezes eles se dividem em dois, com somente uma parte do verbo indo para o fim de uma frase! (Veja o Capítulo 14 para saber mais sobre verbos que se dividem.) Espere um pouco! Nós estamos para lhe contar algo sobre verbos que você pode achar realmente interessante.

Alguns verbos não podem fazer nada por conta própria. Certos verbos sempre precisam de um auxiliar com eles na frases com o objetivo de funcionar. Eles sempre são acompanhados por um pronome no caso acusativo. O pronome reflete de volta (igual a um espelho) sobre o sujeito. Isto por que estes verbos são comumente chamados de *verbos reflexivos* e os pronomes são chamados de *pronomes reflexivos*.

Capítulo 8: Recreação e Passeios **145**

Indicando os seus pronomes

Espere aí! O que são estes pronomes chamados reflexivos no caso acusativo? Bem, a maioria deles pode soar familiar. A tabela 8-1 mostra os pronomes reflexivos no acusativo.

Tabela 8-1	Pronomes Reflexivos no Acusativo
Pronome Pessoal	*Pronome Reflexivo*
Ich	mich *(miçh)*
du	dich *(diçh)*
Sie	sich *(ziçh)*
er	sich *(ziçh)*
sie	sich *(ziçh)*
es	sich *(ziçh)*
wir	uns *(ûns)*
ihr	euch *(euch)*
Sie	sich *(ziçh)*
sie	sich *(ziçh)*

O pronome reflexivo vai depois do verbo conjugado em uma frase normal. Em uma pergunta que se inicia com um verbo, o pronome reflexivo vai depois do sujeito. (Veja o Capítulo 2 para mais informações sobre a formulação de perguntas em alemão.) Dê uma olhada em alguns destes verbos reflexivos e pronomes reflexivos no acusativo desempenhando suas ações nas seguintes frases:

- **Ich interessiere mich für Bildhauerei** (*içh interesssie:re miçh fü:ar bilthauârrai*) (Eu estou interessado em escultura.) Literalmente, esta frase pode ser traduzida como: Eu me interesso por escultura. O sujeito **ich** (Eu) é refletido no pronome **mich** (me).

- **Freust Du dich auf deinen Urlaub?** (*fróist du diçh auf dáinen u:rlaup*) (Você está contente por que vai tirar suas férias?)

- **Herr Grobe meldet sich für einen Fotokurs an.** (*hér gro:be méldet ziçh fü:ar áinen fo:tokurs an*) (O Sr. Grobe se matriculou em um curso de fotografia.)

- **Herr und Frau Weber erholen sich im Urlaub an der Küste.** (*hêr ûnt frau ve:bâr erho:len ziçh im u:rlaup an de:r kü:ste*) (O senhor e a senhora Weber estão relaxando na praia durante as férias.)

- **Stellen Sie sich vor, wen ich gerade getroffen habe!** (*chtélen zi:ziçh fo:r ue:n içh gera:de getrófen ha:be*) (Imagine quem eu acabei de encontrar!)

Alguns verbos reflexivos comuns

Se você estiver se perguntando quais verbos são reflexivos e quais não são, infelizmente, nossa resposta é: você vai ter de memorizá-los.

Para dar uma ajudinha, nós podemos relacionar alguns dos verbos reflexivos mais comuns que você pode utilizar. Veja **sich freuen** (*ziçh fróien*) (alegrar-se) como por exemplo:

Conjugação	Pronúncia
ich freue mich	içh fróie miçh
du freust dich	du fróist diçh
Sie freuen sich	zi: freuen ziçh
er, sie, es freut sich	eâr, zi:, es fróit ziçh
wir freuen uns	viâr fróien uns
ihr freut euch	iâr fróit óiçh
Sie freuen sich	zi: fróien ziçh
sie freuen sich	zi: fróien ziçh

Outros verbos reflexivos muito comuns são:

- **sich freuen auf** (*ziçh fróien auf*) (alegrar-se com)
- **sich freuen über** (*ziçh fróien ü:bâr*) (alegrar-se com algo)
- **sich aufregen** (*ziçh aufre:gnen*) (ficar excitado ou perturbado)
- **sich beeilen** (*ziçh beáilen*) (apressar-se)
- **sich entscheiden** (*ziçh entcháiden*) (decidir-se)
- **sich erinnern** (*ziçh e:rinern*) (lembrar-se)
- **sich gewöhnen an** (*ziçh guevö:nen an*) (acostumar-se com)
- **sich interessieren an** (*ziçh interressi:ren fü:ar*) (estar interessado em)
- **sich setzen** (*ziçh zétsen*) (sentar-se)
- **sich unterhalten** (*ziçh untarhálten*) (conversar, se divertir com alguém)
- **sich verspäten** (*ziçh fe:rchpê:te:n*) (atrasar-se)
- **sich vorstellen** (*ziçh fo:rchtélen*) (apresentar-se, imaginar)

Capítulo 8: Recreação e Passeios **147**

Tendo uma Conversa

Anke encontra seu amigo Jürgen no supermercado. Os dois estão conversando sobre os planos de viagem de Anke.

Jürgen: **Hallo Anke. Wie gehts? Wir haben uns lange nicht gesehen.**
halô anke. vi gue:ts? viâr ha:ben ûns lángue niçht geze:en.
Olá, Anke. Como você está? Há muito tempo que não nos vemos.

Anke: **Ich hatte viel zu tun. Aber jetzt habe ich endlich Urlaub.**
içh há:te fi:l tsu tu:n. á:bâr iétst ha:be içh entliçh u:rlaup
Eu estava trabalhando muito. Mas agora eu finalmente tenho férias.

Jürgen: **Wie schön. Hast du was vor?**
vi: chö:n. hâst du vâs for
Que legal. Você tem algo planejado?

Anke: **Ich fahre in die Toskana. Ich nehme an einem Malkurs teil.**
içh fa:re in die Toska:na. içh ne:me an áinem ma:lkurs táil.
Estou indo para Toscana. Vou entrar em um curso de pintura.

Jürgen: **Wie lange bleibst du?**
vi: lángue blaibst dû
Quanto tempo você vai ficar?

Anke: **Zwei Wochen. Ich freue mich riesig auf den Kurs.**
tsvai vó:çhen. içh fróie miçh ri:-zik auf de:n kurs
Duas semanas. Eu realmente estou muito contente por este curso.

Jürgen: **Ich hoffe, du erholst dich gut.**
içh hófe, du êrho:lst diçh gu:t
Eu espero que você tenha um bom descanso.

148 Parte II: Alemão em Ação

Palavras e frases úteis

teilnehmen an	<u>táil</u>:ne:men an	participar
sich für etvas interessieren	zich fü:ar <u>ét</u>vas interresi:ren	interessar-se por algo
sich auf etwas freuen	ziçh auf <u>ét</u>vas <u>frói</u>:en	alegrar-se com/por
sich sehen	ziçh <u>ze</u>:en	ver um ao outro
dauern	<u>dau</u>:ern	
		durar
der mahlkurs	de:r <u>ma</u>:lkurs	curso de pintura

Praticando Esportes

Europeus, como as pessoas de todo o mundo, estão muito conscientes sobre a saúde nos últimos anos. Muitas pessoas tentam comer comidas mais saudáveis e se exercitar mais. Eles querem se manter em forma, seja jogando bola, praticando mountain bike, ou relaxando e sentindo a brisa úmida do mar. Com as palavras e as frases que mostraremos a você nesta seção, você será capaz de compartilhar seu interesse em esportes com outras pessoas.

Praticando esportes com o verbo "spielen"

Você pode expressar seu interesse ao praticar muitos esportes ao usar o verbo **spielen** (*chpi:len*) (jogar, praticar) na seguinte frase:

Ich spiele gern... (*iç̧h chpi:le guern...*) (Eu gosto de praticar[jogar]...)

Você pode colocar os nomes dos seguintes esportes no fim de uma frase e, então, deixar que os jogos comecem!

- **Fußbal** (*fu:sbál*) (futebol)
- **Handbal** (*hantbál*) (handebol)
- **Basketball** (*ba:sketbál*) (basquete)
- **Golf** (*golf*) (golf)
- **Tennis** (*té-nis*) (tênis)

Capítulo 8: Recreação e Passeios **149**

Com alguns esportes, é este o verbo

Use a seguinte expressão para comunicar o que você gosta ou não de fazer:

Ich möchte gern _(içh mö:çhte guérn...)_ (Eu gostaria de...)

Aqui são poucas atividades, que, de novo, você pode colocar no fim de uma frase:

- ✔ **joggen** _(ióguen)_ (correr)
- ✔ **Farhrrad fahren** _(fa:rat- fa:ren)_ (andar de bicicleta)
- ✔ **ski laufen** _(çhi: laufen)_ (praticar ski)
- ✔ **schwimmen** _(chvimen)_ (nadar)
- ✔ **segeln** _(ze:gueln)_ (velejar)
- ✔ **Wind surfen** _(vînt- surfen)_ (praticar windsurf)

Esta construção fará com que você chegue longe ao falar sobre atividades favoritas:

Ich... gern. _(içh... guérn)_ (Eu gosto de...)

Aqui você precisa se lembrar de conjugar o verbo para preencher o espaço em branco. Verifique:

- ✔ **Ich schwimme gern** _(içh chvime guérn)_ (Eu gosto de nadar.)
- ✔ **Ich fahre gern Farrad.** _(içh fa:re guérn fa:rat)_ (Eu gosto de andar de bicicleta.)

Convidando alguém para uma atividade

Se você quiser pedir que alguém se junte a você em uma atividade, use uma das seguintes expressões:

- ✔ **Lass uns... gehen!** _(läs uns... gue:en)_ (Vamos...!)
- ✔ **Spielst du...?** _(chpi:lst du...)_ (Você pratica...?)

Tendo uma Conversa

Karl está indo para um bar para se encontrar com seu colega Michael.

Karl: **Hallo Michael**
halô: miçhael
Oi, Michael.

150 Parte II: Alemão em Ação

Michael:	**Grüß dich Karl. Du humpelst ja!** *gru:s diçh karl. du humpelst iá!* Oi, Karl. Mas você está mancando!
Karl:	**Ich habe mich gestern beim Fußballspiel verletzt.** *içh ha:be miçh guestérn báim fu:sbálchpi:l fe:rletst* Eu me machuquei ontem em uma partida de futebol.
Michael:	**Das tut mir leid. Wie habt ihr denn gespielt?** *dás tut miâr láit. vi hapt iâr dén guechpi:lt* Sinto muito. Como foi o jogo para vocês?
Karl:	**Wir haben 2 zu 0 gewonnen.** *viâr ha:ben tsvai tsu nul guevónen* Nós ganhamos de dois a zero.
Michael:	**Da gratuliere ich natürlich. Bisher habt ihr nicht so gut gespielt, oder?** *da gratuli:re içh natü:rliçh. bishe:r ha:pt iâr niçht zo gu:t guechspi:lt, ô:dâr* Meus parabéns, claro. Até a pouco, vocês não estavam jogando tão bem, não é?
Karl :	**Bis gestern hat unsere Mannschaft jedes Spiel verloren.** *bis guestérn hat unzere manchaft iê:des chpi:l fe:rlô:ren* Até ontem, nosso time perdia toda partida.
Michael:	**Da habt ihr euth sicher besonders gefreut.** *da ha:pt iâr óich zîçher bezonders gefróit* Vocês, certamente, devem estar especialmente felizes.

Palavras e frases úteis

das Spiel	das chpi:l	o jogo
sich verletzen	ziçh fe:rletsen	machucar-se
tut mir leid	tut miâr lát	sinto muito
gewinnen	guevinen	ganhar
die Mannschaft	di: manchaft	o time

Capítulo 8: Recreação e Passeios **151**

Passeando ao Ar Livre

Teve uma semana agitada no trabalho? Cansado de esperar a sua vez no chuveiro depois de uma partida de futebol? Talvez você apenas queira sair dali e experimentar um grande passeio sozinho ou com sua família e amigos. Assim, é tempo para colocar suas botas de passeio e pegar seus binóculos e um guia de viagens. E não se esqueça de levar almoço, porque pode não haver uma lanchonete no fim da trilha.

Dando uma caminhada

Quando chega a hora de sair e andar, as seguintes frases devem colocar você no caminho:

- **Wollen wir spazieren/wandern gehen?** _(vôlen viar chpatsi:ren/vande:rn gue:en)_ (Vamos dar um passeio?)
- **Ich möchte spazieren/wandern gehen.** _(içh mö:çhte chpatsi:ren/vande:rn gue:en)_ (Eu gostaria de dar um passeio.)

Coisas para ver pelo caminho

Quando você voltar de seus grandes passeios, pode dizer às pessoas sobre o que você viu:

- **Ich habe... gesehen** _(içh ha:be... gueze:en)_ (Eu vi...)
- **Ich habe... beobachtet** _(içh ha:be... beopaçhtet)_ (Eu estava observando...)

Apenas preencha os espaços em branco. Você pode encontrar qualquer um dos seguintes substantivos:

- **der Vogel** _(de:r fôguel)_ (o pássaro)
- **der Baum** _(de:r baum)_ (a árvore)
- **das Gebirge** _(das guebirgue)_ (as montanhas)
- **der Fluss** _(de:r flus)_ (o rio)
- **das Meer** _(das mê:r)_ (o mar)
- **der See** _(de:r ze:)_ (o rio)
- **die Kuh** _(di: ku:)_ (a vaca)
- **das Pferd** _(das pfert)_ (o cavalo)
- **das Reh** _(das re:h)_ (o cervo)
- **das Schaf** _(das cha:f)_ (a ovelha)

Parte II: Alemão em Ação

Lembre-se de que precisará usar o caso acusativo quando completar estas orações. (Veja o Capítulo 2 para mais informações sobre o caso acusativo.) Atenção ao usar os substantivos masculinos:

Ich habe einen Vogel gesehen. *(içh ha:be áinen fo:guel gueze:en)*
(Eu vi um pássaro.)

Para pronomes femininos:

Ich habe eine Kuh gesehen. *(içh ha:be áine ku: gueze:en).* (Vi uma vaca.)

Para pronomes neutros:

Ich habe ein Reh gesehen. *(içh ha:be áin re: gueze:en)* (Eu vi um cervo.)

Ou você pode querer usar a forma plural, que é geralmente mais fácil:

Ich habe Vögel gesehen. *(içh ha:be fö:guel gueze:en)* (Eu vi pássaros.)

Tendo uma Conversa

O Sr. e a Sra. Paulsen estão em uma cidadezinha nas montanhas. Hoje eles querem fazer uma caminhada. Eles estão conversando com a Frau Kreutzer no escritório de informações locais para turistas para descobrir as trilhas desta área.

Frau Paulsen: **Guten Morgen. Wir möchten eine Wanderung machen.**
gu:ten mórguen. viâr mö:çhten áine vánderung máçhen
Bom dia. Nós gostaríamos de fazer um passeio.

Frau Kreutzer: **Ich kann Ihnen eine Wanderkarte für diese Gegend geben.**
içh kan i:nen áine vandârkarte fü:âr di:ze gue:guent ge:ben
Eu posso dar a vocês um mapa de trilha para esta região.

Herr Paulsen: **Das ist genau das, was wir brauchen.**
das ist guenáu das, vas viâr brauçhen
É exatamente disto que precisamos.

Frau Kreutzer: **Wie wäre es mit dem Blauen See. Und wenn Sie Lust haben, können Sie sogar schwimmen gehen.**
vi vé:re és mit de:m blauen ze:. unt vén zi: lust ha:ben, kö:nen zi: zo:gar chvimen gue:en
Que tal Mar Azul. E se você quiser, você pode até mesmo nadar.

Herr Paulsen: **Das klingt gut. Können Sie uns den Weg auf der Karte markieren?**
das klingt gu:t. kö:nen zi: uns de:n vêk auf de:r karte marki:-ren
Isto parece bom. Você pode nos marcar o caminho no mapa?

Frau Kreutzer: **Ja natürlich.**
iá, natü:rliçh
Sim, claro.

Frau Paulsen: **Vielen Dank für ihre Hilfe.**
fi:len dank fü:ar i:re h:lfe
Muito obrigada por sua ajuda.

Indo para as montanhas

Seja para os populares Alpes, ou para uma das cadeias de montanhas que você esteja planejando visitar, certifique-se de que vai encontrar os locais, porque se divertir nas montanhas é definitivamente um passatempo legal. E antes que você se aventure por lá, fortaleça-se com algum vocabulário rico:

- ✔ **Wir fahren in die Berge.** (*viâr fa:ren in di: bérgue*) (Estamos indo para as montanhas.)

- ✔ **Wir wollen wandern gehen.** (*viâr vólen vândérn gue:en*) (Nós queremos fazer uma caminhada.)

- ✔ **Ich will bersteigen.** (*içh vil: berg-chtárguen*) (Eu quero escalar a montanha.)

- ✔ **der Berg** (*de:r bérg*) (a montanha)

- ✔ **das Gebirge** (*das guebirgue*) (a cadeia de montanhas)

- ✔ **der Gipfel** (*de:r Guipfel*) (o cume)

- ✔ **der Hügel** (*de:r hü:guel*) (a colina)

- ✔ **das Tal** (*das ta:l*) (o vale)

- ✔ **das Naturschutzgebiet** (*das natu:archutsguebi:t*) (a área de preservação ambiental)

Parte II: Alemão em Ação

Palavras e frases úteis

wandern	vandérn	andar
spazieren gehe	chpatsi:rengue:en	fazer um passeio
die wanderung	di:vanderung	caminhada
die karte	di: karte	mapa
der Weg	de:r wêk	o caminho
die Gegend	di: gueguent	a região

Tendo uma Conversa

Herr Mahler se encontra com Frau Pohl no seu caminho de volta do trabalho para casa. Eles começam a conversar sobre seus planos de viagem.

Frau Pohl: **Tag Herr Mahler. Na, haben Sie schon Urlaubspläne gemacht?**
ta:k, hér ma:lâ. Na:, ha:ben zi: chôn u:rlaups plê:ne gemacht
Bom dia, Sr. Mahler. O Sr. já tem planos para suas férias?

Herr Mahler: **Aber ja, meine Frau und ich werden wieder in die Berge fahren.**
a:bâr iá, máine frau unt içh vérden vi:dâr in di: bérgue fa:ren
Mas claro, minha esposa e eu vamos para as montanhas novamente.

Frau Pohl: **Wieder in die Alpen?**
vi:dâr in di:alpen
De volta aos Alpes?

Herr Mahler: **Nein, diesmal gehen wir in den Pyrenäen wandern. Und Sie?**
náin. di:smal gue:en viâr in de:n pirrenê:en vandérn. unt zi:
Não, desta vez vamos caminhar nos Pirineus. E a senhora?

_____Capítulo 8: Recreação e Passeios **155**

Frau Pohl: **Wir wollen im Herbst in die Dolomiten zum Bergsteigen.**
viâr _vó_len im herpst in di: dolo_mi_:ten tsûm _berg_-chtáigen
Nós queremos ir escalar os Alpes Dolomitas no outono.

Herr Mahler: **Haben Sie schon ein Hotel gebucht?**
_ha_:ben zi: chôn áin ho_tel_ gue_bu_:cht
Vocês já reservaram um hotel?

Frau Pohl: **Nein, wir werden in Berghütten übernachten.**
náin, viâr _vér_den in _berg_hü:ten ü:bar_nach_ten
Não, vamos passar a noite nas cabanas das montanhas.

Indo para o campo

As montanhas não são uma boa ideia para se divertir? Então, que tal um pouco de ar fresco do campo? Apesar de uma população de quase 80 milhões de habitantes, você encontrará áreas rurais quietas e distantes na Alemanha, algumas vezes surpreendentemente próximas aos borbulhantes centros urbanos. Sem falar que você pode achar paz e tranquilidade em áreas campestres austríacas e suíças. Tudo que você precisa é começar com a linguagem certa:

- **Wir fahren aufs Land.** *(viar fa:ren aufs land)* *(Estamos indo para o campo.)*
- **Wir machen Urlaub auf dem Bauernhof.** *(viar ma_chen u:rlaup auf de:m bauârho:f)* (Vamos passar as férias no sítio.)
- **Ich gehe im Wald spazieren.** *(ich gue:e im valt chpatsi:ren)* (Eu vou passear na floresta.)
- **das Land** *(das lant)* (o campo)
- **der Wald** *(de:r valt)* (a floresta)
- **das Dorf** *(das dorf)* (a aldeia)
- **das Feld** *(das felt)* (o campo)
- **die Wiese** *(die vi:ze)* (o prado)
- **der Bauernhof** *(de:r bauârho:f)* (o sítio)

Tendo uma Conversa

Daniel corre para sua amiga Ellen. Depois de se cumprimentarem, Daniel conta a Ellen sobre suas futuras férias.

156 Parte II: Alemão em Ação

Daniel:	**Ich werde im Oktober eine Woche aufs Land fahren.** *içh vérde im okto:bâr áine vóçhe aufs lant fa:ren* Eu vou ficar no campo uma semana, em outubro.
Ellen :	**Fährst du allein?** *fé:rst du a:láin* Você vai sozinho?
Daniel:	**Nein, ich werde zusammen mit meiner Schwester und ihren Kindern verreisen.** *náin, içh vêrde tsuzámen mit máinâr chvérstâr unt i:ren kindârn ferraizen.* Não, eu vou viajar com minha irmã e os filhos dela.
Ellen:	**Habt ihr eine Ferienwohnung gemietet?** *hapt iâr áine fe:rienvô:nung gemi:tet* Vocês alugaram um apartamento para as férias?
Daniel:	**Wir werden auf einem Bauernhof in einem kleinen Dorf übernachten.** *viâr vérden auf áinem bauârho:f in áinem kláinen dórf ü:bârnaçhten* Nós vamos passar a noite em um sítio em uma pequena vila.
Ellen:	**Die Kindern freuen sich sicher.** *di: kindâr fróien siçh zichâr* As crianças, com certeza, vão adorar.
Daniel:	**Und wie.** *unt vi:* E como.

Indo para o mar

Se tudo isto lhe parecer algo difícil e maçante, talvez, o que precise seja de uma tempestade forte e de algumas ondas batendo em você. Se decidir desbravar o selvagem Mar do Norte ou se estabelecer no Mar Báltico, que é mais sereno, você poderá curtir a natureza e se encontrar com os nativos e aproveitar para usar as seguintes palavras:

- ✔ **das Meer** (*das mé:r*) (o mar)
- ✔ **die Ostsee** (*di: óstze:*) (Mar Báltico)
- ✔ **die Nordsee** (*di: nortzê:*) (Mar do Norte)
- ✔ **die Küste** (*di: kü:ste*) (a costa)
- ✔ **der Wind** (*de:r vînt*) (o vento)

_____ **Capítulo 8: Recreação e Passeios** *157*

- **der Sturm** *(de:r chturm)* (a tempestade)
- **die Welle** *(di: véle)* (a onda)
- **die Gezeiten** *(di: guetsáiten)* (as marés)
- **die Ebbe** *(di: ébe)* (a maré baixa)
- **die Flut** *(die flu:t)* (a maré alta)

Tendo uma Conversa

Udo e Karin estão conversando sobre suas viagens de férias. Os dois gostam de viajar para a praia, mas têm ideias diferentes sobre o que é divertido.

Udo: **Wir wollen dieses Jahr an die Ostsee.**
viâr vólen di:zes i:ar an di: óstze:
Nós queremos ir ao Mar Báltico neste ano.

Karin: **Werdet ihr mit dem Auto fahren?**
vérdet iâr mit de:m auto fa:ren
Vocês vão de carro?

Udo: **Nein, wir haben eine Pauschalreise mit dem Bus gebucht.**
náin, viâr ha:ben áine paucha:l rei:ze mit de:m bus guebu:cht
Não, nós reservamos um pacote de viagem de ônibus.

Karin: **Wir werden auf eine Nordseeinsel fahren. Wir wollen im Watt wandern gehen.**
viâr vérden auf áine nort-ze: inzel fa:ren. viar vólen im vát vandérn gue:en
Vamos viajar para uma ilha do Mar do Norte. Queremos andar nos charcos.

Udo: **Ist das nicht gefärhlich?**
ist das nicht guefé:rlich
Isto não é perigoso?

Karin: **Nein, man geht bei Ebbe los, und dann hat man einige Stunden Zeit, bevor die Flut Kommt.**
náin, man gue:t bai ébe lo:s, unt dãn hát man ainigue chtunden tsáit, befo:r di: flu:t kómt
Não, você vai em maré baixa, e, então, você tem algumas horas antes que a maré suba.

Parte II: Alemão em Ação

Passatempo

Preencha os espaços em branco com as palavras em alemão corretas. As respostas estão no Apêndice D.

Horizontal

1. Costa

5. Você (informal)

7. Oi

8. Vaca

9. Sim

10. Oceano

12. Ofícios

14. Bom

1. Costa

18. Eu

19. Ski

20. Trilha

Vertical

2. E

3. Artigo (neutro)

4. Cozinhar

6. Férias

8. Aula

10. Moeda

11. Artigo (masculino)

13. Antigo

15. Ela

16. Isto

17. Dica

Capítulo 9

Falando ao Telefone e Enviando E-Mails

Neste Capítulo

- Perguntando por pessoas e pedindo informações
- Marcando reuniões
- Deixando mensagens
- Enviando uma carta, fax e e-mail

Conversar pessoalmente é apenas um dos vários aspectos da comunicação – você também quer ser capaz de lidar com tudo que está por trás daquele belo termo *telecomunicações*, ou seja, conversar com as pessoas por telefone ou enviar fax ou e-mails (e não devemos nos esquecer do que agora é conhecido como *correio tradicional*). Por exemplo, conversar por telefone pode envolver várias situações, desde agendar reuniões e deixar mensagens até o uso de cartões telefônicos.

Telefonando de Forma Simples

Quando os alemães atendem **das Telefon** *(das telefo:n)* (o telefone), eles usualmente respondem ao chamado dizendo seu último nome – particularmente quando estão no escritório. Se você telefonar para alguém em casa, algumas vezes poderá ouvir um simples **Hallo?** *(hálô:)* (Alô?).

Se você quiser expressar que vai ligar para alguém ou que quer que alguém ligue para você, use o verbo **anrufen** *(anru:fen)*. É um verbo separável, assim o prefixo **an** *(an)* fica separado da raiz **rufen** *(ru:fen)* (chamar), quando você o conjuga:

Conjugação	Pronúncia
ich rufe an	içh ru:fe an
du rufst an	du ru:fst an
Sie rufen an	zi: ru:fen an
er, sie, es ruft an	ear, zi: es, ru:ft an
wir rufen an	viâr ru:fen an
ihr ruft an	iâr ru:ft an
sie rufen an	zi: ru-fen an
sie rufen an	zi: ru-fen an

Perguntando por alguém

Se a pessoa com quem deseja falar é a que está atendendo ao telefone, você deve perguntar por ela. Como no português, existem poucas opções quando chega a hora de expressar que você quer falar com alguém:

- ✔ **Ich möchte gern Herrn/Frau... sprechen** *(içh mö:çhte guérn hérn/frau... chpreçhen...)* (Eu gostaria de falar com o Sr./Sra. ...)

- ✔ **Ist Herr/Frau... zu sprechen?** *(ist hér/frau... tsu chpréçhen)* (O sr./sra... está disponível?)

- ✔ **Kann ich bitte Herrn/Frau... sprechen?** *(kan içh bite mit hérn/frau... chpreçhen)* (Posso falar com o sr./sra.?)

- ✔ **Herrn/Frau..., bitte.** *(hêrn/frau..., bite)* (Sr./Sra. ..., por favor.)

Se achar que alguém fala rápido demais para você entender, pode pedir à pessoa:

- ✔ **Können Sie bitte langsamer sprechen?** *(kö:nen zi: bite langza:mer chpréçhen)* (Você poderia falar mais devagar?)

- ✔ **Können Sie das bitte wiederholen?** *(kö:nen zi: das bite vi:dârhô:len?)* (Você poderia repetir isto, por favor?)

E se a pessoa no outro lado da linha começar a responder em português, não é uma falha da sua parte – isto apenas significa que a pessoa quer praticar o português dela!

Despedindo-se no telefone

Auf Wiederhören! (auf vi:dârhö:ren) parece de alguma forma familiar? É o equivalente no telefone a **Auf Wiedersehen** (auf vi:dârze:en), a expressão que você usa se disser tchau para alguém que acabou de ver em pessoa. **Auf Wiedersehen** combina com **wieder** (vi:dâr) (de novo), com o verbo **sehen** (ze:en) (ver) e **Auf Wiederhören** usa o verbo **hören** (hö:ren) (ouvir), que literalmente significa "ouvir você de novo".

Fazendo chamadas

Depois que você pediu para falar especificamente com uma pessoa, pode ouvir um número qualquer de respostas, dependendo de com quem você está conversando ao telefone e onde eles estão:

- **Am Apparat.** *(am aparra:t)* (falando ao telefone)
- **Einen Moment bitte, ich verbinde.** *(áinen momént, bite, içh ferbinde)* (Um momento, por favor, eu vou transferir a chamada.)
- **Er/sie telefoniert gerade.** *(ear/zi: telefo:ni:rt guerra:de)* (Ele/ela está no telefone agora.)
- **Die Leitung ist besetzt.** *(die laitunk ist bezétst)* (A linha está ocupada.)
- **Können Sie später noch einmal anrufen?** *(kö:nen zi: chpêtâr noçh áinmal anru:fen)* (Você poderia ligar mais tarde?)
- **Kann er/sie Sie zurückrufen?** *(kan ear/zi: zi: tsurrü:k ru:fen)* (Ele/ela pode ligar de volta para o Sr./Sra.?)
- **Hat er/sie Ihre Telefonnummer?** *(hât ear/zi: i:rre telefo:n-numar)* (Ele/ela tem seu número de telefone?)

Aqui estão algumas expressões que podem ser úteis se algo der errado com sua chamada:

- **Es tut mir leid. Ich habe mich verwählt.** *(es tut miar láit. içh ha:be miçh fervê:lt)* (Desculpe-me, eu disquei o número errado.)
- **Ich kann Sie schlecht verstehen.** *(içh kan zi: chleçht ferchte:en)* (Não estou ouvindo você muito bem.)
- **Er/sie meldet sich nicht.** *(ear/zi méldet ziçh niçht)* (Ele/ela não retornou minha ligação.)

162 Parte II: Alemão em Ação

Tendo uma Conversa

A seguinte conversa é um diálogo entre Frau Bauer, a secretária de Herr Huber, e Herr Meißner, um potencial cliente da companhia.

Frau Bauer: **Firma TransEuropa, Bauer. Guten Morgen!**
firma: transóirô:pa:, bauâr. gu:ten mórguen
Firma TransEuropa, Bauer. Bom dia!

Herr Meißner **Guten Morgen! Herrn Huber, bitte.**
gui:ten mórguen, hérr hu:bâr, bite
Bom dia! Sr. Huber, por favor.

Frau Bauer: **Tut mir leid. Herr Huber ist ineiner Besprechung. Kann er Sie zurückrufen?**
tut miar láit. hér hú:bar ist in áinar bechpréçhung. kan ear zi: tsurü:k ru:fen
Lamento. O senhor Huber está em uma reunião. Ele pode retornar sua ligação?

Herr Meißner: **Selbstverständlich.**
zelpstferchtêndliçh
Naturalmente.

Frau Bauer: **Wie is noch einmal Ihr Name?**
vi: ist noçh áinmal i:ar na:me
Como é, de novo, seu nome?

Herr Meißner: **Meißner, mit ß.**
maisnâr, mit ês-tset
Meißner, mit ß.

Frau Bauer **Gut, Herr Meißner.**
gu:t, hér maisnâr
Muito bem, Sr. Meißner.

Herr Meißner: **Vielen Dank, Auf Wiederhören.**
fi:len dank, auf vi:dârhô:ren
Muito obrigado, até mais!

Capítulo 9: Falando no Telefone e Enviando E-Mail **163**

Cartões telefônicos

Se você quiser fazer uma ligação telefônica de um telefone público – **die Telefonzelle** (di: telefo:ntséle) – na Alemanha, você tem que estar preparado: somente uns poucos deles aceitam moedas hoje em dia. A maioria funciona somente com cartões, ou **Telefonkarten** (telefo:nkarten). Você pode comprar estes cartões em uma agência do correio ou conseguí-los de pequenas máquinas de venda anexadas a caixas do correio. Estas máquinas são miniversões de máquinas de selos encontradas nas agências dos correios. Eles aceitam moedas e notas e você pode comprar tanto cartões telefônicos como selos. Algumas lojas e bancas de revistas também vendem cartões telefônicos.

Palavras e frases úteis

das Telefon	das telefo:n	telefone
anrufen	anru:fen	ligar (fazer ligação telefônica)
zurückrufen	tsurrü:k-ru:fen	ligar de volta
auf Wiederhören	auf vi:dârhö:ren	ao telefone
das Telefonbuch	das telefo:nbu:çh	agenda telefônica
das Telefongespräch	das telefo:nguechpré:çh	ligação telefônica
die Telefonnummer	di telefo:n-numar	número do telefone
der Anrufbeantworter	de:r anru:f-beantvórtâr	secretária eletrônica

Marcando Compromissos

Você dificilmente verá alguém sem marcar hora. Assim, dê uma olhada no vocabulário que pode ajudá-lo a abrir portas:

- ✔ **Ich möchte gern einen Termin machen.** *(içh mö:çhte guern áinen têrmin machen)* (Eu gostaria de marcar um horário.)

- ✔ **Kann ich meinen Termin verschieben?** *(kan içh máinen têrmin ferchi:ben)* (Eu posso mudar o meu horário?)

Parte II: Alemão em Ação

E aqui estão algumas respostas que você pode ouvir:

- **Wann passt es Ihnen?** *(van past es i:nen?)* (Que horário o senhor/a prefere?)
- **Wie wäre es mit... ?** *(vi: vé:re es mit)* (Que tal... ?)
- **Heute is leider kein Termin mehr frei.** *(hóite ist láidar káin têrmin me:r frái)* (Infelizmente, não há mais nenhum horário disponível.)

Tendo uma Conversa

Frau Bauer tem de marcar um horário no consultório de um médico. Ela está conversando com a secretária do médico, Liza.

Liza: **Práxis Dr. Eggert.**
praksis dóktor égue:rt
Consultório do Doutor Eggert.

Frau Bauer: **Guten Tag, Anita Bauer. Ich möchte einen Termin für nächste Woche machen.**
gu:ten Ta:k, anita bauâr. ich mö:chte áinen têrmin fü:r di: né:chste vóche machen
Bom dia, aqui quem fala é Anita Bauer.
Eu gostaria de marcar um horário na semana que vem.

Liza: **Wann passt es ihnen?**
van past es i:nen
Que dia a senhora prefere?

Frau Bauer: **Mittwoch wäre gut.**
mitvóch vé:re gu:t
Quarta-feira seria bom.

Liza: **Mittwoch ist leider kein Termin mehr frei. Wie wäre es mit Donnerstag?**
mitvóch ist láidâr káin têrmin me:r frái. vi: vé:re es mit donârsta:k
Infelizmente, na quarta-feira não há mais horário disponível. Que tal na quinta-feira?

Frau Bauer: **Donnerstag ist auch gut. Geht fünfzehn Uhr?**
dônarstag ist auch gu:t. gue:t fü:nftse:n u:ar
Quinta-feira está bom. Pode ser às 15 horas ?

Capítulo 9: Falando no Telefone e Enviando E-Mail **165**

Liza: **Kein Problem. Dann bis Donnerstag!**
káin pro:ble:m. dán bis dônârsta:k
Sem problema. Até quinta-feira!

Frau Bauer: **Bis Dann. Auf Wiederhören.**
bis dán. auf vi:dârhö:ren
Vejo você então. Até breve!

Deixando Recados

Infelizmente, nem sempre você consegue falar com a pessoa que está procurando e tem de deixar uma mensagem. Neste caso, algumas das seguintes expressões podem ser úteis (em algumas destas frases, usam-se pronomes dativos, sobre os quais você pode ler a seguir):

- **Kann ich ihm/ihr eine Nachricht hinterlassen?** *(kan içh i:m/iar áine nachrriçht hintârlassen)* (Posso deixar um recado para ele/ela?)

- **Kann ich ihm etwas ausrichten?** *(kan içh i:m étvas ausriçhten)* (Posso deixar um recado para ele?)

- **Möchten Sie eine Nachricht hinterlassen?** *(mö:çhten zi: áine nachrriçht hintârlassen)* (Gostaria de deixar um recado para ele?)

- **Ich bin unter der Nummer... zu erreichen.** *(içh bin untâr de:r numar... tsu erraiçhen)* (Pode me ligar no número...)

Algumas Palavras Sobre Pronomes no Dativo

Ihm *(i:m)* e **ihr** *(i:ar)* são pronomes pessoais no caso dativo. Em alemão – como em português – você usa o caso dativo destes pronomes se quiser expressar o que você quer conversar ou falar com uma pessoa (ele ou para ela)

Ich möchte gern mit ihm/ihr sprechen. *(içh mö:çhte guérn mit i:m/i:ar chpréçhen)* (Eu gostaria de falar com ele/ela.)

Mas observe – no alemão, você não deixa um recado *para* alguém; você apenas deixa a alguém uma mensagem.

Ich hinterlasse Ihnen/dir/ihm/ihr eine Nachricht. *(içh hintârlasse i:nen/diar/i:m/i:ar áine nachrriçht)* (Estou deixando um recado para você [formal ou informal]/para ele/para ela.)

166 Parte II: Alemão em Ação

Tendo uma Conversa

Frau Bauer, uma secretária da empresa TransEuropa, atende uma ligação de Hans Seibold, um velho amigo de Herr Huber.

Frau Bauer: **Firma TransEuropa, guten Tag!**
firma: transóirô:pa, gu:ten ta:k!
Empresa TransEuropa, Bom dia!

Herr Seibold: **Guten Tag. Seibold hier. Kann ich bitte mit Herrn Huber sprechen?**
gu:ten ta:k. sáibolt hiâr. kán içh bite mit hérn hu:ber chpréchen?
Bom dia, aqui quem fala é Seibold. Posso falar com o senhor Huber?

Frau Bauer: **Guten Tag, Herr Seibold. Einen Moment, bitte, ich verbinde.**
gu:ten ta:k, hér sáibolt. áinen mô:ment, bite. içh ferbinde
Bom dia, senhor Seibold. Um momento, vou transferir a chamada.

(Depois de um breve momento)

Herr Seibold?Herr Huber spricht gerade auf der anderen Leitung. Möchten Sie ihm eine Nachricht hinterlassen?
hér sáibolt? hér hu:ber chpriçht guerra:de auf de:r anderen laitung. mö:çhten zi: i:m áine naçhrriçht hintâr-lassen
Senhor Seibold? O senhor Huber está em outra ligação. Gostaria de deixar um recado para ele?

Herr Seibold: **Ja bitte. Ich bin unter der Nummer 57 36 48 zu erreichen.**
ia:, bite. içh bin untâr de:r numâr fü:nf zi:ben drai zeks fiar açht tsu erráichen
Sim, por favor. Ele pode me ligar no número 57 36 48.

Frau Bauer: **Ich werde es ausrichten!**
içh vérde es ausriçhten
Vou passar o recado.

Herr Seibold: **Vielen Dank! Auf Wiederhören!**
fi:len dánk auf vi:dârhö:ren
Muito obrigado! Até breve!

Capítulo 9: Falando no Telefone e Enviando E-Mail 167

Enviando uma Carta, Fax ou E-Mail

Ainda que hoje em dia os telefones estejam mais presentes do que nunca –
todos possuem ao menos um telefone celular – ainda existem aqueles que
gostam e/ou precisam enviar correspondências escritas.

Como no português, há algumas convenções que as pessoas usam para
escrever cartas em alemão. Por exemplo, em português, é costume
terminar uma carta com "atenciosamente". Em alemão, a frase mais usada
para terminar uma carta é **Mit freudlichen Grüßen** (*mit fróintliçhen
grü:ssen*) (cordiais saudações).

Livros inteiros foram escritos sobre a arte de escrever cartas em alemão;
aqui, nós apenas queremos lhe dar informação suficiente para que você
possa enviar sua correspondência aonde precisar.

Enviando uma carta ou um cartão-postal

Postos do correio em países de língua alemã tendem a ser lugares
cheios. Além de dispensar postagem, um número de outros serviços está
tipicamente disponível em agências do correio, fazendo deles centros
de muita atividade. (Veja o box "Fazendo ligações em postos do correio"
neste capítulo para mais informações.)

Com pessoas ficando em fila atrás de você, prepare-se com algumas frases
simples que você pode usar ao entrar e sair de um posto do correio, **das
Postamt** (*das póstant*) tão rapidamente e livre de confusão quanto possível.
(E mande sua carta, **der Brief** (*de:r bri:f*), e cartão-postal, **die Postkarte** (*di:
póstkarte*) ou pacote **das Paket** (*das pakê:t*) do modo agradável).

Ich möchte gern Briefmarken kaufen. (*iç̌h mö:çhte guérn bri:fma:rken
kaufen*) (Eu gostaria de comprar selos.)

Para especificar quantos selos e qual valor que gostaria, pode dizer a
seguinte frase (e falar o número de selos e o valor que quer);

5-mal 1,00, 10-mal 20 Cents, und 6-mal 50 Cents (*fü:nf mal áine óiro,
tse:n mal tsvántsik Cents, unt zeks mal fü:nftsik cents*) (5 vezes 1 euro, 10
vezes 20 cents e 6 vezes 50 cents).

Fazendo ligações em postos do correio

Você não tem um cartão telefônico e descobriu que o seu hotel cobra taxas exorbitantes por uma chamada? Há mais uma possibilidade que você pode querer explorar: na Alemanha, o serviço telefônico também é realizado na maioria das agências de correio. É só ir ao balcão e dizer ao atendente que quer fazer uma chamada – **Ich möchte gern telefonieren** (içh mö:çhte guérn telefoni:ren) (gostaria de fazer uma ligação). Ele ou ela lhe dirá qual cabine de telefone está disponível e você voltará para pagar depois que tiver feito sua ligação.

Colocando sua correspondência na caixa do correio

Na Alemanha, você pode dar sua correspondência a um atendente do correio, colocá-la em uma caixa na agência do correio (procure por aqueles vãos na parede), ou colocar a correspondência em uma daquelas caixas de correio amarelas – **Briefkästen** *(bri:f-ké:sten)* (plural)/**der Briefkasten** *(de:r bri:f-kasten)* – você vai encontrá-las nas esquinas das ruas ou em frente a uma agência do correio. Algumas vezes, há caixas de correio separadas para a cidade onde você está e seus arredores e para outras cidades. Assim, as caixas de correios podem ter um sinal dizendo, por exemplo, **Köln und Umgebung** *(kö:ln unt umge:bunk)* (Colônia e arredores) e **Andere Orte** *(andere órte)* (outros lugares).

Perguntando por serviços especiais

Se você quiser enviar uma carta expressa, carta registrada, ou um pacote, você precisa estar familiarizado com estas palavras:

- **der Eilbrief** *(de:r áilbri:f)* (carta expressa)
- **die Luftpost** *(die luftpóst)* (correio aéreo)
- **das Einschreiben** *(das áinchráiben)* (a carta registrada/correio registrado)
- **das Paket** *(das pakê:t)* (o pacote)

Para colocar estas modalidades de correio a caminho, apenas diga ao atendente:

- **Ich möchte diesen Brief per Eilzustellung /per Luftpost /per Einschreiben.** *(içh mö:çhte di:sen bri:f /per ailtsuchtélunk/per luftpóst/ per áinchráiben chiken)* (Eu gostaria de enviar esta correspondência por carta expressa/por correio aéreo/ de registrar esta carta.)
- **Ich möchte dieses Paket aufgeben.** *(içh mö:çhte die:zes pake:t aufgueben)* (Eu gostaria de despachar este pacote.)

As seguintes palavras são úteis quando você estiver enviando correspondência (e também vai encontrá-las na forma que você terá que preencher quando você estiver enviando uma correspondência registrada).

_____Capítulo 9: Falando no Telefone e Enviando E-Mail **169**

- ✔ **der Absender** *(de:r a̱pzendãr)* (o remetente)

- ✔ **der Empfänger** *(de:r empf e̱:ngãr)* (o destinatário)

- ✔ **das Porto** *(das p o̱rto:)* (a postagem)

Enviando um fax

Se você não vai para a Alemanha a negócios e não pode por questão de conveniência usar o aparelho de fax de alguém – **das Faxgerät** *(das fa̱ks-guerê:t)* – você será capaz de enviar um fax – **das Fax** *(das faks)* – da maioria dos hotéis e agências do correio. Apenas vá ao balcão de recepção ou caixa, e diga à recepcionista ou atendente do correio:

> **Ich möchte etwas faxen.** *(içh mö̱:chte e̱tvas fa̱ksen)* (Eu gostaria de enviar algo por fax.)

Depois de encontrar um lugar de onde possa enviar seu fax, a pessoa que cuida do aparelho do fax pode lhe perguntar pelo número do fax, **die Faxnummer** *(di: fa̱ksnumãr)*. Seja prático: se você planeja enviar um fax, escreva o número em um pedaço de papel antes, assim quando perguntarem sobre o número de fax, apenas terá de entregar o papelzinho com a maior calma.

Como no Brasil, é uma cortesia ligar para a pessoa que vai receber o fax ou a secretária, para que saiba que o fax está a caminho. (Veja "Telefonando de Forma Simples" anteriormente neste capítulo para descobrir como fazer uma chamada e colocar alguém na linha.) Para informar alguém da chegada iminente de um fax, apenas diga:

> **Ich schicke Ihnen ein Fax.** *(içh chi̱ke i̱:nen áin faks)* (Eu estou lhe enviando um fax.)

Enviando um e-mail

Se quiser enviar um e-mail e não levou um computador consigo, você pode descobrir onde a lan house mais próxima está localizada. Contudo, hotéis maiores também podem oferecer acesso à Internet.

A melhor coisa sobre e-mail e Internet é que envolve uma linguagem internacional – a linguagem dos computadores. Se você dominar essa linguagem, então, sabe o suficiente para enviar um e-mail de qualquer lugar do mundo. Contudo, ainda é bem útil saber umas poucas palavras relacionadas a esse serviço:

- ✔ **der Computer** *(de:r compiu̱:tãr)* (o computador)

- ✔ **das Internet** *(das i̱nternet)* (Internet)

170 Parte II: Alemão em Ação

- ✔ **die E-mail** *(di: i-meil)* (o e-mail)

- ✔ **die E-mail Adresse** *(di: i-meio a:drésse)* (o endereço do e-mail)

- ✔ **ich schicke eine E-mail.** *(içh chike áine i-meil)* (Eu estou lhe enviando um e-mail.)

Tendo uma Conversa

O dia de trabalho de Frau Bauer está quase acabando. Ela só tem que enviar uma carta na agência de correio. Preste atenção na conversa dela com **der Postbeamte** *(de:r póst-beâmte)* (atendente do correio).

Frau Bauer:	**Guten Tag. Ich möchte den Einschreibebrief hier aufgeben. Wann kommt der Brief in München an?**
	gu-ten ta:k. içh mö:çhte de:n áinchraibebri:f hiâr auf-gue:ben. vân kómt de:r bri:f in mü:nçhen an
	Bom dia. Eu gostaria de enviar aqui uma carta registrada. Quando a carta chega à Munique?
Der Postbeamte:	**Heute ist Dienstag – vielleicht am Donnerstag, aber ganz bestimmt am Freitag.**
	hóite ist di:nsta:k – fi:l-laiçht âm donârsta:k, á:bar gants bechtimmt âm freita:k
	Hoje é terça-feira – talvez na quinta-feira, mas com certeza na sexta-feira.
Frau Bauer:	**Das ist zu spät. Kommt er übermorgen an, wenn ich ihn als Eilbrief schicke?**
	das ist tsu chpê:t. komt ear ü:bârmórguen an, ven içh i:n als áilbri:f chike
	Isto é tarde demais. Ela chega depois de amanhã, se eu enviar como carta expressa?
Der Postbeamte:	**Garantiert!**
	garranti:rt
	Garantido!
Frau Bauer:	**Gut, dann schicken Sie das Einschreiben bitte per Eilzustellung.**
	gu:t, dán chiken zi: das áinchráiben bite per ailtsuchtélunk
	Bom, então mande a carta registrada por expresso.
Der Postbeamte:	**In Ordnung.**
	in ordnung
	Tudo certo.

Capítulo 9: Falando no Telefone e Enviando E-Mail

Passatempo

Preencha a cruzadinha com as palavras corretas em alemão. As respostas estão no Apêndice D.

Horizontal

1. Correio
2. Pacote
5. Empresa
6. Então
7. Problema
10. Enviar
12. Senhora
13. Nome
15. Aqui
16. Por favor

Vertical

1. Postagem
3. Poder (verbo)
4. Telefone
8. Linha
9. Em (na)
11. Cidade Alemã
12. Livre
14. Com

Parte II: Alemão em Ação

Passatempo

Você ligou para o escritório de uma empresa, mas quem lhe atendeu foi uma secretária eletrônica. Complete o aviso que você está ouvindo usando as seguintes palavras:

schicken Fax rufen Anrufbeantworter hinterlassen Nummer Nachricht

Guten Tag, hier ist der _____ der Firma TransEuropa.
Bitte _____ Sie eine _____ oder_____.
Sie ein_____ an die_____68 74 93. Wir_____
Sie züruck.

Resposta: Anrufbeanworter– hinterlassen –Nachricht –schicken–Fax–
Nummer – rufen

Capítulo 10

No Escritório e em Casa

Neste Capítulo

- Alugando um apartamento
- Trabalhando em um escritório

Neste capítulo, daremos uma olhada na seção de imóveis em um jornal, em apartamentos para alugar, e aprenderemos noções básicas sobre a vida em um escritório.

Alugando um Apartamento

Você pode procurar por lugares para alugar nas seções de imóveis dos jornais, ou contratar um agente ou um corretor, o que é mais caro. Achar um apartamento ou uma casa geralmente não é um problema, mas conseguir algum lugar com preço acessível pode ser difícil, principalmente se estiver procurando por um apartamento no centro das grandes cidades. Se você procurar por um espaço no centro de Berlim, Frankfurt ou Hamburgo, por exemplo, prepare-se para pagar um aluguel bem caro. Casas próprias nos centros das cidades são raras, mas você pode achá-las para alugar nos subúrbios, cidades menores ou no campo.

Descrevendo o que você procura

Procurar um lugar para viver é um trabalho difícil mesmo quando você conhece o idioma – então, imagine tentar achar um lugar de acordo com seu gosto quando você nem mesmo sabe descrever como é o que você quer. É por isto que estamos aqui, certo? Aqui está o que precisa para ajudá-lo a descrever o tipo de casa ou apartamento que você quer:

- **die Wohnung** *(di: vô:nung)* (apartamento)
- **das Zimmer** *(das tsimar)* (o cômodo)

Parte II: Alemão em Ação

- ✔ **die 2-Zimmer-Wohnung** (*di: tsvai tsimar vô:nung*) (o quarto e sala)

- ✔ **der Quadratmeter/die Quadratmeter** (*de:r kuadra:tmê:târ/ di: kuadra:t-mê:târ*) (o metro quadrado)

- ✔ **die Nebenkosten** (*di: ne:ben-kósten*) (os custos adicionais, como eletricidade e aquecimento)

- ✔ **ab sofort** (*ap zo:fort*)/**sofort frei** (*zo:fort frai*) (imediatamente disponível/livre)

- ✔ **möbliert** (*mö:bli:rt*) (mobiliado)

- ✔ **das Bad** (*das ba:t*) (o banheiro)

- ✔ **der Balkon** (*de:r bal-kôn*) (o balcão)

- ✔ **die Küche** (*di: kü:çhe*) (a cozinha)

- ✔ **das Esszimmer** (*das estsimâr*) (a copa)

- ✔ **das Wohnzimmer** (*das vô:ntsimâr*) (sala de visitas)

- ✔ **das Schlafzimmer** (*das chlaftsimâr*) (o quarto de dormir)

Decifrando anúncios de jornais

Se já é difícil ler um anúncio de jornal, **die Anzeige** (*di: antsaigue*), em sua língua nativa, tente ler em uma língua que é nova para você! São aquelas irritantes abreviações que tornam a leitura dos anúncios tão difícil. Aqui, na Tabela 10-1, nós acabamos com o mistério e a irritação ao decifrar estas abreviações. (Veja o item anterior para a pronúncia e tradução das versões completas das palavras a seguir.)

Tabela 10-1	Abreviações Comuns em Anúncios de Apartamentos
Abreviação	*Palavra Completa*
Blk.	**der Balkon**
Kü.	**die Küche**
möbl.	**möbliert**
qm/m2	**der Quadratmeter**
sof.	**sofort**
2.Zi.Whg./2-ZW	**die 2-Zimmer-Wohnung**

Capítulo 10: No Escritório e perto de Casa

Contando os cômodos

Quando se chega a contar e fazer anúncios dos cômodos em um apartamento, os alemães usam um método levemente diferente. O que os brasileiros chamam de apartamento quarto e sala é **2-Zimmer-Wohnung** (tsvai zimâr vô:nung), um apartamento de dois cômodos, na Alemanha.

Você pode contar os cômodos verdadeiros, menos a cozinha e o banheiro. Para a cozinha, observe: cozinhas alemãs não vêm com um fogão e refrigerador. Você tem que providenciar!

Fazendo as perguntas certas

Não há nada mais triste do que chegar para olhar um apartamento e descobrir que o lugar foi alugado ou o aluguel, **die Miete** *(di: mi:te)*, é muito alto, ou não inclui aquecimento e água quente (muito comuns na Alemanha). Estes pontos de informação podem facilmente ser obtidos pelo telefone (caso não estejam listados no anúncio). Abaixo, estão algumas frases que você poderia dizer ao responder a um anúncio como esse:

- **Ich interessiere mich für Ihre Wohnung.** *(içh interressi:re miçh fü:r i:rre vô:nung)* (Eu me interesso pelo seu apartamento.)
- **Ist die Wohnung noch frei?** *(ist di: vô:nung noçh frái)* (O apartamento ainda está disponível?)
- **Ist die Wohnung schon vermietet?** *(ist di: vô:nung cho:n fer-mi:tet)* (O apartamento já foi alugado?)
- **Wie hoch ist die Miete?** *(vi: hoçh ist di: mi:te)* (Qual o valor do aluguel?)
- **Wie hoch sind die Nebenkosten?** *(vi: hoçh zint di: nêben-kósten)* (Qual o valor dos custos adicionais de eletricidade e aquecimento?)
- **Wann wird die Wohnung frei?** *(vân virt di: vô:nung frái)* (Quando o apartamento estará disponível?)
- **Kann ich mir die Wohnung ansehen?** *(kán içh miar di: vô:nung anze:en)* (Eu posso dar uma olhada no apartamento?)

Conversando sobre um apartamento

Você pode ouvir ou dizer as seguintes frases sobre um apartamento:

- ✔ **Die Wohnung hat eine schöne Lage.** *(di: vô:nung hát áine chö:ne la:gue)* (O apartamento tem uma bela localização.)

- ✔ **Die Wohnung liegt zentral.** *(di: vô:nung li:kt tsentrá:l)* (O apartamento está localizado no centro.)

- ✔ **Die Wohnung kostet... im Monat kalt.** *(di: vô: nung kosték... im mô:nat kált)* (O apartamento custa por mês..., sem aquecimento e eletricidade,... euros.)

- ✔ **Die Wohnung ist zu klein/ zu dunkel/zu teuer.** *(di: vô:nung ist tsu kláin/tsu dunkel/tsu tóiâr)* (O apartamento é pequeno demais/escuro demais/caro demais.)

Se você gostar do apartamento e quiser alugar, você pode dizer:

- ✔ **Ich nehme die Wohnung.** *(içh ne:me di: vô: nung)* (Eu vou ficar com o apartamento.)

- ✔ **Ich möchte die Wohnung gern mieten.** *(içh mö:çhte di: vô:nung guérn mi:ten)* (Eu gostaria de alugar o apartamento.)

Fechando o negócio

Depois de você ter decidido alugar o imóvel, o senhorio ou a senhoria – **der Vermieter/die Vermieterin** *(de:r fermi:târ/di fermi:terin)* – lhe pedirão para assinar o contrato de locação, que é chamado de **der Mietvertrag** *(de:r mi:tfertra:k)*. Você precisará de um conselheiro que fale alemão para lhe ajudar a entender este contrato tal como são feitos em português. Estes contratos de aluguel são recheados de termos jurídicos que torna a compreensão bastante difícil.

Se você quiser algum tempo para avaliar o contrato, você pode dizer **Ich möchte mir den Vertrag gern noch einmal genauer ansehen.** *(içh mö:çhte miâr de:n fertra:k guérn noçh áinmal guenauâr anze:en)* (Eu gostaria de ter mais um tempo para examinar melhor o contrato novamente.)

Capítulo 10: No Escritório e perto de Casa **177**

Tendo uma Conversa

Paul Fraser está procurando por um apartamento. Ele liga para os números de alguns lugares, cujos anúncios ele viu em um jornal.

Vermieter: **Köbel.**
ko:bel
Köbel.

Paul: **Guten Tag, mein Name ist Paul Fraser. Sie haben eine Anzeige in der Zeitung. Ist die Wohnung noch frei?**
gu:ten ta:k, máin ná:me ist paul frazer. zi: há:ben áine antsáigue in de:r tsáitung. ist di: vô:nung noch frái
Bom dia. Meu nome é Paul Fraser. Você tem um anúncio no jornal. O apartamento ainda está disponível?

Vermieter: **Es tut mir leid, aber die Wohnung ist schon weg.**
Es tut miar láid, a:bâr di: vô:nung ist cho:n vék
Desculpe, mas o apartamento já foi alugado.

Paul: **Schade. Vielen Dank. Auf Wiederhören.**
chá:de. fi:len dank. auf vi:dâr-hö:ren:
Que pena. Muito obrigado, tchau.

Que lástima. Mas ainda há anúncios de apartamento para alugar. Paul disca outro número.

Vermieterin: **Albrecht.**
al-breçht.
Albrecht.

Paul: **Fraser. Guten Tag! Ich interessiere mich für die Wohnung in der Zeitung.**
fraser. gu:ten ta:k! içh interressi:re miçh fü:r di: vô:nung in de:r tsáitung
Fraser. Bom dia! Eu estou interessado pelo apartamento do jornal.

Wie hoch ist denn die Miete?
vi: hoçh ist dén di: mi:te
Qual o valor do aluguel?

Vermieterin: **1500 Euro im Monat kalt**
fü:nftse:n-hundârt ório im mo:nat kalt
Mil e quinhentos euros, sem aquecimento e eletricidade.

Parte II: Alemão em Ação

	Möchten Sie die Wohnung sehen?
	mö:chten zi: di: vô:nung ze:en
	O Sr. gostaria de ver o apartamento?
Paul:	**Ja. Wann passt es Ihnen?**
	iá. vân passt es i:nen
	Sim. Que dia e horário é bom para a sra.
Vermieterin	**Sagen wir heute abend um halb 7?**
	za:guen viar hóite a:bent um halp zi:ben
	Digamos às 18:30 horas de hoje?
Paul:	**Gut. Bis heute abend. Auf Wiederhören!**
	gut. bis hóite a:bent. auf- vi:dâr-hö:ren
	Bom. Até hoje à noite. tchau!

Palavras e frases úteis

die Wohnung	di:vô:nung	apartamento
das Zimmer	das tsimár	o cômodo, a sala
die Anzeige	di: antsáigue	o anúncio
der Mietvertrag	de:r mi:tfertra:k	o contrato de aluguel
der Mieter/	de:r mi:târ/	o senhorio/
die Mieterin	di: mi:terin	a senhoria
mieten	mi:ten	alugar (sob o ponto de vista do inquilino)
dermieten	fermi:ten	alugar (sob o ponto de vista do proprietário do imóvel)

Trabalhando no Escritório

Os alemães têm reputação de serem razoavelmente produtivos e eficientes, mas você pode ficar surpreso ao descobrir que, estatisticamente falando, eles não trabalham tanto quanto os brasileiros. Não que as pessoas trabalhem em um horário mais tardio, mas muitos negócios e agências governamentais e estatais em particular, aderem a uma agenda de trabalho restrita das nove da manhã às 17 horas. E nas sextas-feiras, muitas empresas fecham mais cedo.

Capítulo 10: No Escritório e perto de Casa

Quando você estiver trabalhando em um escritório onde se fala alemão, chamado de **Das Büro** *(das bü:rô:)*, você vai delegar tarefas ou recebê-las – **die Büroarbeit** *(di: bü:rô: arbáit)* (trabalho de escritório).

Você precisa conhecer o básico. Por exemplo, qual é o nome de todo o material na sua mesa, ou todos os bens no armário de suprimentos para escritório. Depois de aprender o nome deles, precisará saber descrever o que fazer com eles. Hora de entrar em serviço!

Controlando sua mesa e seus acessórios

Pode ser que ache ou espere encontrar, os seguintes itens na sua mesa ou em volta dela, **der Schreibtisch** *(de:r chraip-tich)*

- **das Telefon** *(das telefo:n)* (o telefone)
- **der Computer** *(de:r compiu:târ)* (o computador)
- **die Schreibmaschine** *(di: chraip-machi:ne)* (a máquina de escrever)
- **das Faxgerät** *(das faksguêrê:t)* (o aparelho de fax)
- **der Kopierer** *(de:r kopi:rar)* (a copiadora)
- **die Unterlagen** *(di: untâr-lá:guen)* (os documentos ou arquivos)
- **der Brief** *(de:r bri:f)* (a carta)

Não se esqueça da pergunta **Wo ist... ?** *(vô ist)* (onde está... ?) caso precise pedir a alguém para ajudá-lo a encontrar alguma coisa no escritório.

Cedo ou tarde, você vai cortar caminho até um dos seguintes suprimentos:

- **der Briefbogen** *(de:r bri:fbô:guen)* (cabeçalho)
- **das Papier** *(das papi:ar)* (o papel)
- **der Bleistift** *(de:r blaichtift)* (o lápis)
- **der Kugelschreiber** *(de:r kü:guel-chraibâr)* (a caneta)
- **der Umschlag** *(de:r umchla:k)* (o envelope)

Se precisar de alguns destes suprimentos e não puder achá-los sozinho (como você é corajoso!), pode pedir a um colega para ajudar a encontrá-los ao dizer:

- **Haben Sie einen Kugelschreiber/ einen Umschlag für mich?**
  (ha:bem zi: áinen ku:guelchráibâr/áinen umchla:k fü:ar miçh) (Você pode me dar uma caneta/um envelope? Literalmente: Você tem um lápis/um envelope para mim?)

- **Können Sie mir sagen, wo ich Umschläge/Briefbögen/Papier finde?** *(kö:nen zi: miar zá:guen, vô: içh umchlêgue/bri:fbô:guen/ papi:ar fin:de)* (Você poderia me dizer onde eu acho envelopes/ artigos de papelaria/papéis?)

180 Parte II: Alemão em Ação

Em algum lugar no escritório...

Assim como no português, países de língua alemã têm seu mundo de negócios com sua própria cultura e linguagem especializada. Falantes não nativos estudam por muitos anos, fazendo cursos especiais sobre escrever cartas comerciais e dar palestras, com o objetivo de fazer negócios em alemão. Como você pode imaginar, não temos aqui espaço (e provavelmente você não tem tempo) de estudar suficientemente alemão para se comunicar com desenvoltura no mundo dos negócios. Ao invés disto, nós sugerimos que você faça o seguinte, caso planeje realizar algum negócio com nativos do idioma alemão:

✔ **Faça uma ligação (veja no Capítulo 9) e pergunte se um tradutor, que é chamado de der Übersetzer (de:r ü:bârzétser)/die Übersetzerin (di: ü:barzétserin) pode estar disponível para você.** Certifique-se de que um tradutor tome notas – **die Notizen** (di: nô:titsen) – em português durante qualquer encontro para que você tenha um registro escrito deles. Não sinta o menor constrangimento ao pedir um tradutor. Homens e mulheres de negócios de todo o mundo respeitam alguém que sabe quando é hora de delegar uma tarefa.

✔ **Estude as apresentações formais que lhe apresentamos no Capítulo 3.** Acertar nas apresentações mostra seu interesse nos procedimentos, mesmo que você não entenda uma única palavra do que é dito.

✔ **Leia a seção "Falando sobre seu trabalho" no Capítulo 4.** Com poucas palavras, você se sentirá fortalecido para ter uma pequena conversa sobre seu trabalho.

✔ **Aprenda sobre os termos e frases que lhe apresentamos na seção anterior "Controlando sua mesa e seus acessórios" e, na próxima seção "Dando Ordens Usando Imperativos".**

✔ **Familiarize-se com os seguintes termos comuns de escritório:**

- **die Besprechung** (di: bechpréchung) (a reunião)

- **der Termin** (de:r termi:n) (o prazo)

- **die Sekretarin/der Sekretär** (di: zekrêté:rin/de:r zekreté:r) (a secretária/o secretário)

- **der Chef/die Chefin** (der chef/di: chefin) (o chefe/ a chefe)

- **der Direktor/die Direktorin** (de:r direkto:r/di: direkto:rin)(o diretor/a diretora)

- **der Mitarbeiter/die Mitarbeiterin** (de:r mit-arbáitâr/di: mit-arbáiterin) (o empregado/a empregada ou o colega/a colega)

- **anrufen** (anru:fen) (telefonar)

- **diktieren** (dikti:ren) (ditar)

- **faxen** (faksen) (enviar um fax)

- **kopieren** (kopi:ren) (copiar, tirar fotocópia)

- **schicken** (chiken) (enviar)

Capítulo 10: No Escritório e perto de Casa 181

Paraíso das férias

Brasileiros e alemães têm 30 dias de férias. Outra semelhança que temos é que, tanto aqui quanto lá, há um grande número de feriados ao longo do ano. Somando isto tudo, chegamos a cerca de seis semanas de descanso. Contudo, um problema tipicamente alemão é achar realmente tempo para tirar férias. O tempo de férias é frequentemente adiado para o próximo ano, quando, esperançosamente, serão tiradas.

Dando Ordens Usando o Imperativo

O trabalho de escritório acarreta em trabalhos e funções que você pode receber ou ter de delegar a alguém. A *forma de comando* do verbo, o imperativo, ou **Imperativ** *(imperati:f)* em alemão, frequentemente entra em jogo em tais circunstâncias.

O verbo no imperativo sempre vai antes do pronome pessoal. Para evitar parecer mal-educado, é uma boa ideia sempre adicionar "bitte" a estes comandos. É assim que funciona:

- **Bitte, kopieren Sie den Brief!** *(bite, kopi:rren zi: de:n bri:f)* (Por favor, copie a carta!)
- **Bitte, schicken Sie das Fax!** *(bite, chiken zi das faks!)* (Por favor, envie o fax!)
- **Bitte, übersetzen Sie das für mich!** *(bite, ü:berzétsên zi: das fü:r miçh)* (Por favor, traduza isto para mim!)

Tendo uma Conversa

Vamos ouvir uma conversa entre Kurt Seifert e sua secretária, a sra. Remmeter. Herr Seifert veio para o escritório mais cedo hoje, porque ele tem uma reunião importante.

Herr Seifert : **Guten Morgen, Frau Remmert.**
gu:ten mórguen, frau rêmert
Bom dia, Sra. Remmert.

Frau Remmert: **Guten Morgen, Herr Seifert.**
gu:tem mórgen, hér zai-fârt
Bom dia, sr. Seifert.

182 Parte II: Alemão em Ação

Herr Seifert:	**Wissen Sie, ob Herr Krause heute im Hause ist?** *vi-ssen zi:, op hér krauze hóite im hauze ist* A Sra. sabe se o senhor Krause está no escritório hoje?
Frau Remmert:	**Ich glaube ja.** *iç̧h glaube iá:* Acredito que sim.
Herr Seifert:	**Ich muss dringend mit ihm sprechen.** *iç̧h mus dringuênt mit i:m chpréç̧hen* Preciso falar com ele urgentemente.
Frau Remmert :	**In Ordnung.** *in órdnung* Ok. **Ach ja, Frau Hoffman von der Firma Solag hat angerufen.** *a:ç̧h iá:, frau hófmán fôn de:r firma zo:lak hát angueru:fen* Ah, sim, a senhora Hoffman da Firma Solag ligou.
Herr Seifert	**Gut, ich rufe sie gleich an.** *gu:t, iç̧h ru:fe: zi: glai:ç̧h án* Bom, vou ligar para ela agora mesmo. **Und, bitte kopieren Sie die Unterlagen hier.** *unt bite, ko:pi:ren zi: di: untârla:guen hiar* E, por favor, copie estes arquivos aqui.
Frau Remmert	**Wird gemacht, Herr Seifert.** *virt guenaç̧ht, hér zai:fârt* Eu farei isto, senhor Seifert.

Capítulo 10: No Escritório e perto de Casa **183**

Palavras e frases úteis

gleich	glai:ch	agora mesmo, em um momento
sofort	zôfórt	imediatamente, já
im Hause sein	im hauze zain	estar no prédio/ escritório
in Ordnung	in ôrdnung	ok
wird gemacht!	virt guemaçht	Eu farei isto!

Falando Disto

Agora, já na sua recém-criada amizade com o alemão, você vai querer se referir a alguma coisa de forma mais específica do que você pode fazer com um artigo normal – **der, die, das, die** (*de:r, di:, das, di:*) (o, a/os,as). Finalmente, você vai querer se referir a algo de modo específico, usando os pronomes *este, esta*.

No alemão, a palavra para *este* pode levar a poucas formas diferentes, dependendo do gênero do substantivo ao qual está ligado e como aquele substantivo é usado na sentença (o *caso* do substantivo, se você preferir). Como sempre, você está lidando com três gêneros no alemão, que podem fazer surgir **dieser, diese, dieses** (*di:zâr, di:ze, di:zes*) (versões nominativas do masculino, feminino e neutro do *este*) e uma versão para todos os plurais: **diese.**

A tabela 10-2 lhe mostra como **dieser, diese** e **dieses** se comportam nos vários casos.

Tabela 10-2	Dieser, Diese e Dieses e os Casos			
Gênero do Substantivo	**Nominativo**	**Genitivo**	**Dativo**	**Acusativo**
Masculino (der)	dieser	dieses	diesem	diesen
Feminino (die)	diese	dieser	dieser	diese
Neutro (das)	dieses	dieses	diesem	dieses
Plural (die)	diese	dieser	diesen	diese

184 Parte II: Alemão em Ação

Passatempo

Dê nomes para os cômodos da casa que estão ilustrados neste desenho.

A._____.

B._____.

C._____.

D._____.

E._____.

Respostas: A. Bad; B. Schlafzimmer; C. Esszimmer; D. Küche; E. Wohnzimmer

Parte III
Alemão para Viagem

A 5ª Onda — Por Rich Tennant

"Vejamos, 'número de telefone' é 'Telefonnummer', pedal do acelerador é 'Gaspedal', 'lista telefônica' é 'Telefonbuch'... Começo a achar que Alemão é só um Inglês sem espaços."

Nesta parte...

A maioria dos leitores deste livro terá que fazer alguma viagem para utilizar a língua alemã, e é disso que esta parte do livro trata: cobrimos todos os aspectos de uma viagem, de trocas cambiais a utilização de transporte público e reservas de hotéis.

Capítulo 11

Dinheiro, Dinheiro, Dinheiro

Neste Capítulo

- Trocando dinheiro
- Trabalhando com caixa eletrônico
- Entrando em contato com diversas moedas

O dinheiro fala. Mas que língua ele fala? Desde que você começou a ler este livro, ele fala alemão, naturalmente. Neste capítulo, nós lhe mostraremos como conversar sobre dinheiro. Para falar com um paciente caixa ou utilizar um ultraeficiente e impessoal caixa eletrônico, um punhado de expressões certas lhe ajudarão a conseguir... encher seus bolsos.

Trocando Moedas

Obter moeda local nunca foi difícil em uma Europa de várias moedas. Praticamente todo banco aceita seus dólares e trocam por moeda local.

Você comumente achará um quadro com as taxas cambiais atuais (**Wechselkurse**) (*vékselkurze*) apresentado em um local bem visível. Procure pela coluna marcada como **Ankauf** (*ānkauf*) (compra/aquisição). Então, você pode entrar na fila do caixa, **der Schalter** (*de:r chaltãr*). O funcionário com uma calculadora ou completará a transação na boca do caixa ou lhe enviará para a **Kasse** (*kásse*) (caixa registradora).

Nos aeroportos, por exemplo, você poderá encontrar estabelecimentos comerciais que se especializaram em transações de moedas. Eles são chamados de **Wechselstube** (*vêkselchtu:be*) em alemão. Com a introdução do euro, você é capaz de visitar mais de 12 países usando apenas uma moeda.

Independente de onde trocará seu dinheiro, a transação da sua quantia não é difícil. Tudo que você precisa são as seguintes frases:

- ✔ **Ich möchte... Dollar in Euro einwechseln/tauschen.** *(içh mö:çhte... dólar in óirro áinvéksseln/tauchen)* (Eu gostaria de trocar... dólares por euros.)

- ✔ **Wie ist der Wechselkurs?** *(vi: ist de:r vékselkurs)* (Qual é a taxa de câmbio?)

- ✔ **Wie hoch sind die Gebühren?** *(vi: hoçh zint di: guebü:ren)* (Qual o preço das tarifas?)

- ✔ **Nehmen Sie Reiseschecks?** *(ne:men zi: rai:zecheles)* (Vocês aceitam cheques de viagem/traveler checks?)

Quando você trocar dinheiro, pedirão a sua carteira de identidade, assim, você precisa ter um passaporte (**Reisepass**) *(rai:zepas)* ou alguma forma de documento de identificação com você. O caixa vai lhe pedir:

Können Sie sich ausweisen? *(kö:nen zi: ausvái:zen)* (O[A] senhor[a] tem algum documento de identidade?)

Depois de ter provado que você diz ser quem é, o caixa pode perguntar como você quer o dinheiro:

Wie hätten Sie das Geld gern? *(vi: héten zi: das Guelt guérn)* (Como o/a senhor[a] gostaria do dinheiro?)

Você pode responder:

In Zehnern/In Zwanzigern/In Fünfzigern/In Hundertern, bitte *(in tse:nérn/in tsvantsiguérn/in fü:nftsiguérn/in hundertérn, bite)* (Em notas de dez/de vinte/de cinquenta/de cem, por favor.)

Tendo uma Conversa

Anne, uma turista norte-americana, vai ao banco para trocar dinheiro.

Anne: **Guten Tag. Ich möchte US-Dollar wechseln. Wie ist der Wechselkurs, bitte?**
gu:ten ta:k. içh mö:çhte u:es dóllar vékseln. vi: ist de:r vekselkurs, bite
Bom dia. Eu gostaria trocar dólares americanos. Qual é a taxa de câmbio, por favor?

Capítulo 11: Dinheiro, Dinheiro, Dinheiro 189

Bankangestellter:	**Guten Tag. Einen Moment, bitte. Für einen Dollar bekommen Sie 1,85 Euro.** *gu:ten Ta:k. áinen mo:ment, bite. fü:ar áinen dólar bekómen zi: áinen ói:ro fü:nfuntaçhtsiçh* Bom dia. Um momento, por favor. Por um dólar, a Senhora recebe 1,85 euros.
Anne:	**Ich möchte bitte 200 Dollar in Reiseschecks in Euro einwechseln.** *içh mö:çhte bite tsvai hundert dólar in rai:zecheks in ói:ro ainvékseln* Eu gostaria de trocar 200 dólares em traveler's checks (cheque de viagem) em euros.
Bankangestellter:	**Kein Problem. Können Sie sich ausweisen?** *kain prôble:m. kö:nen zi: ziçh ausvaizen* Sem problema. A senhora tem um documento de identificação?
Anne:	**Hier ist mein Reisepass.** *Hiar ist main rai:zepas* Aqui está meu passaporte.
Bankangestellter:	**Für 200 Dollar bekommen Sie 370€. Abzüglich 2,50€ Wechselgebühr sind das 367,50€.** *fü:ar tsvái hundert dólar bêkómen zi: drai hundert zi:ptsiçh ói:ro. aptsü:gliçh tsvái ói:ro fü:nftsiçh vékselguebü:r zint das drai hundert zi:ben unt zektsiçh ói:ro fü:nftsiçh.* Pelos 200 dólares, a Senhora recebe 370 euros Descontando 2,50 de tarifa de transação, ficam 367,50 euros.
Anne:	**Vielen Dank.** *fi:len dánk.* Muito obrigada.

Parte III: Alemão para Viagem

Palavras e frases úteis

geld tauschen/ wechseln	guelt <u>tau</u>:chen/<u>vék</u>seln	trocar dinheiro
das Bargeld	das <u>bar</u>guelt	dinheiro vivo, em notas
in bar	in <u>bar</u>	em dinheiro
einen Reisescheck einlösen	<u>ái</u>nen <u>rai</u>:zechek <u>ái</u>nlö:zen	emitir um cheque de viagem
eine Gebühr bezahlen	<u>ái</u>ne gue<u>bü</u>:r betsa:len	pagar uma tarifa
der Wechselkurs	de:r <u>vék</u>selkurs	taxa de câmbio
sich ausweisen	ziçh <u>aus</u>vái:zen	mostrar um documento de identidade
der Ankauf	de:r <u> an</u>kauf	compra
der Verkauf	de:r <u>fer</u>kauf	venda

Usando um Caixa Eletrônico

Ao invés de trocar dinheiro no guichê de um caixa no banco, você também pode usar um caixa eletrônico, chamado de **Geldautomat** (*guelt-auto<u>ma</u>:t*) em alemão. Apenas procure pelo símbolo do seu cartão na máquina para ter certeza de que o caixa eletrônico o aceita.

Se você tiver sorte, o caixa eletrônico fornecerá algumas opções de idiomas para se comunicar, mas se, no caso, o alemão for a única língua, você tem que estar preparado. Caixas eletrônicos usam frases que não são nem um pouquinho floridas – infinitivos são o pedido do dia (veja a explicação na seção seguinte). Abaixo, uma lista típica de frases prontas que podem aparecer:

- ✔ **Karte einführen** (*<u>kar</u>te <u>ain</u>fü:rren*) (insira o cartão)
- ✔ **Sprache wählen** (*<u>chpra</u>:çhe <u>vê</u>:len*) (escolha o idioma)
- ✔ **Geheimzahl eingeben** (*gue<u>hai</u>:m tsa:l <u>ain</u>guê:ben*) (digite sua senha)
- ✔ **Betrag eingeben** (*be<u>tra</u>:k <u>ain</u>guê:ben*) (digite o valor)

Capítulo 11: Dinheiro, Dinheiro, Dinheiro *191*

- **Betrag bestätigen** *(be:<u>tra:k</u> be<u>chtê</u>:tiguen)* (confirme o valor)
- **Karte entnehmen** *(<u>kár</u>te ent<u>ne</u>-men)* (retire o cartão)
- **Geldbetrag entnehmen** *(<u>guelt</u>-be<u>tra:k</u> ent<u>ne</u>:men)* (pegue o dinheiro)

Transação completa. Você está abastecido com dinheiro local, a menos que algo tenha dado errado. O caixa eletrônico pode estar fora de serviço. Neste caso, você verá a seguinte mensagem:

Geldautomat außer Betrieb. *(<u>guelt</u>-auto<u>ma:t</u> aussâr be<u>tri:p</u>)* (Caixa eletrônico fora de serviço/fora de operação.)

Ou o caixa eletrônico pode devolver seu cartão sem compartilhar nem um pouco de sua generosidade. Nesse caso, você pode receber a seguinte mensagem:

Die Karte ist ungültig./ Die Karte ist nicht zugelassen. *(di: <u>kár</u>te ist un-<u>gü:l</u>tiçh/di: <u>kar</u>te ist niçht <u>tsugue</u>lassen)* (O cartão não é válido.)

Ou, no pior dos casos: o caixa eletrônico engole seu cartão completamente, deixando a você uma única mensagem de consolação:

Die Karte wurde einbehalten. Bitte besuchen Sie uns am Schalter *(di: <u>kar</u>te vurde <u>áin</u>behalten. <u>bite</u>, be<u>zu:</u>çhen zi: uns am <u>chal</u>târ)* (O cartão foi confiscado. Por favor, procure um caixa.)

Recebendo Instruções

Caixas eletrônicos e outras máquinas frequentemente usam frases que parecem concisas, como **Geheimzahl eingeben** *(gue<u>hái:m</u>tsa:l <u>áingue</u>:ben)* (insira a senha). Embora estas frases possam não parecer muito educadas, elas são usadas como uma maneira de economizar espaço. Por exemplo, um modo mais educado de dizer **Geheimzahl eingeben** seria:

Bitte geben Sie Ihre Geheimzahl ein. *(bite <u>gue:</u>ben zi: <u>i:</u>rre gue<u>hai:m</u>tsal áin)* (Por favor, insira sua senha.)

Gramaticalmente falando, estas frases concisas são infinitivos posando como *imperativos* (comandos). Você encontra estas formas em qualquer língua; a eficiência delas é mais importante para quem escreve ou fala do que os meros formalismo sociais.

Quando entrar em um edifício, como um banco, você poderá, por exemplo, encontrar a palavra **ziehen** *(<u>tsi:</u>en)* (puxar) na porta em que você está entrando, e a palavra **drücken** *(<u>drü:</u>ken)* (empurrar) quando você sai do prédio. Falando sobre portas, você poderá notar um sinal pedindo para

fechar a porta atrás de você, **Türen schließen** *(<u>tü:</u>ren <u>chli:</u>sen)*, quando entrar em um edifício ou um trem.

Parte III: Alemão para Viagem

Tendo uma Conversa

Mike está sem dinheiro. Tudo que ele tem é uma nota de 500 euros, que não é exatamente adequada para pequenas compras. Ele vai a um banco para trocar sua nota por notas menores.

Mike : **Ich möchte diesen 500-Euro-Schein in kleinere Scheine wechseln.**
içh mö:çhte di:zen fü:nf-hundert ói:ro chai:n in klai:nere chai:ne vékseln
Eu gostaria de trocar esta nota de 500 euros em notas menores.

Angestellte: **Wie hätten Sie's denn gern?**
vi: hétem zi:s dén guérn
Como o senhor gostaria?

Mike: **Bitte geben Sie mir zwei 50-Euro-Scheine, 10 Zwanziger und 20 Zehner.**
bite gue:ben zi: miâr tsvái fü:nftçhi ói:ro chai:ne, tse:n tsvantsiguer und tsvantsiçh tse:nâr
Por favor, dê-me duas notas de 50 euros, 10 notas de vinte euros e 20 notas de dez euros.

Angestellte: **Bitte sehr. Haben Sie sonst noch einen Wunsch?**
bite ze:r. ha:bem zi: zonst noçh áinen vunch
Pronto. O senhor gostaria de mais alguma coisa?

Mike: **Danke. Das ist alles.**
dánke. das ist ales
Obrigado. Isto é tudo.

Conhecendo as Várias Moedas

As moedas dos doze países europeus foram extintas. Elas pertenciam aos países que hoje são Estados-membros da União Europeia. No ano de 2002, doze moedas deram espaço ao euro. No período de transição, a maioria das etiquetas e relatórios financeiros apresentavam preços ou valores de dinheiro tanto em euro quanto em moeda local.

Capítulo 11: Dinheiro, Dinheiro, Dinheiro *193*

Até euro em circulação, a moeda alemã era, naturalmente, **die Deutsche Mark** *(di: dói:tche mark)*, frequentemente abreviado para **D-Mark** *(de: mark)* na fala, apenas **Mark** *(mark)*, e comumente escrito **DM**. A menor unidade era chamada de **der Pfennig** *(de:r pfeniçh)*. Havia 100 **Pfennige** *(pfenigue)* em um **Mark**.

A moeda austríaca era **der (Österreichische) Schilling** *(der ö:starraiçhiche chiling)* abreviado como **öS**, e a menor unidade era **der Groschen** *(de:r gröchen)*. A moeda suíça é **der (Schweizer) Franken** *(de:r chváitser franken)*, abreviado como **sFr** ou **Fr.**, e a menor unidade é **der Rappen** *(de:r rápen)*.

As moedas dos outros países são como se segue:

- Franco belga: **der belgische Franken** *(de:r bélguiche Franken)*

- Libra Esterlina britânica: **das Pfund** *(das pfunt)*

- Coroa dinamarquesa: **die dänische Krone** *(di: dê:niche kro:ne)*

- Florim holandês: **der holländische Gulden** *(de:r holé:n diche gulden)*

- Coroa Tcheca: **die tschechische Krone** *(di: tcheçhiche kro:ne)*

- Franco francês: **der französische Franken** *(de:r frantsö:ziche franken)*

- Franco luxemburguês: **der luxemburgische Franken** *(de:r luksenburguiche fran-ken)*

- Zlot polonês: **der polnische Zloty** *(de:r pôlniche tsloti:)*

- Dólares e centavos dos EUA: **der Dollar/der Cent** *(de:r dólar/de:r sent)*

Passatempo

A maioria dos caixas eletrônicos vai diretamente ao ponto – sem rodeios. Algumas vezes, você pode encontrar um caixa eletrônico que é um pouquinho mais falador. O problema, neste caso, é que algumas das palavras ficam soltas, sem contexto. É hora de colocá-las de volta ao lugar a que pertencem.

Geheimzahl   Betrag   Karte   Geldbetrag   wählen   entnehmen   bestätigen

1. Bitte führen Sie die _____ ein.

2. Bitte_____ Sie eine Sprache.

3. Bitte geben Sie Ihre _____ein.

4. Bitte geben Sie den_____ein.

5 Bitte _____Sie den Betrag.

6. Bitte_____Sie die Karte.

7. Bitte entenhmen Sie den_____.

Respostas: 1. Karte; 2. wählen; 3. Geheimzahl; 4. Geldbetrag; 5. bestätigen; 6. entnehmen; 7. Betrag

Capítulo 11: Dinheiro, Dinheiro, Dinheiro **195**

Estas palavras estão faltando nos espaços abaixo. Veja se você consegue preenchê-los adequadamente.

wechsel   Reisechecks   Reisepass   ausweisen
Wechselkurs

1. Anna _____ 200 Euro in Dollar.

2. Wie ist der _____ ?

3. Ich habe kein Bargeld aber _____.

4. Können Sie sich _____ ?

5. Hier ist mein _____.

Respostas: 1. wechselt; 2. Wechselkurs; 3. Reisechecks; 4. Ausweisen; 5. Reisepass

196 Parte III: Alemão para Viagem

Capítulo 12

Informando-se Sobre Direções

Neste Capítulo

- ► Encontre os lugares aonde você quer ir
- ► Siga as direções corretas (norte, leste, oeste e sul)
- ► Viajando de carro
- ► Indo de lá para cá

O segredo para dar uma volta é saber como chegar aonde você vai. Antes de ficar esperando por aquele ônibus ou trem, ou embarcar em uma viagem de carro ou a pé, é sempre uma boa ideia descobrir onde fica o local que quer visitar. Ser capaz de perguntar onde a estação de trem, o banco e o museu estão localizados é um bom começo, mas, claro, você também quer entender as direções que lhe são informadas: ao sul do terminal de ônibus, atrás do parque, próximo à fonte, pegar a segunda rua à esquerda, virar à direita no terceiro semáforo e assim por diante. Se você estiver com medo de se perder, este é o capítulo que vai colocá-lo de volta no mapa.

Pedindo Ajuda com as Direções

Por sorte, é realmente fácil perguntar por direções em alemão. O segredo de achar um local é a palavra **wo** *(vô:)* (onde). A questão que você quer perguntar começa com

Wo ist... ? *(vo :ist...?)* (Onde fica/é?)

No fim da frase, apenas aplique o nome da localidade que você está procurando, que poderia incluir qualquer uma das seguintes:

- ✔ **der Bahnhof** *(de:r ba:nho:f)* (a estação de trem)
- ✔ **der Taxistand** *(de:r taksichtant)* (o ponto de táxi)
- ✔ **die U-Bahnhaltestelle** *(di: u:ba:n-haltechtéle)* (a estação de metrô)
- ✔ **die Bushaltestelle** *(di: bus- haltechtéle)* (o ponto de ônibus)
- ✔ **der Flughafen** *(de:r flu:k-ha:fen)* (o aeroporto)

Parte III: Alemão para Viagem

- **der Hafen** *(de:r ha:fen)* (o porto)
- **die Bank** *(di: bank)* (o banco)
- **das Hotel** *(das ho:tél)* (o hotel)
- **die Kirche** *(di: kirçhê)* (a igreja)
- **die Post** *(di: pôst)* (a agência de correios)
- **der Markt** *(de:r márkt)* (o mercado)
- **das Museum** *(das muze:um)* (o museu)
- **der Park** *(de:r park)* (o parque)
- **das Theater** *(das te:a:tar)* (o teatro)

Naturalmente, se você estiver em uma cidade grande, perguntas muito simples como "Onde é o ponto de ônibus?" ou "Onde é o banco?" podem provocar um olhar interrogativo – podem haver vários pontos de ônibus ou bancos somente naquele bairro. Você precisa fazer suas questões do modo mais específico possível. Por exemplo, se você conhece o nome do ponto de ônibus, banco ou igreja, não se esqueça de incluir isto na sua pergunta. Por exemplo, suas perguntas sobre coisas específicas podem ser assim:

- **Wo ist die Bushaltestelle Karlsplatz?** *(vô: ist di: bus-haltechtéle karlplats)* (Onde é o ponto de ônibus Karlplatz?)
- **Wo ist die Dresdner Bank?** *(vô: ist di: dresdnâr bánk)* (Onde é o banco Dresdner?)
- **Wo ist die Marienkirche?** *(vô ist di: mari:en-kirçhe)* (Onde é a Marienkirche?)

Se você não conhece o nome exato do local que está procurando, pode perguntar sobre o local mais próximo dele. Ao fazer assim, inclua a palavra **nächste** *(né:çhste)* (o mais próximo). Basta inserir **nächste** depois do artigo da palavra que indica o local que procura. Cheque alguns exemplos de **nächste** que irão ajudá-lo a achar o parque, o ponto de ônibus ou hotel mais próximos:

- **Wo ist der nächste Park?** *(vô: ist de:r né:çhste Park)* (Onde é o parque mais próximo?)
- **Wo ist die nächste Bushaltestelle?** *(vô: ist di: ne:çhste bus-haltechtéle)* (Onde é o ponto de ônibus mais próximo?)
- **Wo ist das nächste Hotel?** *(vô: ist das né:çhste ho:tél)* (Onde é o hotel mais próximo?)

Quando estiver dando uma volta e perguntar sobre direções de locais, há um verbo útil que você pode usar para indicar que você não sabe o caminho até um lugar: **auskennen** *(auskénen)* (conhecer algo, familiarizar-se). A expressão que você pode querer memorizar é:

Ich kenne mich hier nicht aus *(içh kéne miçh niçht hiar aus)* (Eu não conheço o local aqui.)

E se você quiser com que sua pergunta pareça um pouco mais amigável, você diz:

Entschuldigen Sie bitte, ich kenne mich hier nicht aus. *(ent-chuldiguén zi bite, içh kéne miçh hiar niçht aus)* (Desculpe-me, eu não conheço o local aqui.)

Aqui está a conjugação completa do verbo **sich auskennen**. Ele é um verbo separável (você pode ler sobre eles no Capítulo 14) e é também um verbo reflexivo (que requer o pronome pessoal no caso acusativo):

Conjugação	*Pronúncia*
ich kenne mich aus	içh kéne miçh aus
du kennst dich aus	du kénst diçh aus
Sie kennen sich aus	zi: kénen ziçh aus
er, sie, es kennt sich aus	ear, zi:, esként ziçh aus
wir kennen uns aus	viar kénen uns aus
ihr kennt euch aus	iarként ói:çh aus
Sie kennen sich aus	zi: kénen ziçh aus
sie kennen sich aus	zi: kénen ziçh aus

Qual a Distância?

Para decidir se você quer andar até algum lugar ou pegar um ônibus ou táxi, pode ser útil descobrir qual a distância que você está do seu destino. Você tem duas opções para descobrir se algo está localizado perto ou bem longe e as palavras-chave são **nah** *(na:)* (perto) e **weit** *(vai:t)* (longe).

Você pode fazer a pergunta:

Ist... weit entfernt? *(ist... vai:t entfernt)* (... está longe?)

Você completa com o nome do local pelo qual você está perguntando. Assim, por exemplo, se você estiver indo ao museu, pode perguntar a alguém:

Ist das Museum weit entfernt? *(ist das muze:um vai:t entfernt)* (O museu está longe?)

Com sorte, vai ter a resposta:

Nein, das Museum ist nicht weit von hier. *(das mu<u>ze:</u>um ist niçht vai:t fon hiar)* (Não, o museu não está longe daqui.)

A pessoa com quem você está conversando pode até mesmo indicar as direções para o lugar onde você está indo. Para ajudar a entender as direções, leia a seção "Descrevendo uma Posição ou Localidade" mais adiante neste capítulo.

Você pode também abordar o assunto de outra maneira e descobrir o quão próximo a coisa está, ao usar o substantivo **Nähe** *(<u>nê</u>:he)* (vizinhança, redondezas). Você pode fazer a pergunta

Ist... in der Nähe? *(ist... in de:r <u>nê</u>:he)* (... fica nas redondezas?)

Indo Aqui e Ali

As palavras **hier** *(hiar)* (aqui) e **dort** *(dórt)* (ali, lá) frequentemente têm um papel importante na comunicação de direções. Elas tornam as direções um pouco mais específicas. Olhe para as seguintes frases para ver como **hier** e **dort** funcionam com as direções:

- **Das Museum ist nicht weit von hier.** *(das mu<u>ze:</u>um ist niçht vai:t fon hiar)* (O museu não é longe daqui.)
- **Der Park ist nicht weit von dort.** *(de:r park ist niçht vai:t- fon dórt)* (O parque não é longe dali.)

Uma expressão comum que você pode ouvir é:

Das ist gleich hier vorne/dort drüben. *(das ist glai:çh hiar <u>fór</u>ne/ dórt <u>drü</u>:ben)* (Isto é bem aqui/logo ali.)

Embora "bem aqui" e "bem ali" sejam, na maioria das vezes, combinações comuns, há também:

Das ist gleich hier drüben. *(das ist glai:çh hiar drü:bem)* (Isto é logo aqui.)

Tanto a expressão **dort drüben** quanto **hier drüben** são bastante usadas e transmitem ideias semelhantes.

Perguntando "Como Chego em?"

Quando você quiser perguntar "Como chego em?", você usa o verbo **kommen** *(kómen)*, que significa tanto "vir" e, quando usado com uma preposição, "chegar a".

Você conjuga **kommen** assim:

Conjugação	Pronúncia
ich komme	içh kóme
du kommst	du kómst
Sie kommen	zi: kómen
er, sie, es kommt	ear, zi:, és kómt
wir kommen	viar kómen
ihr kommt	iar kómt
Sie kommen	zi: kómen
sie kommen	zi: kómen

A forma básica da questão "como eu chego em?" é:

Wie komme ich... ? *(vi: kóme içh...)* (Como eu chego... ?)

Para terminar o resto da frase, você precisa usar uma preposição – para ajudá-lo a dizer *"até* a estação de trem" ou *"até* o hotel". É aqui que as coisas ficam um pouquinho complicadas.

Em alemão, como em português, você pode precisar usar uma preposição dentre tantas existentes. As preposições mais comumente utilizadas são:

- **in** *(in)*
- **nach** *(naçh)*
- **zu** *(tsu)*

Usando "in"

Você usa a preposição **in** *(in)* quando quiser chegar a um determinado lugar de uma cidade, tal como o centro, os subúrbios, ou o parque. Por exemplo:

Wie komme ich in die Innenstadt? *(vi: kóme içh in di: inenchtat)* (Como eu chego ao centro da cidade?)

Quando você usa a preposição **in** deste modo, o artigo que vier depois dela vai para o *caso acusativo*, que significa que o artigo muda de forma levemente. (Veja o Capítulo 2 para uma explicação completa do caso acusativo). Para lembrar, aqui está como o artigo muda:

- **der** se torna **den** *(de:n)*
- **die** permanece **die** *(di:)*
- **das** fica **das** *(das)*

Por exemplo, o artigo de um substantivo masculino como **der Park** *(de:r park)* (parque) muda assim:

Wie komme ich in den Park? *(vi: kóme içh in de:n park)* (Como eu chego ao parque?)

O artigo de um substantivo feminino, como **die Stadt** *(di: chtat)* (a cidade), fica o mesmo:

Wie komme ich in die Stadt? *(vi: kóme içh in di: chtat)* (Como eu chego à cidade?)

O artigo de um substantivo neutro como **das Zentrum** *(das tsêntrum)* (o centro) também fica o mesmo, mas quando a preposição **in** é usada com substantivos neutros, no caso acusativo, a preposição e o artigo se contraem para formar a palavra **ins:**

in + das = ins

Esta contração quase sempre é usada, dando a você frases como:

Wie komme ich ins Zentrum? *(vi: kóme içh ins tsêntrum)* (Como eu chego ao centro?)

Usando "nach"

A preposição **nach** somente entra em jogo em um contexto muito específico. Se você quiser chegar a uma cidade ou no interior, você usa **nach** *(naçh)*:

Wie komme ich nach Köln? *(vi: kóme içh naçh kö:ln)* (Como eu chego à Colônia?)

Você não precisa se sentir incomodado com os artigos, porque nomes de cidade e a maioria das regiões do campo não precisam deles.

Usando "zu"

Para todas as outras localidades que você quiser chegar, **zu** *(tsu)* é uma aposta bem segura.

A preposição **zu** exige o caso dativo, o que significa que os artigos usados logo depois de **zu** mudam do seguinte modo:

- **der** se torna **dem** *(dem)*
- **die** se torna **der** *(de:r)*
- **das** também se torna **dem** *(dem)*

Quando a preposição **zu** é usada com substantivos masculinos e neutros no caso dativo, a preposição e o artigo se contraem para formar a palavra **zum**:

Wie komme ich zum Bahnhof? *(vi: kóme içh tsum ba:nho:f)* (Como eu chego na estação de trem?)

Para um substantivo masculino como **der Bahnhof** *(de:r ba:nho:f)* (estação de trem), **zu** e **dem** se combinam para se tornar **zum**:

zu + dem Bahnhof = **zum Bahnhof** *(tsum ba:nho:f)* (para a estação de trem)

Um substantivo neutro, como **das Auto** *(das auto)* (o carro), se comporta quase do mesmo jeito com **zu**:

zu + dem Auto= **zum Auto** *(tsum auto)* (para o carro), Veja como um substantivo feminino como **die Bushaltestelle** *(di: bus-haltechtéle)* se comporta com **zu**:

zu + der Bushaltestelle = **zur Bushaltestelle** *(tsuar bus-haltechtéle)* (para o ponto de ônibus)

Wie komme ich zur Bushaltestelle? *(vi: kóme içh tsuar bus-haltechtéle)* (Como eu chego ao ponto de ônibus?)

Descrevendo uma Posição ou uma Localização

Depois de perguntar por diferentes direções, você deve estar pronto para entender as várias possíveis respostas. É muito comum alguém expressar a localização de um lugar em relação a um ponto de referência conhecido. Há algumas preposições usadas para descrever a localização. Felizmente, todas essas preposições usam o caso dativo neste contexto. Assim, todo artigo após a preposição se comporta justamente como o fazem ao usar **zu**, já descrito na seção anterior.

Parte III: Alemão para Viagem

Pegando um táxi

O segredo para pegar um táxi na Alemanha é fazer uma ligação telefônica. Você pode estar acostumado com a ideia de que em grandes cidades é só acenar para um táxi na rua, mas isto não é prática comum na Alemanha, nem mesmo nas suas maiores cidades. Você comumente liga para uma telefonista, mas listas telefônicas frequentemente listam pontos de táxi individuais que estão mais próximos de onde você está localizado. Naturalmente, você achará pontos de táxi na frente de aeroportos, estações de trem e grandes hotéis.

A Tabela 12-1 mostra algumas preposições comuns que são usadas para indicar a localização de um lugar em relação a outro:

Tabela 12-1		Preposições que Expressam Localizações	
Preposição	*Pronúncia*	*Significado*	*Exemplo*
auf	auf	em	auf der Museumstraße (auf de:r muze:um chtra:sse) Na rua do museu
bei	bai	Perto, próximo	beim Bahnhof (bai:m ba:nho:f) perto da estação de trem
hinter	hin̲târ	atrás	hinter der Kirche (hintâr de:r kirçhe) atrás da igreja
vor	fo:r	na frente de	vor der Post (fo:r de:r póst) na frente da agência de correio
neben	ne̲:ben	próximo a	neben der Bank (nê:ben de:r bánk) próximo ao banco
zwischen	tsvi̲chen	entre	zwischen dem Theater und der Bank (tsvichen dem te:a:târ unt de:r bánk) entre o teatro e o banco
gegenüber	gue:guenü̲:bâr	diante/ em frente	gegenüber dem Museum (gue:guenü:bâr dem muze:um) diante do museu
an	an	em	an der Ecke (an de:r eke) na esquina

Capítulo 12: Informando-se sobre Direções **205**

Tendo uma Conversa

Mike foi para uma viagem de negócios em Munique, uma cidade que ele não tinha visitado antes. Ele quer pegar um táxi para chegar na casa de um amigo e, já que precisa de ajuda para achar um ponto de táxi próximo, ele se aproxima de uma mulher na rua.

Mike: **Entschuldigen Sie bitte, wo ist der nächste Taxistand?**
ent_chul_diguén zi: _bite_, vô: ist de:r né:_ch_ste _taksi_-chtant
Desculpe-me, onde é o ponto de táxi mais próximo?

Frau: **Auf der Königsstraße.**
auf de:r _kö_:niks-chtra:sse
Na Königsstrasse. (Na rua chamada...)

Mike: **Ich kenne mich in München leider nicht aus. Wie komme ich zur Königsstraße?**
içh kéne miçh in _mü:n_çhen _lai_:dâr niçht aus. vi: kóme içh tsuar _kö:_niks-chtra:sse
Infelizmente não conheço Munique. Como chego à Königsstrasse?

Frau: **Sehen Sie die Kirche an der Ecke? Neben der Kirche ist ein Park und direkt gegenüber ist der Taxistand.**
ze:en zi: di: _kir_çhe án de:r ékê? _nê_:ben de:r _kir_çhe ist áin park unt di_rekt_ gue:gue_nü:_bâr ist de:r _taksi_-chtant
Está vendo a igreja na esquina? Perto da igreja está um parque e bem em frente está um ponto de táxi.

Mike: **Vielen Dank!**
fi:len dánk
Muito obrigado!

Palavras e frases úteis

wo ist...?	vô:ist	onde é/fica?
nächste	né:çhste	próximo
sich auskennen	ziçh auskénen	conhecer (local) familiarizar-se
weit	vái:t	longe
nah	na:	perto
hinter	hintâr	atrás
vor	fo:r	na frente de
neben	ne:ben	perto a
an	án	em

Indo para a Direita, Esquerda, Norte, Sul, Leste e Oeste

A menos que você memorize as palavras para as várias direções – tais como esquerda e direita, norte e sul – você sempre estará consultando o seu mapa e pedindo às pessoas para apontarem o caminho. Ajude a romper sua dependência de mapas ao dominar algumas palavras simples, necessárias para entender (e informar) as diversas direções.

Esquerda e direita

Quando for perguntar ou informar direções, não há jeito de contornar as palavras-chave que definem posições: esquerda e direita, ou, em alemão:

- **links** (*links*) (esquerda)
- **rechts** (*reçhts*) (direita)

Se você quiser expressar que algo está localizado à esquerda ou à direita de alguma outra coisa, adicione a preposição **von** (*fon*) (de), fazendo o seguinte:

_Capítulo 12: Informando-se sobre Direções **207**

✔ **links von** _(links fon)_ (à esquerda de): Por exemplo – **Das Museum ist links von der Kirche** _(das mu_ze_:um ist links fon de:r_ _ki_r_çhe)_ (O museu está à esquerda da igreja.)

✔ **rechts von** _(re_çh_ts fon)_ (à direita de): Por exemplo – **Die Kirche ist rechts vom Theater** _(di: ki_r_çhe ist re_çh_ts fom te:_a_:târ)_ (A igreja está à direita do teatro.)

Você também poderia ouvir a palavra que corresponde a lado em alemão, **die Seite** _(di: z_ai_:te)_, ao falar sobre direções. Junto com as palavras para esquerda e direita, **Seite** pode ajudar as direções a serem mais específicas. Por exemplo:

✔ **Das Museum ist auf der linken Seite.** _(das mu_ze_:um ist auf de:r linken_ z_ái:te)_ (O museu está no lado esquerdo.)

✔ **Die Kirche ist auf der rechten Seite.** _(di:_ ki_r_çhe _ist auf de:r_ re_çh_ten z_ái:te.)_ (A igreja está no lado direito.)

Os pontos cardeais

Os outros elementos-chave que dão uma mãozinha quando você precisa definir sua posição (ou a posição de alguma coisa) são os pontos cardeais. Eles são:

✔ **der Norden** _(de:r_ n_ór_d_en)_ (Norte)

✔ **der Süden** _(der_ z_ü:den)_ (Sul)

✔ **der Osten** _(de:r_ ó_sten)_ (Leste)

✔ **der Westen** _(de:r_ v_és_t_en)_ (Oeste)

Para descrever uma posição, você combina essas palavras com a proposição **im** _(im)_. Por exemplo:

Der Hafen liegt im Norden _(de:r_ ha_:fen li:kt im_ n_órden)_/**Süden** _(_z_ü:den)_/**Osten** _(ó_sten_)_/**Westen** _(v_és_ten)_. (O porto está ao norte/sul/leste/oeste.)

Movimentando-se

Se você tiver perguntado sobre alguma direção, poderia muito bem ter recebido como resposta para pegar uma rua específica – a segunda rua à esquerda ou a primeira à direita, por exemplo.

Os verbos com os quais você precisa se familiarizar neste contexto são **gehen** *(gue:hen)* (ir) e **nehmen** *(nê:men)* (pegar). Para informar direções, você usa o imperativo. (Veja a seção "Recebendo Instruções" no Capítulo 11 para mais informações sobre o imperativo.). O verbo fica no começo da frase. Por exemplo:

- ✔ **Nehmen Sie die zweite Strasse links!** *(nê-men zi: di: tsvái:te chtra:sse links)* (Pegue a segunda rua à esquerda!)

- ✔ **Gehen Sie die erste Strasse rechts!** *(gue:hen zi: di: erste chtra:sse rechts)* (Vá à primeira rua à direita!)

Se você der instruções para um amigo, você não usará a maneira formal, mas sim, a informal de se comunicar com ele, e as instruções acima serão:

- ✔ **Nimm die zweite Strasse links!** *(nim di: tsvái:te chtra:sse links)* (Pegue a segunda rua à esquerda!)

- ✔ **Geh die erste Strasse rechts!** *(gue: di: erste chtra:sse rechts)* (Pegue a primeira rua à direita.)

Veja a próxima seção "A Primeira, a Segunda, a Terceira e Assim por Diante" para mais informações ao usar estes tipos de palavras.

Se você estiver procurando por um edifício específico, poderia ouvir algo como:

Es ist das dritte Haus auf der linken Seite. *(es ist das drite haus auf de:r linken zái:te)* (É a terceira casa no lado esquerdo.)

E se você não tem de fazer uma escolha para esquerda ou direita, mas simplesmente quer ir reto, poderia ouvir a seguinte instrução:

Gehen Sie geradeaus! *(gue:hen zi: guera:de aus)* (Vá reto!.)

A Primeira, a Segunda, a Terceira e Assim por Diante

Palavras como segundo, terceiro, quarto e assim por diante são chamados de *números ordinais*. Eles se referem a um número específico e respondem a questão "Qual?". Por exemplo, para a pergunta "Qual?" você usa um número ordinal para responder "a segunda à esquerda".

Em alemão, você forma números ordinais ao adicionar o sufixo "te" para números cardinais (um, dois, três e assim por diante) entre 1 e 19 – com duas exceções, que são:

Capítulo 12: Informando-se sobre Direções

- **eins** *(áins)* (um)/**erste** *(érste)* (primeiro)
- **drei** *(drái)* (três)/**dritte** *(drite)* (terceiro)

A Tabela 12-2 lhe mostra como formar números ordinais de 1 até 10 e um exemplo de como formar números ordinais de 11 a 19.

Tabela 12-2 Amostra de Números Ordinais a Partir de Números Cardinais

Número Cardinal	Número Ordinal
eins (*áins*) (um)	**der/die/das erste** (*érste*) (primeiro[a])
zwei (*tsvái*) (dois)	**zweite** (*tsvái:te*) (segundo[a])
drei (*drái*) (três)	**dritte** (*drite*) (terceiro)
vier (*fiar*) (quatro)	**vierte** (*viarte*) (quarto)
fünf (*fü:nf*) (cinco)	**fünfte** (*fü:nfte*) (quinto)
sechs (*zeks*) (seis)	**seckste** (*zekste*) (sexto)
sieben (*zi:ben*) (sete)	**siebte** (*zi:pte*) (sétimo)
acht (*acht*) (oito)	**achte** (*achte*) (oitavo)
neun (*nói:n*) (nove)	**neunte** (*nói:nte*) (nono)
zehn (*tse:n*) (dez)	**zehnte** (*tse:nte*) (décimo)
siebzehn (*zi:ptse:n*) (dezessete)	**siebzehnte** (*zi:ptse:nte*) (décimo-sétimo)

Você forma os números ordinais acima de 19, adicionando o sufixo "ste" para os números cardinais. Por exemplo:

- **zwanzig** *(tsvântsiçh)* (vinte)/**zwanzigste** *(tsvantsikste)* (vigésimo)
- **dreissig** *(dráissiçh)* (trinta)/**dreissigste** *(draissikste)* (trigésimo)
- **vierzig** *(fiartsiçh)* (quarenta)/**vierzigste** *(fiartsikste)* (quadragésimo)

Por serem eles usados como adjetivos, os números ordinais assumem o gênero e o caso do substantivo ao qual eles se referem. A Tabela 12-3 mostra como o adjetivo **erste** muda em cada caso junto com o artigo que vem antes dele.

Parte III: Alemão para Viagem

Tabela 12-3 **Modelo de Declinação de um Número Ordinal:**
"Erste" (érste) (primeiro)

Gênero do Substantivo	Nominativo	Genitivo	Dativo	Acusativo
Masculino (der)	der erste	des ersten	dem ersten	den ersten
Feminino (die)	die erste	der ersten	der ersten	die erste
Neutro (das)	das erste	des ersten	dem ersten	das erste
Plural (die)	die ersten	der ersten	der ersten	die ersten

Tendo uma Conversa

Erika quer se encontrar com um velho amigo que também apareceu na cidade a negócios. Ela sabe o endereço do hotel em que ele está, mas não tem certeza de onde é a rua. Assim ela precisa pedir ajuda.

Erika **Entschuldigung?**
ent_chul_digung
Com licença?

Mann: **Ja, bitte?**
iá: bite
Sim, por favor?

Erika: **Wie komme ich zur Beethovenstrasse?**
Vi: kóme içh tsuar be:tho:fen-chtra:sse
Como eu chego na Rua Beethoven?

Mann: **Nehmen Sie die U-Bahn am Opernplatz**
nê:men zi: di: U:ba:n ám ô:peãrn-plats
Pegue o metrô na Praça Ópera.

Erika: **Und wo ist der Opernplatz?**
unt vô: ist de:r ô:pern-plats
E onde é a Praça Ópera?

Capítulo 12: Informando-se sobre Direções **211**

Mann:	**Gehen Sie die Wodanstrasse geradeaus. Dann gehen Sie links in die Reuterstrasse. Rechts liegt der Bahnhof und direkt gegenüber ist der Opernplatz.**
	gue:en zi: di: vo:dan-chtra:se guera:deaus. dán gue:en zi: links in di: róiter. chtra:se. reçhts li:kt de:r ba:nho:f unt direkt ge:gen ü:bar ist de:r o:parnplats
	Vá, na rua Wodan, sempre em frente. Então vire à esquerda, na rua Reuter. À direta, está a estação de trem e, bem em frente, está a Praça da Ópera.
Erika:	**Und welche U-Bahn nehme ich?**
	unt vélçhe u:ban nê:me içh
	E qual metrô eu pego?
Mann:	**U5 bis zur Haltestelle Beethovenstrasse.**
	u: fü:nf bis tsuar haltechtélle be:tho:fen-chtra:sse
	U5 até a estação da Rua Beethoven.
Erika:	**Vielen Dank!**
	fi:len dánk
	Muito obrigada!

Palavras e frases úteis

links	links	esquerda
rechts	reçhts	direita
wo ist...?	vô:ist...?	Onde é/está/fica?
nehmen Sie...!	nê:men zi:...!	Pegue...!
gehen Sie...!	gue:hen zi:...!	Vá...!
die U-bahn	di: u:ba:n	metrô
die Haltestelle	di: halte-chtéle	ponto, parada (ônibus, metrô e assim por diante)

Viajando de Carro ou Outro Veículo

Em português, não faz uma grande diferença se você viaja de carro ou a pé – tirando a distância, você continua indo. Infelizmente, o verbo alemão **gehen** *(gue:hen)* (ir) não é flexível. Você pode ir a pé – **zu Fuss gehen** *(tsu fu:s gue:hen)* – mas se pegar um carro, você está dirigindo – **fahren** *(fa:ren)* – e não indo.

Ao usar **fahren** em uma frase, você precisa de três coisas: a palavra para o tipo de veículo que está usando, a preposição **mit** *(mit)* (com) e a versão dativa do artigo do veículo. Aqui estão alguns exemplos de como usar o verbo **fahren** em uma frase para dizer que você está usando um tipo específico de transporte:

Ich fahre mit dem Auto. *(içh fa:re mit de:m auto)* (Eu viajo de carro. Literalmente: Eu dirijo **com** o carro).

Você não precisa dirigir para usar as seguintes palavras e frases sobre virar à esquerda ou à direita. Pode usá-los para descrever curvas que faz com uma bicicleta ou com seu skate!

Para dizer a alguém virar à esquerda ou à direita, pode usar seu velho amigo, o verbo **fahren**. Você diz:

Fahren Sie links/rechts ab! *(fa:ren zi: links/reçhts ab)* (Vá pela esquerda/direita. Literalmente: dirija à esquerda/direita.)

Você também pode usar o verbo **abbiegen** *(ap-bi:guén)* (virar, entrar numa rua) para instruir alguém a virar à esquerda ou à direita.

Biegen Sie links/rechts ab! *(bi:guén zi: links/reçhts ab)* (Vire à esquerda/direita!)

Se você se perdeu dirigindo, esta é a expressão para memorizar:

Ich habe mich verfahren. Ich suche... *(içh ha:be miçh ferfa:ren, içh zu:çhe...)* (Eu me perdi, estou procurando...)

Veja o Capítulo 14 para mais informações sobre palavras que você precisa usar ao pegar um carro.

Capítulo 12: Informando-se sobre Direções **213**

Tendo uma Conversa

Paula alugou um carro para ir a Frankfurt, para uma viagem de um dia.
Ela está a caminho de Bockenheim, um distrito de Frankfurt e para em um
posto de gasolina perguntando sobre que direção seguir.

Paula: **Entschuldigen Sie, wie komme ich nach Bockenheim?**
ent̲chul̲diguén zi:, vi: ḳóme içh naçh bôḳenháim?
Com licença, como eu chego em Bockenheim?

Tankwart: **Nehmen Sie die Ausfahrt Frankfurt-Messe! Das sind
ungefähr vier Kilometer von hier.**
*nê̲men zi: di: aus̲fa:rt fran̲kfurt mésse! das zint unguefé:r
fiar kilo̲me:târ fon hiar*
Pegue a saída Frankfurt - Messe! São aproximadamente
quatro quilômetros daqui.

Paula: **Alles klar! Danke!**
alês kla:r! dán̲ke
Ok! Obrigada!

Paula chegou em Bockenheim, mas, então, parece que ela se perdeu. Ela
para seu carro e pergunta a um policial sobre qual direção seguir.

Paula: **Entschuldigen Sie ich habe mich verfahren! Ich suche
den Hessenplatz!**
*ent chul̲diguen zi: içh ha:̲be miçh ferfa̲:ren! içh zu:̲çhe
de:n héssenplatst*
Com licença. Eu me perdi! Estou procurando
a praça Hessen!

Polizei: **Biegen Sie an der nächsten Kreuzung rechts ab. Dann
fahren Sie geradeaus, ungefähr einen Kilometer. Der
Hessenplatz liegt auf der linken Seite.**
*bi:guén zi: an de:r ne:̲çhs̲ten ḳrói̲tsung reçhts ap. dán
fa:̲ren zi: guera̲:deaus, unguefé:r áinen kilo̲me:târ.
de:r héssen-platst li:kt auf de:r linken zái:te*
Vire no cruzamento mais próximo à direita. Então, siga em
frente, aproximadamente um quilômetro. A Praça Hessen
fica do lado esquerdo.

Paula: **Vielen Dank!**
fi:len dánk
Muito obrigada!

Parte III: Alemão para Viagem

Combine as descrições com as figura.

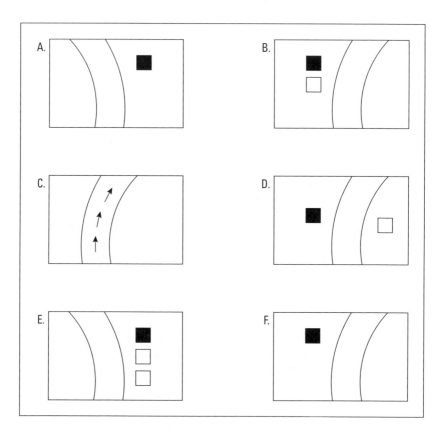

1. gegenüber

2. rechts

3. das dritte Haus auf der rechten Seite

4. geradeaus

5. links

6. das zweite Haus auf der linken Seite

Capítulo 13

Hospedando-se em um Hotel

Neste Capítulo
- Encontrando um hotel
- Fazendo reservas
- Fazendo o check-in: Nomes, endereços e números dos quartos
- Fazendo o check-out e pagando a conta

Não importa se você está viajando a negócios ou a lazer, acomodações confortáveis são uma parte importante de sua viagem. Este capítulo vai ajudá-lo com vocabulário e frases que você precisa para achar e perguntar sobre as acomodações de um hotel, fazer reservas e fazer o check-in e o check-out.

Encontrando um Hotel

Se você precisa de ajuda para achar um hotel, pode comprar um guia de hotéis ou **Hotelführer** *(ho:tél-fü:rãr)*, encontrado em livrarias. E, naturalmente, você também vai querer informações sobre todos os tipos de acomodações através do centro de informações para turistas, em qualquer cidade, que é chamado de **das Fremdenverkehrsbüro** *(das fremden-ferke:rs-bü:rô:)*.

Talvez você queira perguntar a outras pessoas que você conhece ou encontre, se elas podem lhe recomendar um hotel. Neste caso, você perguntaria:

Können Sie ein Hotel in... empfehlen? *(kô:nen zi: áin hô:tél in... empfe:len)* (Você poderia me recomendar um hotel em... ?)

A palavra básica para hotel em alemão é **das Hotel** *(das ho:tél)*. Você pode achar uma grande variedade de hotéis em países de língua alemã, que oferecem diferentes atmosferas e níveis de serviço. Nas áreas rurais e nas cidades pequenas, hotéis são frequentemente classificados de maneira um pouco diferente. Por exemplo, os seguintes tipos de hotéis são comuns:

216 Parte III: Alemão para Viagem

- **das Hotel garni** (*das hô:tél garni:*) (um hotel que só serve café da manhã)

- **der Rasthof/das Motel** (*de:r rast-ho:f/das mo:tél*) (hospedaria de beira de estrada, localizado bem ao lado de rodovias)

- **das Gasthaus/der Gasthof** (*das gasthaus/de:r gastho:f*) (uma hospedaria que serve comida e bebida e, frequentemente, alojamento)

- **die Pension** (*di: penzio:n*) (pensão que oferece serviço completo – café da manhã, almoço e jantar – ou meio serviço – café da manhã e almoço ou jantar. Normalmente, refeições são servidas apenas aos hóspedes.)

- **die Jugendherberge** (*die iu:guent-hérbérgue*) (albergue da juventude; na Áustria, Alemanha e Suíça, albergues da juventude são bem confortáveis e algumas vezes, bem luxuosos.)

- **die Ferienwohnung** (*di: fe:rien-vô:nung*) (Um "apartamento de férias", mobiliado para resorts.)

Reservando Quartos

Como de costume, é melhor reservar um quarto de hotel com antecedência, especialmente durante a alta estação ou quando um evento especial na cidade pode fazer com que os hotéis fiquem cheios rapidamente. Se você não tiver feito uma reserva e tiver dificuldade em achar um quarto, provavelmente será mais fácil achar um hotel fora da cidade e dos centros urbanos. Peça ajuda no **Fremdenverkehrsbüro** (veja a seção anterior para mais informações sobre este departamento útil).

Reservas de quartos de hotéis são, normalmente, feitas por telefone, assim, você pode ler o Capítulo 9 antes de ligar para fazer seu pedido. Quando atenderem ao telefone no hotel, pode dizer o seguinte para anunciar o propósito de sua chamada:

> **Ich möchte gern ein Zimmer reservieren.** (*ich mö:chte guérn áin tsimãr rezervi:ren*) (Eu gostaria de reservar um quarto.)

Se você quiser reservar mais de um quarto, tem que inserir o número apropriado: **zwei** (*tsvái*) (dois), **drei** (*drái*) (três) **Zimmer** e assim por diante.

Dependendo de quem atender o telefone, pode começar a fazer sua reserva imediatamente.

Dizendo quando e quanto tempo você quer ficar

É bem provável que a pessoa que está fazendo sua reserva faça uma série de perguntas com o objetivo de completá-la. Entre as primeiras destas perguntas pode estar algo assim:

> **Von wann bis wann möchten Sie ein Zimmer reservieren?** *(fon van bis van mö:çhten zi: áin tsimâr rezervi:ren)* (De quando até quando o [a] senhor [a] gostaria de reservar um quarto?)

Antes que você ligue para fazer reservas, assegure-se de ter lido "Usando o Calendário e Datas", no Capítulo 15, para saber como informar as datas que precisa para fazer sua reserva.

Para especificar quantas noites você quer ficar ou que datas quer reservar, você pode dizer uma das seguintes frases, dependendo das suas necessidades:

> ✔ **Ich möchte gern ein Zimmer für... Nächte reservieren.** *(içh mö:çhte guérn áin tsimar fü:r... né:çhte rezervi:ren)* (Eu gostaria de reservar um quarto por... noites.)

> ✔ **Ich möchte gern ein Zimmer vom 11. 3. bis zum 15. 3. reservieren.** *(içh mö:çhte guérn áin tsimâr fôm elftem driten bis tsum fü:nftse:nten driten rezervi:ren)* (Eu gostaria de reservar um quarto de 11 a 15 de março.)

Especificando o tipo de quarto que você quer

A pessoa que fizer sua reserva, certamente, vai lhe perguntar algo como a seguinte frase, que tem por objetivo descobrir que tipo de quarto você deseja:

> **Was für ein Zimmer möchten Sie gern?** *(vas fü:r áin tsimar mö:çhten zi: guérn?)* (Que tipo de quarto o[a] senhor[a] quer?)

Você pode tomar a iniciativa e dizer que tipo de quarto você quer com a frase:

> **Ich hätte gern...** *(içh héte guérn...)* (Eu gostaria de ter...)

Was für... ? (vas fü:r...) (Que Tipo de... ?)

Esta é uma frase muito boa para se lembrar. Ela pode ser usada a qualquer hora em que você estiver falando com todos os prestadores de serviços, de vendedores a uma assistente em um *Fremdenverkehrsbüro*. Estas questões ajudam as pessoas a descobrirem exatamente o que você quer – por exemplo:

- **Was für eine Ferienwohnung möchten Sie gern?** (vas fü:r áine fe:rien-vô:nung mö:çhten zi: guérn) (Que tipo de apartamento de férias o[a] Senhor[a] gostaria?)

- **Was für einen Rasthof suchen Sie?** (vas fü:r áinen rastho:f zu:çhen zi:) (Que tipo de hospedaria o[a] Senhor[a] procura?)

Lembre-se de que a pergunta: *Was für*...? é sempre usada com o artigo indefinido no caso acusativo. (Veja o Capítulo 2 para mais informações sobre o caso acusativo).

No fim de cada frase, poderá substituir qualquer dos seguintes termos pontuados abaixo (ou faça combinações dos termos e das frases adequando-os à sua necessidade) para especificar exatamente em que tipo de quarto você gostaria de colocar a sua mala:

- **ein Einzelzimmer** (*áin aintseltsimãr*) (um quarto de solteiro)
- **ein Doppelzimmer** (*áin dópeltsimãr*) (um quarto de casal)
- **ein Zimmer mit...** (*áin tsimar mit*) (um quarto com...)
  - **Dusche** (*du:che*) (chuveiro)
  - **Bad** (*Ba:t*) (banheira)
  - **zwei Einzelbetten** (*tsvái áintsélbéten*) (duas camas de solteiro)
  - **zinem Doppelbett** (*áinem dopél-bét*) (uma cama de casal)

Perguntando o preço

Você também gostaria de descobrir quanto custa o quarto de um hotel. Há diversas formas de se perguntar o preço de um quarto básico ou com algumas características incluídas, variando de acordo com o que você quer saber:

- **Was kostet das Zimmer pro Nacht?** (*vas kóstet das tsimãr pro: naçht*) (Quanto custa o quarto por noite?)

- **Was kostet eine Übernachtung mit Frühstück?** (*vas kóstet áine ü:bãrnaçhtung mit frü:chtük*) (Quanto custa a pernoite com café da manhã?)

Capítulo 13: Hospedando-se em um Hotel 219

- **Was kostet ein Zimmer mit Vollpension?** *(vas kóstet áin tsimar mit fól-penzio:n)* (Quanto custa um quarto com todas as refeições?)

- **Was kostet ein Zimmer mit Halbpension?** *(vas kóstet ain tsimâr mit halp-penzio:n)* (Quanto custa um quarto com meia-pensão?)

Finalizando a reserva

Se o quarto estiver disponível e você estiver satisfeito com o preço, pode fechar a transação dizendo:

Können Sie das Zimmer bitte reservieren? *(kö:nen zi: das tsimar bite rezervi:ren)* (Você pode reservar aquele quarto?)

Tendo uma Conversa

Klaus e Ulrike Huber querem tirar férias na Áustria e encontram um hotel na área onde planejam visitar. Klaus liga para o Hotel Staiger e fala com a recepcionista:

Rezeption: **Hotel Staiger, guten Tag.**
hô:tél chtaigâr, gu:ten ta:k
Hotel Staiger, bom dia.

Klaus: **Guten Tag, ich möchte ein Zimmer reservieren. Vom 15. bis zum 23 Juni.**
gu:ten ta:k. ich mö:chte áin tsimâr rezervi:ren.
fom fü:nftse:nten bis tsum dráiunt-tsvantsiksten iu:ni:
Bom dia, eu gostaria de fazer a reserva de um quarto. De 15 a 23 de junho.

Rezeption: **Ja, das geht. Was für ein Zimmer möchten Sie?**
iá, das gue:t. vas fü:r áin tsimâr mö:chten zi:
Sim, é possível. Que tipo de quarto o Senhor gostaria?

Klaus: **Ein Doppelzimmer mit Bad, bitte. Was kostet das Zimmer pro Nacht?**
áin dópeltsimar mit ba:t, bite. vas kóstet das tsimâr pro: nacht
Um quarto de casal, por favor. Quanto custa um quarto por noite?

220 Parte III: Alemão para Viagem

Rezeption:	**1500 Euro für Übernachtung mit Frühstück.** *fü:nftse:n hundert óiro fü:r ü:bâr-naçhtung mit frü:chtü:k* 1500 euros por pernoite com café da manhã.
Klaus:	**Gut, können Sie es bitte reservieren?** **Mein Name ist Huber.** *gu:t. kö:nen zi: es bite rezervi:ren.* *máin ná:me ist hu:bâr.* Bom, você poderia reservá-lo? Meu nome é Huber.
Rezeption:	**Geht in Ordnung, Herr Huber.** *gue:t in ortnung, hér hu:bâr* Certo, senhor Huber.
Klaus:	**Vielen Dank!** *fí:len dánk!* Muito obrigado!

Palavras e frases úteis

das Fremdenverkehrsbüro	das <u>fremd</u>-ferke:rs-bü-<u>ro:</u>	centro de informações para turistas
das Einzelzimmer	das <u>áint</u>seltsimâr	quarto individual
das Doppelzimmer	das <u>dopel</u>tsimâr	quarto de casal
das Bad	das ba:t	banheiro
die Dusche	di: <u>du:</u>che	o chuveiro
geht in Ordnung!	gue:t in <u>ort</u>nung	Ok!

Fazendo o Check-in: Nomes, Endereços e Números dos Quartos

Quando estiver chegando em seu hotel, você tem de fazer o check-in na **Rezeption** *(di: <u>ret</u>septio:n)* (o balcão de recepção). Para informar a recepcionista que você fez as reservas, diga:

Capítulo 13: Hospedando-se em um Hotel **221**

Ich habe ein Zimmer reserviert. (_içh_ _há:be áin_ _tsimãr rezervi:ert_) (Eu reservei um quarto.)

Naturalmente, tem de comunicar seu nome à recepcionista:

Mein Name ist... (_máin ná:me ist..._) (Meu nome é...)

Quanto tempo você vai ficar?

Se você não fez uma reserva, ou a recepcionista quer checar duas vezes o tempo de sua estadia, você pode ouvir o seguinte questionamento:

Wie lange bleiben Sie? (_vi: langue_ _blai:ben zi:_) (Quanto tempo o senhor vai ficar?)

Quanto a esta questão, você pode responder com esta frase:

Ich bleibe/Wir bleiben (_içh_ _blai:be/viar_ _blai:ben..._) (Eu vou ficar/... vamos ficar...)

Então, termine a frase com qualquer das medidas de tempo:

- ✔ **... nur eine Nacht** (_... nuar áine naçht_) (... somente uma noite)
- ✔ **... drei Tage** (_drái ta:gue_) (... três dias)
- ✔ **eine Woche** (_áine vóçhe_) (... uma semana)

Preenchendo o formulário de registro

Em alguns hotéis, é necessário preencher um formulário, **das Formular** (_das formula:r_), no balcão de recepção, como parte do processo de registro. A recepcionista lhe entregará o formulário, dizendo assim:

Bitte füllen Sie dieses Formular aus. (_bite_ _fü:len zi:_ _di:zes formula:r aus_) (Por favor, preencha este formulário.)

As informações que o formulário pede podem variar. Na maior parte dos casos, seu nome e endereço são suficientes, mas também podem ser pedidas quaisquer das informações abaixo:

- ✔ **Name/Vorname** (_ná:me/fo:rná:me_) (Sobrenome/Prenome)
- ✔ **Strasse/Nummer (Nr.)** (_chtra:sse/numãr_) (Rua/Número)
- ✔ **Postleitzahl/Wohnort** (_póstlaitsa:l/vo:nort_) (CEP/Cidade)

- ✓ **Geburtsdatum/Geburtsort** *(gueburtsda:tum/gueburtsórt)* (Data de Nascimento/Local de Nascimento)
- ✓ **Nationalität** *(natsio:na:litê:t)* (Nacionalidade)
- ✓ **Beruf** *(berü:f)* (Profissão)
- ✓ **Passnummer** *(pásnumâr)* (Número do Passaporte)
- ✓ **Kraftfahrzeugkennzeichen** *(kraftfa:rtsói:k-kéntsáiçhen)* (Placa do Carro)
- ✓ **Ort/Datum** *(órt/da:tum)* (Local/Data)
- ✓ **Unterschrift** *(untâr chrift)* (Assinatura)

Entendendo o esquema das chaves

Uma vez feito o check-in, a recepcionista dirá qual o número do seu quarto:

> **Sie haben Zimmer Nummer 203.** *(zi: ha:ben tsimâr numâr tsvái hundart drái)* (O senhor tem o quarto 203.)

Seu número de quarto, em geral, por ser prático, está escrito na chave – como na maioria dos hotéis.

Em alguns hotéis, principalmente nas pequenas cidades, é comum deixar a chave no balcão da recepção ao invés de levá-la. Ao voltar ao hotel e precisar da chave do seu quarto, você pode usar qualquer uma das seguintes frases para pedi-la:

- ✓ **Können Sie mir bitte den Schlüssel für Zimmer... geben?** *(kö:nen zi: miar bite de:n chlü:ssel fü:r tsimar... gue-ben)* (Você poderia me dar a chave do quarto... por favor?)
- ✓ **Den Schlüssel für Zimmer... bitte.** *(de:n chlü:ssel fü:r tsimar... bite)* (A chave do quarto... por favor.)

Levando sua bagagem na mão

Provavelmente, você viajará com algum tipo de bagagem, **das Gepäck** (das gue--pek). Sua bagagem poderia ser **der Koffer** (de:r kófar) (a mala) ou talvez até **die Koffer** (di: kófar) (as malas).

Não que seja um engano – a única diferença entre o singular e o plural, para "mala", é o artigo.

Café da manhã no hotel

A maioria dos grandes hotéis oferece um café da manhã, do qual você pode escolher qualquer coisa incluindo de cereais, ovos, uma variedade de pães e sucos, salame, queijo e assim por diante. Em cidades ou hotéis menores, contudo, você ainda pode conseguir o que costuma ser o típico café da manhã alemão: pão francês e bisnaga, salame, ovos cozidos ou moles, e uma escolha de diversos frios e queijos. Assim se você não pode fazer nada com seus ovos mexidos, você pode ter de fazer um pedido especial! (Veja o Capítulo 5 que ajuda sobre como fazer isto.)

Perguntando sobre as acomodações e os serviços

Você poderia também querer descobrir que tipo de serviços e instalações o hotel oferece – seu quarto tem um telefone ou um minibar? O hotel tem serviços de lavanderia?

Seu quarto

Quando você quiser perguntar sobre características específicas do seu quarto, comece com esta frase:

Hat das Zimmer... ? *(hat das tsimãr...)* (O quarto tem...?)

Então, termine a frase com qualquer um dos seguintes itens que você deseja informações:

- **... Kabelfernsehen?** *(... ka:bel-fernze:en)* (... TV a cabo?)
- **... Satellitenfernsehen?** *(zatêli:ten-fernze:en)* (... TV com Antena Parabólica?)
- **... ein Telefon?** *(áin telefo:n)* (... um telefone?)
- **... eine Minibar?** *(áine mini-ba:r?)* (... um minibar?)

Quando tudo que deseja é chegar no seu quarto e descansar, e quer estar certo de que ninguém do pessoal do serviço de quarto irá perturbá-lo, pendure uma placa com a seguinte mensagem na sua porta (você deve achar esta placa em algum lugar no seu quarto):

Bitte nicht stören! *(bite niçht chto:ren!)* (Por favor, não incomode!)

O hotel

O hotel pode oferecer vários serviços. Comumente, eles são descritos em um panfleto ou menu que você acha no seu quarto. Contudo, se não encontrar no quarto nenhum folheto sobre os serviços disponíveis, pode ligar para a recepção e perguntar:

Hat das Hotel... ? *(hat das hó:tél...)* (O hotel tem... ?)

Você pode, então, perguntar sobre quaisquer dos serviços ao terminar a seguinte frase com:

- ... **eine Sauna?** *(áine zau:na:)* (... uma sauna?)
- ... **ein Schwimmbad?** *(áin chvimba:t)* (... uma piscina?)
- ... **einen Faxdienst?** *(áinen faksdi:nst)* (... um aparelho de fax?)
- ... **einen Wäschedienst?** *(áinen vé:chdi:nst)* (... um serviço de lavanderia?)
- ... **eine Klimaanlage?** *(áine klima:-anla:gue)* (... um ar condicionado?)
- ... **eine Hotelgarage?** *(áine hô:tél-gara:ge)* (... uma garagem no hotel?)
- ... **einen Parkplatz?** *(áinen parkplatz)* (... um estacionamento?)

E aqui estão as questões que lhe permitem perguntar sobre café da manhã e serviço de quarto:

- **Wann wird das Frühstück serviert?** *(van virt das frü:chtü:ck zervi:ert)* (Quando o café da manhã é servido?)
- **Gibt es Zimmerservice?** *(guipt es tsimar zervice)* (Há serviço de quarto?)

Uma parte importante para tornar sua vida mais fácil enquanto fica no hotel é você ser capaz de checar se recebeu alguma ligação. A pergunta a ser feita é :

Hat jemand eine Nachricht für mich hinterlassen? *(hat ie:mânt aine na:chricht fü:r mich hintarlassen)* (Alguém deixou algum recado para mim?)

Tendo uma Conversa

Klaus e Ulrike chegam de forma segura ao hotel que haviam reservado na Áustria. Eles estacionam o carro em frente à entrada e se dirigem ao balcão de recepção para fazer o check-in.

Capítulo 13: Hospedando-se em um Hotel 225

Klaus: **Guten Abend! Mein Name ist Huber. Wir haben ein Zimmer reserviert.**
gu:ten a:bent! máin na:me ist Hubar.Viar ha:ben áin tsimar rezervi:ert
Boa noite! Meu nome é Huber. Nós reservamos um quarto.

Rezeption: **Ja richtig, ein Doppelzimmer mit Bad. Bitte füllen Sie dieses Formular aus.**
já: richtich. áin dópel – tsimar mit ba:t. bite fü:len zi: di:ses Formula:r aus
Sim, certo. Um quarto de casal com banheira.
Por favor, preencha o formulário.

Klaus: **Haben Sie eine Garage oder einen Parkplatz?**
ha:ben zi: áine gara:ge o:dar áinen parkplats
Você tem uma garagem ou local de estacionamento?

Rezeption: **Der Parkplatz ist hinter dem Hotel.
Und hier ist Ihr Zimmerschlüssel, Nummer 203.**
de:r parkplatz ist hinter de:m hõ:tél unt hier ist i:ar tsimâr-chlü:ssel, numar tvái hundert drái
O estacionamento é atrás do hotel.
E aqui está a chave do seu quarto, número 203.

Ulrike: **Wann servieren Sie Frühstück?**
van zervi:ren zi: frü:chtü:k
Quando vocês servem o café da manhã?

Rezeption: **Von sieben bis zehn Uhr.**
fon zi:ben bis tse:n u:ar
Das sete até dez horas.

Ulrike: **Vielen Dank**
fi:len dánk
Muito obrigada!

Palavras e frases úteis

bleiben	blai:ben	ficar
das Formular	das formula:r	formulário
ausfüllen	ausfü:llen	preencher
der Schlüssel	de:r chlü:ssel	a chave
Bitte nicht stören!	bite nicht chtö:rren	Por favor, não perturbe!
der Zimmerservice	de:r tsimâr service	o serviço de quarto
der Parkplatz	de:r parkplatz	o estacionamento

Fazendo o Check-out e Pagando a Conta

Quando sua estadia tiver terminado, tem que arrumar suas malas para fazer o check-out e pagar sua conta.

A língua alemã não tem o equivalente exato para o termo em inglês "check-out". O termo alemão que você pode usar para fazer check-out é **das Zimmer räumen** *(das tsimar rói:men)*, que traduzido literalmente seria "limpar o quarto". Se você quiser perguntar a que horas você tem que deixar seu quarto, diga:

Bis wann müssen wir das Zimmer räumen? *(bis vân mü:ssen viar das tsimâr rói:men)* (A que horas devemos sair do nosso quarto para fazer o check-out?)

Pedindo a conta

Quando chegar a hora de fazer o check-out no hotel, a palavra comumente usada é **abreisen** *(aprai:zen)*, que significa "ir embora" ou, literalmente, "viajar". Quando você quiser viajar, leve sua chave para o balcão da recepção e anuncie sua intenção de ir embora, dizendo:

Ich reise ab./Wir reisen ab. *(ich rai:ze ap/viar rai:zen ap)* (Estou indo embora/Nós estamos indo embora).

Capítulo 13: Hospedando-se em um Hotel

Dando gorjeta no hotel

Embora as taxas de serviços são comumente incluídas no preço do seu quarto de hotel, pode haver ocasiões que você queira dar uma gorjeta – das Trinkgeld (das trinkguelt) – ao carregador de malas. No caso, 1 ou 2 € são uma quantia razoável. Em raras ocasiões, pode ser que você veja um pequeno envelope no seu quarto onde poderia deixar dinheiro para o pessoal da limpeza. Dependendo do hotel e do serviço, você pode dar uma gorjeta de 5 a 10 € por semana.

Provavelmente, a seguinte frase será o suficiente para manter a pessoa do balcão da recepção ocupada, preparando sua conta. Contudo, se você precisar da sua conta rapidamente, pode dizer:

Kann ich bitte die Rechnung haben? *(kán içh bite di: rechnung ha:ben)* (Posso pegar minha conta?)

O Capítulo 5 mostra sobre como lidar com contas, pagamentos com cartão de crédito e pedir um recibo.

Perguntando sobre encargos extras

Naturalmente, você tem de pagar um extra para serviços especiais que tenha usado. Você pode querer saber quanto foi sua conta de telefone ou informar à recepcionista o que você pegou no frigobar. Aqui está como você diz:

- ✔ **Können Sie mir sagen, wie hoch meine Telefonrechnung war?** *(kö:nen zi: miar zá:guen, vi: hoçh máine telefo:n-rechnunk vá:r)* (O Sr./A Sra. pode me dizer quanto foi minha conta de telefone?)

- ✔ **Ich habe... aus der Minibar genommen.** *(içh ha:be aus de:r mini-ba:r guenómer)* (Eu peguei do frigobar...)

Deixando o hotel

Se você tiver de fazer o check-out do hotel antes de continuar com sua viagem, e quiser deixar sua bagagem por umas duas horas (na maior parte dos hotéis, isto é permitido), poderá dizer:

Können wir unser/Kann ich mein Gepäck bis... Uhr hier lassen? *(kö:nen viar unzar/kán içh máin guepêk hiar lassen)* (Podemos/Posso deixar minha bagagem aqui até... horas?)

Parte III: Alemão para Viagem

Quando retornar para pegar sua bagagem você pode dizer:

Können wir/Kann ich bitte unser/mein Gepäck haben? *(kö:nen viar/ kán içh bite unzar/máin guepék ha:ben)* (Podemos/Posso, por favor/ pegar minha/nossa bagagem?)

Pronto para ir ao aeroporto ou à estação de trem? Se você quiser que a recepcionista lhe chame um táxi, você pergunta:

Können Sie mir bitte ein Taxi bestellen? *(kö:nen zi: miar bite áin taksi bechtélen)* (Você pode me chamar um táxi?)

A recepcionista precisará saber aonde você tem intenção de ir antes de pedir o táxi. Tenha certeza do nome do lugar antes de fazer o pedido. A recepcionista pode perguntar:

Wo möchten Sie hin? *(vö: mö:çh:ten zi: hin)* (Aonde o senhor gostaria de ir?)

Tendo uma Conversa

Klaus e Ulrike estão prontos para viajar e explorar outras partes do país. Eles se dirigem à recepção para fazer o check-out.

Klaus: **Guten Morgen! Wir reisen heute ab. Kann ich bitte die Rechnung haben?**
gu:ten mórguen! viar rai:zen hói:te ap. kán içh bite di: reçhnunk há:ben
Bom dia! Viajamos hoje. Posso ter a conta, por favor?

Rezeption: **Sicher, einen Moment bitte. Haben Sie gestern abend noch etwas aus der Minibar genommen?**
ziçhar, áinen mo:ment, bite. ha:ben zi: guéstern a:bent noçh étvas aus de:r mini-ba:r guenómen
Claro, um momento por favor. O senhor pegou alguma coisa do frigobar ontem?

Klaus: **Ja, zwei Bier. Können Sie mir sagen, wie hoch meine Telefonrechnung war?**
ia: tsvái biar. kö:nen zi: miar za:guen, vi:hoçh máine telefo:n-reçhnunk ua:r
Sim, duas cervejas. Você poderia me dizer quanto foi minha conta de telefone?

Capítulo 13: Hospedando-se em um Hotel 229

Rezeption: **Ja, 50 Euro.**
iá, fü:ftsiçh ói:ro
Sim, 50 Euros.

Klaus: **Kann ich mit Kreditkarte bezahlen?**
kán iç h mit kre:dit-karte betsa:len
Posso pagar com cartão de crédito?

Rezeption: **Selbstverständlich. Unterschreiben Sie bitte hier**
zelpst-ferchténdliçh. untarchrai:ben zi: hiar bite
Naturalmente. Por favor, assine aqui.

Klaus: **Vielen Dank und auf Wiedersehen!**
fi:len dank unt auf vi:darze:en.
Muito obrigado e até mais!

Rezeption: **Gute Reise!**
gu:te rái:ze
Boa viagem!

Palavras e frases úteis

abreisen	aprái:zen	ir embora
das Gepäck	das guepék	bagagem
selbsverständlich	zelpstferchténdliçh	naturalmente, claro
Gute Reise!	gu:te rái:ze	Boa viagem!

Passatempo

Use as palavras corretas para completar as perguntas:

Wo   Was für   Wie   Wann   Was

1. _____ kostet das Zimmer? (Quanto custa o quarto?)

2. _____ lange bleiben Sie? (Quanto tempo o[a] Senhor[a] vai ficar?)

3. _____ wird das Frühstück serviert? (Que horas o café da manhã é servido?)

4. _____ möchten Sie hin? (Aonde o[a] Senhor/a gostaria de ir?)

5. _____ ein Zimmer möchten Sie? (Que tipo de quarto o[a] Senhor[a] gostaria?)

Respostas: 1. Was; 2. Wie; 3. Wann; 4. Wo; 5. Was für

Capítulo 14

Dando uma Volta: Aviões, Trens, Táxis e Ônibus

Neste Capítulo

- Partindo do aeroporto
- Alugando um carro
- Lendo mapas e placas de trânsito
- Viajando de trem
- Andando em ônibus, metrôs e táxis

Neste capítulo, você está andando em aviões, trens, carros e ônibus. Nós lhe diremos o que você precisa saber para lidar com atendentes que vendem passagens, oficiais de alfândega, pessoal de aluguel de carros e funcionários de ônibus e trens. Nós também lhe mostraremos como pedir ajuda a um desconhecido, enquanto você mantém a cabeça fria, sorri e é educado.

No Aeroporto

A distância mais curta entre dois pontos é uma linha reta. O truque é perceber que caminho fazer para chegar lá – especialmente em um aeroporto. Há linhas para tudo que você precisa fazer, desde pegar sua passagem até fazer o check-in de sua bagagem. Com tantas opções para escolher, não desperdice seu tempo ficando na linha errada. Nós o colocaremos na linha certa e lhe indicaremos o que você deve dizer quando, finalmente, estiver sendo ajudado.

A maior parte dos funcionários das linhas aéreas fala vários idiomas, então, é possível que encontre alguém que fale português para ajudá-lo. Apenas certifique-se de que sabe o que está segurando, **das Flugticket/ der Flugschein** (*das fluktiket/de:r flukcháin*) é a passagem aérea. Provavelmente é um **Rückflugticket** (*rü:kfluktiket*) (passagem de ida e volta). Quando você estiver fazendo o check-in, será entregue a você **die Bordkarte** (*di: bordkarte*) (cartão de embarque).

Pegando a passagem

A menos que sua passagem tenha sido enviada antecipadamente, você precisa pegá-la. Primeiro, tem de achar o balcão apropriado de uma linha aérea. Se a sinalização do aeroporto não ajudar (e algumas vezes ela não ajuda), vá a um atendente e peça informações sobre a localização do balcão de passagens da linha aérea:

> **Wo ist der...-Schalter?** *(vô: ist de:r chaltâr...)* (Onde é o balcão da... ?)

Quando você chegar no balcão de passagens, apenas diga o seguinte para perguntar sobre sua passagem:

> **Ich möchte mein Ticket abholen.** *(içh mö:chte máin tiket apho:len)* (Eu gostaria de pegar minha passagem aérea.)

Depois que pegar sua passagem, você pode fazer a pergunta: **Wann muss ich einchecken?** *(ván mus içh áintcheken)* (Quando eu posso fazer o check-in?) apenas para se certificar em qual portão deve embarcar. Você deve também perguntar **Wie viele Gepäckstücke kann ich mitnehmen?** *(vi: fi:le guepék-chtü:ke kán içh mitne:men)* (Quantas bagagens posso levar comigo?) para confirmar apenas o quanto da sua bagagem pessoal será permitido levar a bordo do avião.

Fazendo o check-in

Quando você fizer o check-in, a atendente lhe fará algumas perguntas para preparar seu embarque:

- ✔ **Haben Sie Gepäck?** *(ha:ben zi: guepék)* (O[a] senhor/a tem bagagem?)

- ✔ **Wo möchten Sie sitzen, am Fenster oder am Gang?** *(vô: mö:chten zi: zi:tsen, am fenstar o:dar am gáng)* (Onde o[a] senhor[a] gostaria de se sentar, na janela ou no corredor?)

Em resposta à questão sobre onde quer se sentar, pode responder simplesmente **am Fenster/am Gang** *(am fenstar/am gáng)* (na janela/no corredor), de acordo com sua preferência.

Também pode querer perguntar, em seguida, sobre alguns detalhes em relação ao voo:

- ✔ **Wie lange dauert der Flug?** *(vi: langue dauart de:r fluk)* (Quanto tempo dura o voo?)

- ✔ **Wann fliegt die Maschine ab?** *(ván fli:kt di machine ap)* (Que horas sai o avião?)

Capítulo 14: Dando uma Volta: Aviões, Trens, Táxis e Ônibus

Se você estiver no aeroporto para encontrar com alguém que esteja chegando em outro avião, pode perguntar:

Wann kommt die Maschine aus... an? *(van kómt di: ma__chi__ne aus... an)*
(Que horas chega o avião de... ?)

Palavras e frases úteis

das Flugticket/ der Flugschein	das flu__k__tiket/de:r fluk__chái__n	passagem aérea
das Rückflugticket	das rü:k fluktiket	passagem de ida e volta
die Bordkarte	di: __bord__karte	cartão de embarque
das Gepäck/ Handgepäck	das guepék/ handguepék	bagagem/ bagagem de mão
das Flugzeug/ die Maschine	das fluktsói:k/di: ma__chi__ne	avião
der Flug	de:r fluk	o voo
abholen	__a__pho:len	pegar (bagagem, passagem)
dauern	__dau__arn	durar

Tendo uma Conversa

Frau Schöller decidiu subitamente ir para Londres. No aeroporto, ela se dirige diretamente ao balcão da Lufthansa para pegar sua passagem aérea.

Frau Schöller: **Guten Morgen. Ich möchte mein Ticket abholen.**
gu:ten mórguen. ich mö:__ch__te máin tiket __a__pho:len
Bom dia, eu gostaria de pegar minha passagem.

Angestellter: **Ihr Name bitte.**
i:ar ná:me, bite
O nome da senhora, por favor.

Frau Schöller: **Schöller.**
chö:lar

234 Parte III: Alemão para Viagem

Angestellter: **Hier, Frau Schöller. Ein Rückflugticket nach London. Flug LH 83.**
hiar, frau chö:lar. áin rü:kfluktiket naçh london fluk él-ha: açht-drái
Aqui está, senhora Schöller. Uma passagem de ida e volta. Voo número LH 83.

Frau Schöller: **Wann fliegt die Maschine ab?**
ván fli:kt di: machine ap
A que horas sai o avião?

Angestellter: **Pünktlich um 11.15 Uhr. Wo möchten Sie sitzen, am Fenster oder am Gang?**
Pü:nktliçh um élf u:ar fü:nftse:n. vô: mö:çhten zi: zitsen, am fenstar o:dar am gáng
Pontualmente, às 11:15 da manhã. Onde a senhora gostaria de se sentar, na janela ou no corredor?

Frau Schöller: **Am Fenster, bitte.**
Am fenstar, bite
Na janela, por favor.

Angestellter: **Sie haben Platz 15A, einen Fensterplatz. Hier ist Ihre Bordekarte. Haben Sie Gepäck?**
zi: ha:ben plats fü:nftse:n a. áinem fenstarplats. hiar ist i:re bortkarte. ha:ben zi: guepék
A senhora tem a Poltrona 15A, na janela. Aqui está seu cartão de embarque. A senhora tem bagagem?

Frau Schöller: **Meine kleine Reisetasche hier nehme ich als Handgepäck.**
máine klaine rai:ze-tache hiar ne:me içh als hand-guepék
Esta minha maleta levo como bagagem de mão.

Angestellter: **Dann können Sie direkt zum Flugsteig gehen.**
dán kö:nen zi: direkt tsum flukchtaig- gue:en
Então, a senhora pode ir direto para o portão de embarque.

Frau Schöller: **Danke.**
Dánke
Obrigada.

Capítulo 14: Dando uma Volta: Aviões, Trens, Táxis e Ônibus **235**

Palavras e frases úteis

der Abflug	de:r apfluk	o voo de partida
die Ankuft	di: ankuft	o voo de chegada
der Flugsteig	de:r flukchtáig	o portão de embarque
mitnehmen	mitne:men	levar consigo
fliegen	fli:guen	voar
eincheken	áintchéken	fazer o check-in
abfliegen	apfli:guen	partir (de avião)
ankommen	án kómen	chegar
pünktlich	pü:nktliçh	pontualmente
verspätet	ferchpê:tet	atrasado

Passando pela imigração

Ao desembarcar de um voo transatlântico, normalmente, você deverá ir diretamente ao controle de passaporte, **die Passkontrolle** *(di: páskôntróle)*. Verifique se está com seu passaporte em mãos.

Na maioria das vezes, você vai ter de escolher entre duas filas: uma para **EU-Bürger** *(e:u:bürgar)* (cidadãos de países da União Europeia) e outra para **Nicht-EU-Bürger** *(niçht- e:u:bürgar)* (cidadãos de países fora da União Europeia). Depois de passar pelo controle de passaportes, você pode pegar sua bagagem e ir para a Alfândega, **der Zoll** *(de:r tsol)*, onde pode ter de abri-la, para inspeção.

As coisas são um pouco diferentes quando está dirigindo um carro ou embarcando em um trem na Europa e acontecer de cruzar uma das fronteiras internas da União Europeia, **die europäische Union** *(di: ói:ro:pé:iche unio:n)*. Com a introdução do Mercado Comum Europeu, os países da atual UE retiraram as restrições de importação dentro de seus limites. Assim, quando estiver dirigindo da Alemanha à França, você pode nem notar que está deixando um país e entrando em outro, quando, subitamente, toda a sinalização de trânsito, ao longo da estrada, fica em francês. E você pode importar quantidades ilimitadas de bens comprados dentro de um país da União Europeia para o outro.

236 Parte III: Alemão para Viagem

Cansado devido ao longo voo, tudo que você quer é sair do aeroporto. Mas tem que fazer mais duas paradas. Para ajudá-lo, estas são as palavras que precisa dizer quando for passar pelo controle de passaportes:

- **der Reisepass/der Pass** *(de:r rai:ze-pas/de:r pás)* (o passaporte)

- **EU-Bürger** *(e:ü:bü:rgar)* (cidadãos de países da União Europeia)

- **Nicht-EU-Bürger** *(nicht- e:ü:bü:rgar)* (cidadãos de países fora da União Europeia)

- **Ich bin im Urlaub hier.** *(içh bin im urlaup hiar)* (Estou aqui para férias.)

- **Ich bin geschäftlich hier.** *(içh bin guechéftliçh hiar)* (Estou aqui a negócios.)

- **Ich bin auf der Durchreise nach...** *(içh bin auf de:r durçhrai:ze nach...)* (Estou viajando a caminho de...)

Passando pela alfândega

Você passou pelo primeiro obstáculo e está a caminho da alfândega. É uma daquelas pessoas que se sente culpada mesmo que não tenha feito nada de errado? Agentes da alfândega podem fazer você se sentir deste jeito. Preste atenção para saber como responder a essas perguntas rápida e sucintamente para que, assim, possa passar por eles o mais rápido possível.

Na alfândega, **der Zoll** *(de:r tsol)*, normalmente, você tem que escolher entre duas opções: Ou você pega a fila para as pessoas que têm de declarar bens – **anmeldepflichtige Waren** *(anmelde-pfliçhtigue vá:ren)* – ou entra na fila para aqueles que levam somente coisas que não precisam ser declaradas. Aqueles bens são chamados de **anmeldefreie Waren** *(anmelde-fraie vá:ren)*.

Até agora, tudo bem. Agentes da alfândega podem, naturalmente, querer lhe perguntar, se você tem alguma coisa para declarar:

Haben Sie etwas zu verzollen? *(ha:ben zi: étvas tsu fertsólen)* (O[a] Senhor[a] tem algum bem a declarar?)

ou

Haben Sie etwas anzumelden? *(ha:ben zi: étvas antsumelden)* (O[a] Senhor[a] tem algum bem a declarar?)

_____ **Capítulo 14: Dando uma Volta: Aviões, Trens, Táxis e Ônibus** **237**

A esta questão, você deve responder com uma das duas formas a seguir:

- ✔ **Ich möchte... anmelden.** *(içh mö:çhte... ánmelden)* (Eu gostaria de declarar...)

- ✔ **Ich habe nichts zu verzollen.** *(içh ha:be niçhts tsu fertsó len)* (Eu não tenho nenhum bem a declarar.)

Indiferente de você estar sorrindo despreocupadamente, os agentes alfandegários podem pedir para dar uma olhada na sua bagagem não tão suspeita assim e dizer:

> **Bitte öffnen Sie diesen Koffer/diese Tasche.** *(bite ö:fnen zi: di:zen kófar/di:ze tache)* (Por favor, abra esta mala/mochila.)

E, quando o agente alfandegário lhe perguntar o que você planeja fazer com a compra, pode responder:

- ✔ **Es ist für meinen persönlichen Gebrauch.** *(es ist fü:ar máinen persö:nliçhen guebrauçh)* (É para meu uso pessoal.)

- ✔ **Es ist ein Geschenk.** *(es ist áin guêchenk)* (É um presente.)

Viajando de Carro

Antes de sair para uma viagem pelas estradas europeias, depois de alugar um carro, é bem melhor adquirir uma carteira de motorista internacional, **internationaler Führerschein** *(internatsio:nalar fü:rarcháin)*. Então, você estará completamente pronto para descobrir novos territórios.

A maior parte das estradas por onde, provavelmente, viajará é chamada de **Autobahn** *(auto-bá:n)* (via expressa, com duas a quatro pistas), **Bundesstraße** *(bundeschtra:sse)* (rodovia, duas a quatro pistas) ou **Nationalstrasse** *(natsio:na:l-chtra:sse)*, na Suíça, e **Landstraße** *(lantchtra:sse)* (rodovia de duas pistas).

Alugando um carro

Se você estiver decidido a alugar um carro, deve se encaminhar a uma **Autovermietung** *(auto-fermi:tunk)* (agência de aluguel de carros). Ao chegar lá, pode começar a dizer o seguinte:

> **Ich möchte ein Auto mieten.** *(içh mö:çhte áin auto mi:tem)* (Eu gostaria de alugar um carro.)

238 Parte III: Alemão para Viagem

O atendente lhe fará algumas perguntas sobre que tipo de carro você quer, ao dizer algo como:

Was für ein Auto möchten Sie? *(vás fü:ar áin auto mö:çhten zi:)* (Que tipo de carro o[a] senhor[a] quer?)

Ao que você pode responder com qualquer uma das seguintes frases:

✔ **ein zweitüriges/viertüriges Auto** *(áin tsvái tü:rrigues/fiar-tü:rrigues auto)* (Um carro de duas portas/de quatro portas)

✔ **einen Kombi** *(áinen Kombí)* (uma kombi/van)

✔ **einen Automatikwagen** *(áinen automa:tik-va:guen)* (um carro com câmbio automático)

✔ **einen Schaltwagen** *(áinen chalt-va:guen)* (um carro de transmissão manual)

Podem perguntar ainda:

✔ **Für wie lange möchten Sie den Wagen mieten?** *(fü:ar vi: langue mö:çhten zi: de:n va:guen mi:ten?)* (Por quanto tempo o senhor gostaria de alugar um carro?)

✔ **Ab wann möchten Sie den Wagen mieten?** *(ap ván mö:çh ten zi: de:n vá:guen mi:ten)* (A partir de quando o senhor gostaria de alugar o carro?)

✔ **Bis wann möchten Sie den Wagen mieten?** *(bis ván mö:çhten zi: de:n vá:guen mi:ten)* (Até quando o senhor gostaria de alugar o carro?)

✔ **Wann/Wo möchten Sie den Wagen zurückgeben?** *(ván/vô: mö:çhten zi: de:n vá:guen tsurü:k-gue:ben)* (Quando/onde o senhor gostaria de devolver o carro?)

Ao que você pode responder:

✔ **Ich brauche den Wagen für...** *(içh brauçhe de:n vá:guen fü:ar...)* (Eu preciso do carro para...)

✔ **Ich möchte den Wagen ab dem... mieten.** *(içh mö:çhte de:n va:guen ap de:m... mi:ten)* (Eu gostaria de alugar começando a partir...)

✔ **Ich möchte den Wagen bis zum... mieten.** *(içh mö:çhte de:n va:guen bis tsum... mi:-ten)* (Eu gostaria de alugar até...)

✔ **Ich möchte den Wagen am... zurückgeben.** *(içh mö:çhte de:n va:guen am... tsurü:k-gue:ben)* (Eu gostaria de devolver o carro no dia...)

✔ **Ich möchte den Wagen in... zurückgeben.** *(içh mö:çhte de:n va:guen in... tsurü:k-gue:ben)* (Eu gostaria de devolver o carro no...)

Capítulo 14: Dando uma Volta: Aviões, Trens, Táxis e Ônibus **239**

Durante o processo de aluguel do automóvel, você ouvirá as seguintes palavras:

- **die Vollkaskoversicherung** *(di: fólkasko-ferziçherrung)* (seguro total)
- **inbegriffen** *(inbegrifen)* (incluído)
- **der Führerschein** *(de:r fü:rarcháin)* (carteira de motorista)
- **ohne Kilometerbegrenzung** *(o:ne kilome:tar-begrentsung)* (sem limite de quilometragem)

Tendo uma Conversa

Anke acabou de chegar em Frankfurt. Depois de ir à alfândega, ela visita uma agência de aluguel de carros. Está conversando com um funcionário desta agência.

Anke: **Guten Morgen. Ich möchte ein Auto mieten.**
gu:ten mörguen. içh mö:çhte áin auto mi:ten
Bom dia, eu gostaria de alugar um carro.

Angestellter: **Was für ein Auto möchten Sie?**
vas fü:ar áin auto mö:çhten zi
Que tipo de carro a senhora gostaria?

Anke: **Einen Kombi.**
áinen kom-bi
Uma kombi/van.

Angestellter: **Möchten Sie einen Schaltwagen oder einen Automatikwagen?**
mö:çhten zi: áinen chalt-va:guen o:dar áinen automa:tik-va:guen
A senhora gostaria de um carro com câmbio manual ou câmbio automático?

Anke: **Ein Automatikwagen.**
áinen automa:tik-va:guen
Um com câmbio manual.

Angestellter: **Für wie lange möchten Sie den Wagen mieten?**
fü:ar vi: langue mö:çhten zi: de:n va:guen mi:ten
Por quanto tempo a senhora gostaria de alugar o carro?

Anke: **Für eine Woche.**
fü:ar áine vóçhe
Por uma semana.

240 Parte III: Alemão para Viagem

Angestellter:	**Ein Kombi kostet für eine Woche ohne Kilometerbregrenzung 689 Euro Versicherung.**
	áin kombi kóstet fü:ar áine vóçhe (o:ne kilome:tarbe grentsung seks hundart nóin unt açhtsik ói:ro ferziçherrung
	O seguro de uma kombi/van por uma semana, sem limite de quilometragem, custa 689 euros.
Anke:	**Ja, hier bitte.**
	iá, hiar bite
	Sim, isto mesmo.

Lendo mapas e sinais de trânsito

As estradas retas, especialmente as longas, podem não ser divertidas, mas são melhores do que as com curvas – isto é, dirigir nas curvas. Queremos indicar a direção certa, para onde você quer ir. Você precisará de um mapa rodoviário confiável e trabalhar seu conhecimento da sinalização das estradas alemãs.

Mapas

Um bom mapa mostra onde você está e onde estão as coisas, como chegar lá e que distância tem que percorrer– isto é uma quantidade enorme de informações numa folha de papel. A melhor coisa sobre mapas é que eles são, em primeiro lugar, visuais, assim você não precisa conhecer muito do idioma para ler um. Contudo, é necessário conhecer as seguintes palavras para diferentes tipos de mapas, no caso de você precisar perguntar a alguém:

- **die Landkarte** *(di: lantkarte)* (o mapa)
- **die Straßekarte** *(di: chtra:ssekarte)* (o mapa rodoviário)
- **der Stadtplan** *(de:r chtat-pla:n)* (mapa da cidade)

Sobre um mapa escrito em alemão, você pode ver as seguintes palavras:

- **die Autobahn** *(di: autoba:n)* (a rodovia)
- **die Ausfahrt** *(di: ausfa:rt)* (a rampa de saída)
- **die Auffahrt** *(di: auffa:rt)* (a rampa de entrada)
- **das Autobahnkreuz** *(das autoba:n-króits)* (o cruzamento de estradas)
- **das Autobahndreieck** *(das autoba:n-drai-ek)* (interseção de três vias)
- **die Altstadt** *(di: alt-chtat)* (cidade velha)

_____ **Capítulo 14: Dando uma Volta: Aviões, Trens, Táxis e Ônibus** **241**

🖝 **die Fußgängerzone** *(di: fussgēngar-tso:ne)* (área de pedestre)

🖝 **Das theater** *(das te:a:tar)* (o teatro)

🖝 **die Kirche** *(di: kirçhe)* (a igreja)

🖝 **der Parkplatz** *(de:r park-platz)* (área de estacionamento)

Sinais de trânsito

Você não quer ser parado por ultrapassar a velocidade permitida em uma estrada de mão única, indo na direção errada, em uma pista escorregadia. Aqui estão alguns dos sinais de trânsito mais comuns que você encontra nos países de língua alemã:

🖝 **Anlieger frei** *(anli:gar frái)* (acesso único, sem saída)

🖝 **Einbahnstraße** *(áinba:n-chtra:sse)* (rua de mão única)

🖝 **Einordnen** *(áinordnen)* (entrar na devida faixa)

🖝 **Gesperrt** *(guechperrt)* (fechado)

🖝 **Licht an/aus** *(liçht an/aus)* (luz acesa/apagada)

🖝 **Umleitung** *(umláitung)* (desvio)

🖝 **Vorsicht Glätte** *(fo:rziçht glé:te)* (escorregadio quando molhado)

🖝 **50 bei Nebel** *(fü:nftsiçh bai nê:bel)* (50 km/h sob neblina)

🖝 **Baustelle** *(bauchtéle)* (local de construção)

Na Estação de Trem

Viajar de trem é um modo muito confortável de conhecer a Europa. Não importa se você gosta de ficar pulando de uma cidade para outra no **Intercity Express (ICE)** *(intercity-ekspréss/i-tse-e:)* ou ser levado a uma pequena cidade embarcando no mais lento **Interregio (IR)** *(inter-ré:gio:/i:ér)*; você pode ir a praticamente qualquer lugar de trem.

Viagens ferroviárias são muito populares entre os europeus. Assim, é aconselhável fazer uma reserva durante a época de temporada; por exemplo, no início e fim das férias escolares ou durante os grandes feriados. Se você estiver fazendo uma grande viagem em pouco tempo, é melhor perguntar sobre a disponibilidade de passes de trem pré-pagos antes de sair de casa.

242 Parte III: Alemão para Viagem

Lendo os horários dos trens

Toda estação disponibiliza horários para todos os trens que passam por ali. Contudo, desde que uma programação contenha trens em funcionamento para várias (ou todas) as estações, você pode achar difícil obter a informação sobre o trem específico que queira pegar. As seguintes expressões fornecem algum tipo de orientação para esclarecer as programações de horários dos trens:

- ✔ **der Fahrplan** *(de:r fa:rpla:n)* (programação do horário do trem)

- ✔ **die Abfahrt** *(di: apfa:rt)* (a partida)

- ✔ **die Ankunft** *(di: ankunft)* (a chegada)

- ✔ **über** *(ü-bar)* (via, através)

- ✔ **werktags** *(verkta:ks)* (dias úteis)

- ✔ **sonn-und feiertags** *(zon-und-faiarta:ks)* (domingos e feriados)

Obtendo informações

Quando você quiser informações sobre um trem, dirija-se ao balcão de informações, **die Auskunft** *(di: auskunft)*. Lá, pode precisar fazer qualquer uma das seguintes perguntas:

- ✔ **Von welchem Gleis fährt der Zug nach... ab?** *(fon vélchem gláis fé:rt de:r tzuk nach... ap)* (De qual plataforma o trem sai para... ?)

- ✔ **Auf welchem Gleis kommt der Zug aus... an?** *(auf vélchem gláis kónt de:r tzuk aus... an)* (Em qual plataforma chega o trem de... ?)

- ✔ **Hat der Zug Verspätung?** *(hat de:r tzuk ferchpê:tung?)* (O trem está atrasado?)

- ✔ **Gibt es einen direkten Zug von... nach...?** *(gui:pt es áinen dire:kten tzuk fon... nach...)* (Há um trem direto de... para... ?)

As respostas para a maioria das questões serão objetivas – a atendente dirá o número da plataforma que você precisa ir, por exemplo. Contudo, para a última questão na lista a seguir, você pode ouvir que trens diretos podem não estar disponíveis:

Nein, Sie müssen in... umsteigen *(nai:n, zi: mü:ssem in... umchtáiguen)* (Não, você deve trocar de trem na...)

Capítulo 14: Dando uma Volta: Aviões, Trens, Táxis e Ônibus 243

Palavras e frases úteis

der Bahnsteig	de:r ba:n-chtáig	plataforma
das Gleis	das gláis	a trilha/linha
die Verspätung	di: ferchpê:tung	o atraso
einsteigen	áinchtáiguen	embarcar
aussteigen	auschtáiguen	desembarcar
umsteigen	umchtáigen	trocar (de trem, ônibus etc)
abfahren	apfa:ren	partir
ankommen	ankómen	chegar
fahren	fa:ren	ir de...

Comprando passagens

Você precisa ir ao guichê de passagens, **der Fahrkartenschalter** *(de:r far:r karten-chaltar)*. Com a ajuda destas palavras, você será capaz de procurar sozinho a passagem que precisa para ir a qualquer lugar que os trilhos ferroviários da Alemanha, Áustria e Suíça o levarem.

O básico

Quando for a sua vez de falar com a pessoa responsável pela venda das passagens, diga apenas o seguinte para comprá-las:

> **Eine Fahrkarte nach..., bitte** *(áine fa:rkarte naçh..., bite)* (Uma passagem de trem para..., por favor.)

Como é sempre possível conseguir uma passagem de ida, ou de ida e volta, o atendente certamente lhe perguntará:

> **Einfach oder hin und züruck?** *(áinfaçh o:dar hin unt tsurü:k)* (Só de ida ou ida e volta?)

244 Parte III: Alemão para Viagem

Se você estiver especialmente preocupado com o preço, pode perguntar:

- ✔ **Was kostet eine Rückfahrkarte nach... ?** *(vas kóstet áine rü:k-fa:rkarte naçh...)* (Quanto custa uma passagem de ida e volta para... ?)

- ✔ **Was kostet eine einfach e Fahrt nach... ?** *(vas kostet áine ainfaçhe fa:rt naçh...)* (Quanto custa uma passagem só de ida para... ?)

- ✔ **Erster oder zweiter Klasse?** *(e:rstar o:dar tsvaitar klasse)* (De primeira ou segunda classe?)

Em trens especialmente cheios, é melhor você fazer uma reserva adiantada para um assento. Para fazer isto, simplesmente pergunte:

> **Ich möchte gern eine Platzkarte für den... von... nach...** *(içh mö:çhte guérn áine platskarte fü:ar de:n... fon... naçh...)* (Eu gostaria de reservar um assento no... de... para...)

No caso de você estar falando sobre uma viagem de trem que queira reservar para mais tarde, o atendente pode lhe perguntar:

- ✔ **Fahren Sie heute?** *(fa:ren zi: hói:te)* (O[a] senhor[a] viaja hoje?)

- ✔ **Wann fahren Sie** *(van fa:ren zi:)* (Quando a[o] senhor[a] viaja?)

Você tem de pagar uma taxa extra

O valor que você paga por uma passagem depende de quantos quilômetros viajará. Há um preço básico estabelecido por quilometragem para primeira e segunda classe. E, você tem de pagar uma sobretaxa, **der Zuschlag** *(de:r tsuchlag)*, para trens marcados com **ICE** (Intercity Express), **IC** (*Intercity*) ou **EC** (*Eurocity*). Estes são trens muito rápidos, conectando grandes cidades.

A palavra **Zuschlag** comumente aparece no quadro que mostra as partidas. Se estiver em dúvida, cheque no balcão de informações ou balcão de passagens. Se você não tiver mudado de ideia sobre qual trem pegar ou estiver com pressa, pode pagar a sobretaxa a bordo do trem pagando mais uma pequena sobretaxa.

Para ter certeza, se o trem em que você quer embarcar requer um **Zuchlag,** pergunte:

> **Muss ich für den Zug um 11.45 Uhr nach... einen Zuschlag bezahlen?** *(mus içh fü:ar de:n tsuk um elf u:ar fü:nfuntfiartsiçh naçh... áinen tsuchlag betsa:len)* (Eu tenho que pagar uma sobretaxa pelo trem que vai para... às 11 h 45 min?)

À esta questão, o atendente pode responder:

> **Das ist ein Intercity. Sie brauchen eine IC-Zuschlag.** *(das ist áin intercity.zi: brauçhen áinen i:tse-tsuchlag)* (É um Intercity. O[A] Senhor[a] precisa pagar a sobretaxa do IC...)

Capítulo 14: Dando uma Volta: Aviões, Trens, Táxis e Ônibus

Palavras e frases úteis

die Fahrkarte	di: fa:rkarte	passagem de trem
die erste klasse	di: erste klasse	primeira classe
die zweite klasse	di: tsváite klasse	segunda classe
der Zuschlag	de:r tsuchlag	sobretaxa
die Rückfahrkarte	di: rü:k-fa:r karte	passagem de trem de ida e volta
die Platzkarte	di: plats-karte	cadeira reservada
hin und zurück	hin unt tsurrü:k	ida e volta
einfach	áinfach	só de ida

Quando Separar os Verbos

A maioria dos verbos em alemão, incluindo muitos dos que mostramos a você neste capítulo, partilha de um traço particular. Todos eles têm prefixos que são palavras reais com autonomia (como as preposições **ab, an, um, ein** e **aus**). Estes prefixos são separáveis da raiz do verbo. Quando usado no presente, a raiz do verbo e o prefixo ficam separados. A raiz do verbo se conjuga da forma esperada e toma seu lugar usual na frase, enquanto o prefixo se desloca para o fim da frase.

Observe este fenômeno em ação, usando o verbo **ankommen** (*ankómen*) (chegar). Note como o prefixo sempre vai para o fim da frase, não importando quantas palavras estejam entre a raiz e o verbo:

- ✓ **Der Zug kommt an.** *(de:r tsug kómt an)* (O trem está chegando).

- ✓ **Der Zug kommt um 18.15 Uhr an.** *(de:r tsuk komt um achttsen u:ar fü:nftse:n an)* (O trem chega às 18:15.)

- ✓ **Der Zug kommt um 18.15 Uhr in Dessau an.** *(de:r tsuk kómt um achttse:n u:ar fünftse:n in Dessau an)* (O trem chega às 18:15 em Dessau.)

Como você sabe que um verbo é separável? Duas coisas podem orientá-lo:

- ✓ O verbo precisa ter uma preposição servindo como prefixo.

- ✓ O infinitivo é enfatizado na primeira sílaba.

Aqui estão alguns verbos que seguem este padrão. Você encontrará mais verbos separáveis ao longo deste livro.

- **anfangen** *(anfanguen)* (começar)
- **aufhören** *(auf hö:ren)* (terminar)
- **aufmachen** *(aufmaçhen)* (abrir)
- **zumachen** *(tsumaçhen)* (fechar)
- **abfahren** *(apfa:ren)* (partir [de trem])
- **abfliegen** *(apfli:guen)* (partir [voar])
- **einsteigen** *(áin chtáiguen)* (embarcar)
- **aussteigen** *(aus-chtáigen)* (desembarcar)
- **aufstehen** *(aufchte:en)* (levantar-se)
- **zuhören** *(tsuhö:ren)* (ouvir com atenção, ouvir atentamente)

Ao usar verbos separáveis, a raiz do verbo principal com a conjugação apropriada vai no lugar usual. O prefixo é a última palavra na frase. Esta regra funciona para o presente e o passado imperfeito.

Pegando Ônibus, Metrôs e Táxis

Cidades alemãs grandes e pequenas comumente têm um sistema de transporte público de ótimo funcionamento. Uma combinação de **Bus** *(bus)* (ônibus), **U-bahn** *(u:ba:n)* (metrô), **Strassenbahn** *(chtra:ssen-ba:n)* (bonde) e **S-bahn** *(es-ba:n)* (trens locais que vão para o subúrbio) deve levar você de modo seguro aonde quiser ir.

Pegando o Ônibus

Se você precisar de ajuda para pegar o ônibus ou trem certo, poderá fazer qualquer uma das seguintes perguntas ao **Fahrkartenschalter** *(fa:rkarten-chaltar)* (atendente que vende passagens em um guichê) ou a qualquer motorista de ônibus **(der Busfahrer)** *(de:r bus-fa:rer)*:

- **Welche Buslinie fährt ins Stadtzentrum?** *(vélche bus-lini:e fé:rt ins chtat-tsentrum)* (Que linha de ônibus vai para o centro da cidade?)
- **Ist das die richtige Strassenbahn zum Stadion?** *(ist das di: richtigue chtra:ssen ba:n tsum chta:dion)* (Este é o bonde certo para o estádio?)
- **Muss ich umsteigen?** *(mus içh umchtáiguen)* (Eu devo trocar de ônibus?)
- **Hälte diese U-bahn am Hauptbahnhof?** *(hélt di:ze u:ba:n am hauptba:n-ho:f)* (Este metrô para na estação principal?)

Capítulo 14: Dando uma Volta: Aviões, Trens, Táxis e Ônibus 247

O sistema de validação

Ao entrar em uma estação de metrô na Alemanha, você notará a ausência de roletas. Então, como as pessoas pagam pela viagem? Elas compram tickets em uma estação ou uma banca de jornal já antes e validam os tickets com um selo de data e hora nas máquinas colocadas fora da estação ou nos trens de embarque. O mesmo ocorre com os ônibus. Assim, quando comprar tickets, tem de se lembrar que em muitas instâncias, é necessário validar um ticket antes de entrar em um ônibus ou metrô. Inspetores de tickets à paisana fazem checagens e qualquer um que for pego sem um ticket pode pegar uma multa bem pesada na hora. Para evitar qualquer tipo de desconforto, é uma boa ideia descobrir como o sistema funciona em uma cidade antes de esperar pelo trem ou ônibus.

Palavras e frases úteis

die Bus	de:r bus	o ônibus
die U-bahn	di: u:ban	o metrô
die S-bahn	di: s:ba:n	o trem local
die Strassenbahn	di: chtra:ssen-ba:n	o bondinho
die Buslinie/U-bahnlinie	di: bus-li:nie/u:ba:n-li:nie	linha de ônibus/linha de metrô
halten	haltem	parar
die U-bahnstation	di: u-ba:n-chtatsio:n	estação de metrô
das Taxi	das taxi:	o táxi
der Taxistand	de:r taxi-chtant	o ponto de táxi
der Farhscheinautomat	de:r fa:r cháin-automa:t	a máquina de passagens

Tendo uma Conversa

Ben quer pegar o ônibus para a prefeitura, mas não sabe qual ônibus certo para chegar lá. Por isso, ele pede informações a uma adolescente que está perto dele no ponto de ônibus.

Ben: **Entschuldigen Sie bitte, hält hier die Buslinie 9?**
ent<u>chul</u>diguen zi: <u>bi</u>te, hélt hiar di: <u>busli</u>:nie nói:n
Com licença, por favor, para aqui a linha de ônibus 9?

Adolescente: **Nein, hier hält nur die Linie 8. Wohin wollen Sie denn?**
nái:n, hiar hélt nu:ar di: <u>li</u>:nie acht. <u>vô</u>chin <u>vó</u>len zi: dén
Não, aqui para somente a linha 8. Para onde o senhor quer ir?

Ben: **Zum Rathaus.**
Tsum <u>ra</u>:t-haus
Para a prefeitura.

Adolescente: **Fahren Sie mit der Linie 8 bis zum Goetheplatz, und dort steigen Sie in die Linie 9 um.**
fa:ren zi: mit de:r li:nie acht bis tsum gö:te-plats unt dort chtáiguen zi: in di: li:nie nói:n um
Vá com a linha 8 até a praça Goethe e lá faça baldeação para a linha 9.

Ben: **Wie viele Haltestellen sind es bis zum Goetheplatz?**
vi: <u>fi</u>:le halte<u>chté</u>len zint es bis tsum <u>gö</u>:teplats
Há quantas paradas até a Praça Goethe?

Adolescente: **Es sind vier Halterstellen von hier.**
es zint fiar <u>halte</u>-chtélen fon hiar
São quatro paradas daqui.

Ben: **Vielen Dank für die Auskunft.**
<u>fi</u>:len dank fü:ar di: <u>aus</u> kunft
Muito obrigado pela informação.

Capítulo 14: Dando uma Volta: Aviões, Trens, Táxis e Ônibus **249**

Pegando um táxi

Pegar um táxi não é difícil. Apenas pegue o caminho mais próximo a um **Taxistand** _(taksi-chtant)_ (ponto de táxi) e vá direto para o primeiro carro da fila. Quando entrar, o motorista do táxi **(Taxifahrer)** _(taksi-fa:rar)_ vai ligar o taxímetro e você pagará o preço indicado no taxímetro quando chegar ao seu destino.

Para perguntar pelo ponto de táxi mais próximo, apenas diga o seguinte:

Wo ist der nächste Taxistand? _(vô ist de:r né:çhste taksi-chtant)_ (Onde fica o ponto de táxi mais próximo?)

Quando você estiver no táxi, o motorista poderá perguntar:

Wohin möchten Sie? _(voçhin mö:çhten zi:)_ (Para onde o[a] senhor[a] quer ir?)

Ache as combinações corretas. Nós faremos as questões em alemão e português, mas as respostas estarão somente em alemão. Observe bem: há uma resposta apenas para cada questão.

1. Wohin möchten Sie ? (Para onde você quer ir?)

2. Wo hält die Linie 8? (Onde para a linha 8?)

3. Wie viele Haltestellen sind es bis zum Rathaus? (Há quantas paradas até a prefeitura?)

4. Welcher Bus fährt zum Bahnhof? (Qual ônibus vai para a estação de trem?)

5. Für wie lange möchten Sie das Auto mieten? (Por quanto tempo o senhor gostaria de alugar o carro?)

6. Wann fliegt die Maschine nach Paris ab? (A que horas sai o avião para Paris?)

A. Die Linie 20.

B. Am Goetheplatz.

C. Zum Flughafen.

D. Inklusiv Versicherung.

E. Von hier, vier.

F. Pünktlich um 18 Uhr.

G. Für zwei Wochen.

Respostas: 1-C; 2-B; 3-E; 4-A; 5-G; 6-F

Capítulo 15

Planejando uma Viagem

Neste Capítulo

- Visitando uma agência de viagem
- Trabalhando com calendário e datas
- Passaportes, vistos e outros itens necessários para viajar

*V*ocê gostaria de dar uma volta nas montanhas, visitar o campo ou ir para o mar? Não importa o destino, toda viagem requer alguma preparação. Você precisa dar uma olhada no calendário e estabelecer as datas, estar com seu passaporte em ordem, falar com seu agente de viagens e por assim em diante. Então é hora de assegurar um visto válido (se necessário) e sair para viajar.

Orientando-se em uma Agência de Viagem

Agentes de viagem são muito bons em fazer seu planejamento, mas você tem de ajudá-los um pouco dizendo que tipo de planejamento você quer que eles façam. Além do mais, você não quer passar a noite em uma casa na árvore com o ruído de corvos barulhentos.

Quando você chegar na agência de viagens, **das Reisebüro** *(das rai:ze-bü:ro:)* diga ao funcionário o seguinte:

Ich möchte gern *(içh mö:çhte guern)* (Eu gostaria de…)

No fim desta frase, pode dizer o seguinte para especificar o que você quer que a agência de viagens faça por você:

- ✔ **einen Flug nach .. buchen** *(áinen fluk naçh… bu:çhen)* (agendar um voo para…)
- ✔ **am… abfliegen** *(am… apfli:gen)* (partir para…)
- ✔ **am… zurückfliegen** *(am… tsurü:k-fli:guen)* (retornar a…)

252 Parte III: Alemão para Viagem

- **ein Hotelzimmer reservieren** *(áin ho:tel-tsimar rezervi:ren)* (reservar um quarto de hotel)
- **ein Hotel buchen** *(áin ho:tel bü:çhen)* (reservar um hotel).

Você pode também perguntar ao agente de viagens sobre o clima na área para qual você planeja viajar, se achar que o clima na área para onde vai seja diferente de onde você está no momento:

Wie ist das Wetter in... im Frühjahr/Herbst/Winter/ Sommer zu dieser Jahreszeit? *(vi: ist das vêtar in... im frü:ia:r/herpst/vintar/zómar/tsu di:zar ia:res-tsait?)* (Como está o tempo em... na primavera/outono/inverno/verão nesta época do ano?)

Tendo uma Conversa

Frau Burger viaja bastante a negócios. Na próxima semana, ela fará um voo até Viena para um encontro. Ela liga para uma agência de viagens para marcar o voo.

Angestellter: **Reisebüro Kunze, guten Tag!**
rai:ze-bü:ro kuntse. gu:ten ta:k
Agência de viagens, Kunze, bom dia!

Frau Burger: **Tag, hier spricht Claudia Burger von der Firma Transwelt.**
ta:k, hiar chpriçht klaudia burgar fon de:r firma transvélt
Bom dia, aqui quem fala é Claudia Burger da Empresa Transwelt.

Angestellter: **Hallo Frau Burger. Was kann ich für Sie tun?**
halô, frau burgâr. vás kán içh fü:ar zi: tun
Olá, Senhora Burger. O que posso fazer pela senhora?

Frau Burger: **Ich muss nächsten Montag nach Wien fliegen.**
içh mus né:chsten mo:nta:k naçh vi:n fli:guen
Eu tenho que viajar para Viena na próxima segunda-feira.

Angestellter: **Moment, das ist der 15. In der Maschine um 10 Uhr ist noch etwas frei.**
mo:ment, das ist de:r fü:nftse:nte. in de:r machine um tse:n u:ar ist noçh étvas frái
Um momento, será no dia 15. Ainda há lugar no avião às 10 horas.

_____Capítulo 15: Planejando uma Viagem **253**

Frau Burger: **10 Uhr passt ausgezeichnet. Und wann kann ich züruckfliegen? Ich werde bis Mittwoch bleiben.**
tse:n u:ar past ausguetsaichnet. unt ván kán ich tsurrü:k-fli:guen? ich vérde bis mitvóch blai:ben
10 horas está excelente. E quando eu posso pegar o voo de volta? Eu vou ficar até quarta-feira.

Angestellter: **Das ist der 17.10. Die letzte Maschine fliegt um 21.20 Uhr ab.**
das ist de:r zi:ptse:nte tse:nte. di: letste machine fli:kt um áinunt-tsvantsich u:ar tsvantsich ap.
É no dia 17 de Outubro. O último avião sai às 21 h 20 min.

Frau Burger: **21. 20 Uhr? Das geht.**
ainunt-tsvantsich u:ar tsvantsich? das gue:t
21 h 20 min? Está ok.

Angestellter: **Sehr gut. Ich buche den Flug für Sie.**
ze:r gu:t. ich buche de:n fluk fü:ar zi:
Muito bem. Eu vou reservar o voo para a senhora.

Frau Burger: **Danke.**
dánke
Obrigada.

Palavras e frases úteis

die Reise	di: rai:ze	a viagem
reisen	rai:zen	viajar
buchen	bu:chen	reservar
das Reisebüro	das rai:ze-bü:rro:	agência de viagens
die Übernachtung	di: ü:bar-nachtung	acomodação

Planejando: Usando o Tempo Futuro

Ao falar sobre coisas que vão acontecer no futuro, você usa o *tempo verbal no futuro*. Alguns exemplos do tempo futuro em português são:

- ✔ Eu comprarei um par de botas para passeio amanhã.
- ✔ Nós não esquiaremos na época de verão.
- ✔ Nós precisaremos de alguma ajuda para planejar aquela viagem para Antártida.

Vê como o tempo futuro é formado em português? O verbo "ir" também sinaliza que você estará falando sobre o futuro.

Para formar o tempo futuro, em alemão, é como no português. Você utiliza a forma apropriada do verbo **werden** (*ve:rden*) e adiciona um verbo no infinitivo. A forma conjugada de **werden** vai para o lugar comum do verbo, e o infinitivo fica no fim da frase. Neste caso, **werden** é usado como um verbo auxiliar, significando a conjugação de futuro, como por exemplo, eu fa*rei* algo. Mas pode ser traduzido como *eu vou*, não no sentido de ir, de deslocamento, mas no sentido da realização de uma ação futura. Quando usado sozinho, o verbo **werden** significa "tornar-se".

A tabela 15-1 mostra a você a conjugação apropriada do verbo **werden**.

As seguintes frases mostram alguns bons exemplos do tempo futuro. Observe como os infinitivos sempre ficam no final das frases:

Tabela 15-1	Conjugando o Verbo werden	
Conjugação	*Pronúncia*	*Tradução*
Ich werde	içh vé:rde	Eu vou
du wirst	du virst	Você vai
Sie werden	zi: ve:rden	O(A) senhor(a) vai
er ,sie, es wird	ear, zi: es virt	Ele, ela, isto vai
wir werden	viar ve:rden	Nós vamos
ihr werdet	iar ve:rdet	Vocês vão
Sie werden	zi: ve:rden	O(A) senhor(a) vai
sie werden	zi: ve:rden	Eles(as) vão

- ✔ **Ich werde anrufen** (*içh ve:rde anru:fen*) (Eu ligarei/eu vou ligar.)
- ✔ **Wir werden morgen kommen.** (*viar ve:rden mórguen kómen*) (Nós chegaremos amanhã.)

_____Capítulo 15: Planejando uma Viagem **255**

- ✔ **Wirst du nächstes Jahr nach Österreich fahren?** *(virst du né:chstes ia:r nach ö:star-rai:ch fa:ren)* (Você vai viajar/viajará para Áustria no ano que vem?)

- ✔ **Frau Meier wird nächste Woche ins Reisebüro gehen.** *(frau maiar virt né:chste vóche ins rai:ze-bü:rô: gue:en)* (A senhora Meier irá/vai na semana que vem até a agência de viagens.)

Falantes de língua alemã são bem displicentes no tempo futuro; eles não o usam o tempo todo. Muito frequentemente, eles preferem falar sobre o futuro usando o tempo presente. Expressões como **morgen** *(mórguen)* (amanhã) ou **nächstes Jahr** *(né:chstes ia:r)* (ano que vem) servem para indicar tempo futuro. Todas as frases seguintes têm significado de futuro, embora o verbo em cada uma delas esteja no tempo presente:

- ✔ **Morgen gehe ich wandern.** *(morguen gue:e ich vandérn)* (Amanhã eu vou fazer uma caminhada.)

- ✔ **Fährst du nächstes Jahr wieder zu den Festspielen?** *(fé:rst du né:chstes ia:r vi:dar tsu de:n fest-chpi:len)* (Você vai para o festival no ano que vem?)

- ✔ **Susanne geht übermorgen zum Konsulat.** *(Suzane gue:t ü:barmórguen tsum konzula:t)* (Susanne vai para o consulado depois de amanhã.)

- ✔ **Fahrt ihr am nächsten Wochenende weg?** *(fa:rt iar am né:chsten vóchen-ende vék)* (Vocês vão embora no próximo final de semana?)

Usando o Calendário e as Datas

Setembro, abril, junho e novembro têm trinta dias. Você deveria ficar feliz ao saber que isto também rima facilmente em alemão. Mas não fique muito confiante – você terá de aprender os anos também.

Aprendendo as informações do calendário

As seguintes frases mostram como construir o calendário, **der Kalender** *(de:r kalendar)*, em alemão:

- ✔ **Ein Jahr hat 12 Monate.** *(áin ia:r hat tsvo:ef mo:nate)* (Um ano tem 12 meses.)

- ✔ **Ein Monat hat 30 oder 31 Tage**. *(ain mo:nat hat draissich o:dar ain-untdraissich ta:gue)* (Um mês tem 30 ou 31 dias.)

- ✔ **Der Februar hat 28 oder 29 Tage.** *(de:r fe:bruar hat acht unt tsvantsich o:dar nóin unt tsvantsich ta:gue)* (Fevereiro tem 28 ou 29 dias.)

- ✔ **Eine Woche hat 7 Tage.** *(áine vóche hat zi:ben ta:gue)* (Uma semana tem 7 dias.)

Os meses

A seguinte lista mostra todos os nomes dos meses. Todos são substantivos masculinos, significando que o artigo para os meses é **der:**

- **Januar** *(ianua:r)* (janeiro)
- **Februar** *(fe:brua:r)* (fevereiro)
- **März** *(mérts)* (março)
- **April** *(a:pril)* (abril)
- **Mai** *(mai)* (maio)
- **Juni** *(iu:ni)* (junho)
- **Juli** *(iu:li)* (julho)
- **August** *(august)* (agosto)
- **September** *(zeptembar)* (setembro)
- **Oktober** *(okto:bar)* (outubro)
- **November** *(novembar)* (novembro)
- **Dezember** *(de:tsembar)* (dezembro)

Descrevendo os eventos nos meses específicos

Se algo acontece em um determinado mês, combine o nome do mês com a preposição **im :**

- **Ich fliege im Januar ab.** *(içh fli:gue im ianua:r ap)* (Eu vou viajar em janeiro.)
- **Ich fliege im Februar zurück.** *(içh fli:gue im fe:brua:r tsurü:k)* (Eu vou viajar de volta em fevereiro.)
- **Im März werde ich zu Hause sein.** *(im merts vé:rde içh tsu hause záin)* (Estarei em casa em março)

Dando nomes aos períodos específicos nos meses

Se você precisa, de algum modo, especificar o período dos meses, as seguintes frases o ajudarão a achar o caminho:

- **Anfang Januar** *(anfang ianua:r)* (no começo de janeiro)
- **Mitte Februar** *(mite fe:brua:r)* (em meados de fevereiro)
- **Ende März** *(ende mertz)* (no final de março)

_Capítulo 15: Planejando uma Viagem **257**

Naturalmente, você pode substituir qualquer nome do mês depois de **Anfang, Mitte** e **Ende:**

- ✔ **Anfang April fliegen wir nach Berlin.** *(anfang a:pril fli:guen viar naçh bérlin)* (No começo de abril voamos para Berlim.)

- ✔ **Ich werde Ende Mai verreisen.** *(içh ve:rde ênde mai fer-rai:zen)* (Eu vou viajar no fim de Maio.)

- ✔ **Herr Behr wird Mitte Februar in Skiurlaub fahren.** *(hér bê:r virt mite fe:brua:r in chi-urlaup fa:ren)* (O senhor Behr viajará em meados de Fevereiro de férias para esquiar.)

Datas

Ao se falar sobre datas, **das Datum** *(das da:tum)*, você precisará pensar um pouquinho mais. Em alemão, o dia sempre vem primeiro, e o mês vem em segundo lugar (veja a Tabela 15-2). Note que o ponto após o número, o identifica como um número ordinal. (Veja o Capítulo 12 para informações sobre números ordinais.)

Tabela 15-2	Conjugando o Verbo werden	
Escrita	*Fala*	*Pronúncia*
1. Januar 2000	*erster Januar Zweitausend*	*erstar ianua:r tsvái tausent*
10. Juni 1999	*zehnter Juni neunzehnhunder-tneunundneunzig*	*tse:ntar iu:ni nói:ntse:nhun-dert nói:nunt nói:ntsiçh*
20. März 1888	*zwanzigster März Achtzeh-nhundertachtundachtzig*	*tsvantsikstar mérts açhtse:n hundert açht unt açhtsiçh*

Como você pode ver a partir do último exemplo na Tabela 15-2, voltar no tempo para outro século não é difícil.

Isto foi a versão por extenso. E agora a versão mais curta, que é popular tanto para a linguagem escrita quanto falada (veja a Tabela 15-3). O dia ainda vem em primeiro lugar, e o mês vem em segundo lugar. De novo, note os pontos depois dos numerais (tanto o dia quanto o mês são ordinais).

Se você quiser descobrir qual a data de hoje, pergunte:

Parte III: Alemão para Viagem

Tabela 15-3		Datas Alemãs, Versão por Extenso
Escreva	*Diga*	*Pronúncie*
1. 1.2000	erster erster Zweitausend	er*st*ar er*st*ar tsvái *tau*sent
2. 4.1999	zweiter vierter neunzehnhun-dertneunundneunzig	tsv*ái*tar v*iar*tar nóintse:n:hundert nói:nunt:nói:ntsiçh
3. 5.1617	dritter fünfter Sechzehnhun-dertsiebzehn	dritar fü:nftar zektse:n hundert zieptse:n

Den Wievielten haben wir heute? *(de:n vi:fi:lt ha:ben viar hói:te?)* (Que dia é hoje?)

A resposta será a seguinte:

- **Heute haben wir den** *(hói:te ha:ben viar de:n...)* (Hoje nós temos o...)
- **Heute ist der...** *(hói:te ist de:r)* (Hoje é...)

Você pode ouvir o nome do ano integrado a uma frase de duas maneiras. A primeira, o modo mais longo, usa a preposição **im** para criar a frase "**im Jahr**" e, a segunda, o modo mais curto, não usa **im**. As seguintes frases mostram a você exemplos dessas duas maneiras:

- **Im Jahr 2000 fährt Herr Diebold in die USA.** *(im ia:r tsvái tausent fe:rt hér di:bolt in di: u:es:a)* (No ano de 2000, o senhor Diebold viaja para os EUA.)
- **1999 war er in Kanada.** *(nói:ntse:n hundert nói:n unt nói:ntsiçh var ear in kanada)* (Em 1999, ele estava no Canadá.)

Capítulo 15: Planejando uma Viagem

Palavras e frases úteis

das Jahr	das ia:r	o ano
das Vierteljahr	das fiartelia:r	o trimestre
der Monat	de:r mo:nat	o mês
die Woche	di: vóçhe	a semana
der Tag	de:r ta:k	o dia
das Datum	das da:tum	a data
der Kalender	de:r kalendar	do calendário

Lidando com Passaportes e Vistos

Embora o mundo esteja ficando pequeno devido às telecomunicações, nós ainda precisamos de documentação para ir a outros lugares no mundo. Sabe aquele livrinho com um retrato embaraçante, que você sempre guarda em algum lugar, do qual nunca se lembra ou deixa expirar quando está prestes a sair de férias? Então, o assunto é passaporte!

Seu passaporte

Antes que você saia de viagem, deve ter certeza da validade do seu passaporte durante o período total de sua estadia. Além do mais, você não quer passar seu tempo longe de casa tentando achar um consulado brasileiro para renová-lo. Se esquecer de tomar cuidado com esta obrigação muito importante, ouvirá a seguinte frase quando mostrar seu passaporte na fronteira:

Ihr Pass ist abglaufen! *(iar pas ist apguelaufen)* (Seu passaporte expirou!)

Neste ponto, você será direcionado ao consulado brasileiro mais próximo, **das brasilianische Konsulat** *(das brazilia:niche konsula:t)*, para providenciar os documentos necessários.

260 Parte III: Alemão para Viagem

No momento que você notar que seu passaporte sumiu, vá direto ao consulado brasileiro e informe-os. Se necessário, você pode parar um policial ou registrar um boletim de ocorrência em uma delegacia e dizer o seguinte para conseguir ajuda:

Ich habe meinen Pass verloren. *(içh ha:be máinen pas ferlo:ren)* (Eu perdi meu passaporte.)

Perguntando sobre vistos

Você não precisa de um visto, se estiver na Europa de férias e estiver planejando ficar por algumas breves semanas ou meses. Mas, no caso de ficar um pouco mais ou continuar em um lugar onde é requerido ter um visto, as seguintes frases serão úteis quando for pedi-lo:

- ✔ **Braucht man ein Visum für Reisen nach...?** *(brauçht man áin vi:zum fü:ar rai:zen naçh...)* (Precisa-se de visto para viajar para... ?)

- ✔ **Wie lange ist das Visum gültig?** *(vi: langue ist das vi:zum gü:ltiçh)* (Por quanto tempo o visto é válido?)

- ✔ **Wer stellt das Visum aus?** *(ve:r chtélt das vi:zum aus)* (Quem emite o visto?)

- ✔ **Ich möchte ein Visum beantragen.** *(içh mö:çhte áin vi:zum beantrá:gen)* (Eu gostaria de pedir um visto).

Tendo uma Conversa

George Beck, um americano vivendo na Alemanha, quer continuar a esquiar em Davos, na Suíça. Depois de fazer todos os arranjos necessários na agência de viagens, fala com a agente sobre sua entrada.

George : **Brauche ich ein Visum für die Schweiz?**
brauçhe içh áin vi:zum fü:ar di: chvaits
Preciso de visto para a Suíça?

Angestellte: **Nein, für die Schweiz nicht.**
nái:n, fü:ar di: chváiz niçht
Não, não para a Suíça.

George: **Gut. Aber ich brauche meinen Reisepass, stimmts?**
gu:t. a:bar içh brauçhe máinen rai:zepas, chtimts?
Bom, mas eu preciso do meu passaporte, certo?

Angestellte: **Ja, den Pass brauchen Sie. Ist er noch gültig?**
ia, de:n pas brauçhen zi:. ist ear noçh gü:ltiçh
Sim, o senhor precisa do passaporte. Ele ainda está válido?

Capítulo 15: Planejando uma Viagem **261**

George:	**Ich glaube ja.**
	* içh glaube ia:*
	Acredito que sim.
Angestellte:	**Prima! Noch irgendwelche Fragen, Herr Beck?**
	prima:! noçh irguent-vélçhe frá:guen, hér bék
	Excelente! Mais alguma pergunta, senhor Beck?
George:	**Nein, das war's. Vielen Dank.**
	nái:n, das vé:res. fi:len dánk
	Não, era isto. Muito obrigado.
Angestellte:	**Gern geschehen. Und, Gute Reise!**
	guérn, gueche:en. unt, gu:te rai:ze
	Seja bem-vindo. E tenha uma boa viagem!

Palavras e frases úteis

der Reisepass	de:r rai:ze-pas	o passaporte
das Visum	das vi:zum	o visto
beantragen	beantra:gen	pedir (visto)
gültig/ungültig	gü:ltiçh/ungü:ltiçh	válido/inválido
verlängern	ferlé:nguern	renovar, prolongar
ablaufen	aplaufen	expirar
das Konsulat	das konsula:t	o consulado
die Botschaft	di: bo:tchaft	a embaixada

Passatempo

Todas as seguintes frases ocorrem no futuro. É sua tarefa colocar o verbo **werden** na forma apropriada.

1. Wir _____ ans Meer fahren.

2. _____ du mit deinen Eltern in die USA fliegen?

3. Ich _____ meinen Urlaub im Reisebüro buchen.

4. _____ ihr mit dem Bus nach Dänemark fahren?

5. Kai _____ ein Visum für Kanada beantragen.

6. Claudia und Bärbel _____ dieses Jahr nach Polen reisen.

Respostas: 1. werden; 2. wirst; 3. werde; 4. werdet; 5. wird; 6. werden

Capítulo 15: Planejando uma Viagem *263*

Combine as expressões à direita com as da esquerda.

A._____zwölf Monate   a. eine Stunde

B._____30 Tage   b. eine Woche

C._____7 Tage   c. ein Tag

D._____24 Stunden   d. ein Jahr

E._____60 Minuten   e. ein Monat

Respostas: A=D; B=E; C=B; D=C; E=A

264 Parte III: Alemão para Viagem

Capítulo 16

Lidando com Emergências

Neste Capítulo

- Pedindo ajuda
- Indo para o médico ou a um hospital
- Falando com a polícia

Tomara que você nunca precise usar o vocabulário e as informações deste capítulo, mesmo assim podem ser úteis. Além de lidar com acidentes e falar com a polícia, pode haver outros tipos de emergência com os quais precise lidar – e se, de repente, você pegar uma gripe forte? Este capítulo vai ajudá-lo a lidar com todos os tipos de situações de emergência, desde ir ao médico até informar um roubo.

Pedindo Ajuda em Acidentes e Emergências

A parte mais difícil de lidar com emergências é se manter calmo para que possa comunicar claramente a alguém – seja um policial, um profissional de saúde de emergência, ou um médico – qual é o problema. Então, não entre em pânico se tiver que dizer estas coisas desagradáveis em alemão. Você deve, pelo menos, saber como pedir a alguém que fale português ou um outro idioma que você conheça, como o inglês, se for o caso.

Gritando por ajuda

As seguintes expressões são úteis, se você precisar chamar por ajuda em situações de emergência.

- **Hilfe!** *(hilfe)* (Socorro!)
- **Rufen Sie die Polizei!** *(ru:fen zi: di: politsai:)* (Chame a polícia!)

266 Parte III: Alemão para Viagem

- ✔ **Rufen Sie einen Krankewagen!** (*ru:fen zi: ainen krank-va:guen*) (Chame uma ambulância!)

- ✔ **Rufen Sie die Feuerwehr** (*ru:fen zi: di: fói:ar-ve:r*) (Chame os bombeiros!)

- ✔ **Holen Sie einen Artzt!** (*ho:len zi: áinen artst*) (Chame um médico!)

- ✔ **Feuer!** (*fói:ar*) (Fogo!)

Relatando um problema

Se você precisar informar sobre um acidente ou fazer com que as pessoas saibam que você ou outros estão feridos, este vocabulário básico deve ajudar:

- ✔ **Ich möchte einen Unfall melden.** (*ich mö:çhte áinen unfál mélden*) (Eu gostaria de informar que houve um acidente.)

- ✔ **Ich möchte einen Unfall auf der Autobahn melden.** (*ich mö:çhte áinen unfál auf de:r auto:ba:n mélden*) (Eu gostaria de comunicar um acidente na rodovia.)

- ✔ **Ich bin verletzt.** (*ich bin ferletst*) (Eu estou ferido.)

- ✔ **Es gibt Verletzte.** (*es guipt ferletste*) (Há feridos.)

Além de acidentes, há outras emergências para as quais você tem que estar preparado, tais como assalto ou furto.

- ✔ **Ich möchte einen Diebstahl/ Raubüberfall melden.** (*ich mö:çhte áinen di:p-chta:l/raup-ü:barfal melden*) (Eu gostaria de comunicar um furto/assalto.)

- ✔ **Haltet den Dieb!** (*haltet de:n di:p*) (Peguem o ladrão!)

Pedindo ajuda a quem fala português

Se você achar que não pode conseguir a ajuda que você precisa ao falar alemão, abaixo está a frase que você deve dizer para descobrir se há alguém por perto que fale português:

Spricht hier jemand Portugiesisch? (*chpriçht hiar ie:mant portu-guizich*) (Alguém aqui fala português?)

Capítulo 16: Lidando com Emergências 267

Palavras e frases úteis

Hilfe!	hilfe	Socorro!
Rufen Sie die Polizei!	ru:fen zi: di: politsai:	Chame a polícia!
Feuer!	fói:ar	Fogo!

No Médico ou no Hospital

Abra sua boca. Sim, um pouco mais. Bom. Diga, ahhhhhhhh. Agora respire. Descanse. Respire de novo. Bom! Agora você deve estar relaxado o suficiente para saber como explicar o que o incomoda. Se for um pouquinho hipocondríaco, esta parte do livro é exatamente o que o médico pediu.

Aqui estão algumas poucas palavras de que você precisará quando começar a não se sentir muito bem:

- **der Artzt/ die Ärtzin** *(de:r artst/di: é:rtstin)* (o médico/a médica)
- **der Doktor** *(de:r dóktor)* (o médico)
- **das Krankenhaus** *(das kranken-haus)* (o hospital)
- **die Notaufnahme** *(di: nôt-aufna:me)* (pronto-socorro)
- **die Arztpraxis** *(di: artst-praksis)* (consultório do médico)

Se precisar de ajuda médica, pode pedir por um médico ou perguntar onde é o consultório ou o hospital mais próximo ao dizer:

- **Ich brauche einen Artzt** *(içh brauçhe áinen artst)* (Eu preciso de um médico.)
- **Wo ist die nächste Arztpraxis/ das nächste Krankenhaus?** *(vô: ist di: né:çhste artst-praksis/das né:çhste kranken-haus)* (Onde é a clínica médica mais próxima/o hospital mais próximo?)

Parte III: Alemão para Viagem

Ligações de emergência

No caso de emergências, é sempre bom ter os números certos à mão. Se você se encontrar em uma situação de emergência enquanto estiver na Alemanha, discar 190 não vai ajudá-lo, então aqui estão os números cruciais que você precisa memorizar ou manter na sua carteira:

- Polizei (politsai:) (Polícia): 110 (Alemanha), 133 (Áustria), 117 (Suíça)
- Feuerwehr (fói:arve:r) (Bombeiros): 112 (Alemanha); 122 (Áustria); 118 (Suíça).

Você também pode achar estes números na primeira página da agenda telefônica.

Na era de celulares e telefones móveis, tornou-se mais fácil ligar para pedir socorro se você tiver que relatar um acidente. Contudo, o sistema de rodovias alemão, há algum tempo, está muito bem preparado para este tipo de emergência. Na Autobahn, você achará Notrufsäulen (no:t-ru:f-sói:len) (cabines telefônicas para motoristas) em intervalos regulares. Há também sinais que lhe dirão a que distância você está do próximo telefone de emergência.

Descrevendo o que você sente

Estômago doendo? Sentindo febre? Dores agudas no seu pescoço? Náusea? Ótimo, você veio ao lugar certo. Abaixo, está o que você diz se você quiser falar que não está se sentido bem e onde dói:

- **Ich fühle mich nicht wohl.** *(içh fü:le miçh niçht vo:l)* (Eu não me sinto bem.)
- **Ich bin krank.** *(içh bin kránk)* (Estou doente.)
- **Ich habe Fieber.** *(içh ha:be Fi:bar)* (Eu tenho febre.)
- **Mir tut der Hals/ Bauch/ Rücken weh.** *(miar tut de:r hals/bauçh/rü:ken vê:)* (Minha garganta/barriga/costas doem/dói.)
- **Ich habe Schmerzen im Arm/ Bauch.** *(içh ha:be chmértsen im arm/bauçh)* (Eu tenho dores no braço/barriga).
- **Ich habe (starke) Bauchschmerzen/Kopfschmerzen/Zahnschmerzen.** *(içh ha:be [chtarke] bauçh-chmértsen/kópf-chmértsen/tsa:n-chmértsen)* (Eu tenho [fortes] dores de barriga/de cabeça/de dente.)
- **Ich habe Halsschmerzen/ Rückenschmerzen.** *(içh ha:be hals-chmértsen/rü:ken-chmértsen.)* (Eu tenho dores de garganta/nas costas/de cabeça/de dente.)

Capítulo 16: Lidando com Emergências **269**

Comunicando qualquer condição especial

Uma parte importante para conseguir um tratamento é informar ao médico se você tem algum tipo de alergia ou se tem quaisquer sintomas ou doenças pré-existentes. Para fazer isso, comece dizendo:

Ich bin... *(içh bin...)* (eu sou/estou...)

Então termine a frase com quaisquer umas das seguintes palavras:

- ✔ **allergisch gegen...***(alêrguich guê:guen)* (alérgico a...)
- ✔ **behindert** *(behindert)* (portador de deficiência)
- ✔ **schwanger** *(chvangar)* (grávida)
- ✔ **Diabetiker** *(diabe:tikar)* (diabético)
- ✔ **Epileptiker** *(e:pileptikar)* (epilético)

Poucas condições específicas podem requerer que comece com:

Ich habe... *(içh ha:be...)* (eu tenho...)

Você pode terminar esta frase com quaisquer umas das seguintes:

- ✔ **ein Herzleiden** *(áin hérts-lai:den)* (problema de coração)
- ✔ **zu hohen/niedrigen Blutdruck** *(tsu ho:en/ni:driguen blut-druk)* (pressão alta/baixa)

Uma consulta médica

Ao entrar em um consultório, você quer estar seguro de que entenderá as perguntas e instruções do médico e de que levará o medicamento certo de modo que possa ter uma conversa agradável. Aqui estão algumas das perguntas que poderá ouvir no consultório:

- ✔ **Was haben Sie für Beschwerden?** *(vás ha:ben zi: fü:ar bechve:rden)* (Qual o seu problema?)
- ✔ **Haben Sie Schmerzen?** *(ha:ben zi: chmértsen)* (O[a] Senhor[a] sente dores?)
- ✔ **Wo tut es weh?** *(vô: tut es vê:)* (Onde dói?)
- ✔ **Tut es hier weh?** *(tut es hiar vê:)* (Está doendo aqui?)
- ✔ **Wie lange fühlen Sie sich schon so?** *(vi:lángue fü:len zi: siçh chon zo:)* (Há quanto tempo o[a] Senhor[a] se sente assim?)
- ✔ **Sind Sie gegen irgendetwas allergisch?** *(zint zi: guê:guen irguent-étvas alerguich)* (O[a] Senhor[a] é alérgico a alguma coisa?)

270 Parte III: Alemão para Viagem

Aqui estão algumas instruções que você pode ouvir do médico:

- **Bitte streifen Sie den Ärmel hoch.** *(bite, chtrái:fen zi: de:n é:rnêl hoçh)* (Por favor, puxe sua manga.)

- **Bitte machen Sie den Oberkörper frei.** *(bite, maçhen zi: de:n o:ba:r-kö:rpar fráí)* (Por favor, tire sua camisa.)

- **Bitte legen Sie sich hin.** (bite, le:guen zi: siçh hin) (Por favor, deite-se.)

- **Machen Sie bitte den Mund auf.** *(maçhen zi: bite de:n munt auf)* (Por favor, abra a boca.)

- **Atmen Sie bitte tief durch.** *(a:tmen zi: bite ti:f durçh)* (Respire fundo, por favor.)

- **Husten Sie bitte.** *(husten zi: bite)* (Por favor, tussa.)

Especificando partes do corpo

Para a pergunta **Wo tut es weh?** *(vô: tut es vê:)* (Onde dói?), você pode responder com qualquer uma das seguintes frases:

- **der Arm** *(de:r arm)* (o braço)

- **das Auge** *(das augue)* (o olho)

- **der Bauch** *(de:r bauçh)* (a barriga)

- **das Bein** *(das bai:n)* (a perna)

- **die Brust** *(di: bru:st)* (o peito)

- **der Daumen** *(de:r dau:men)* (o polegar)

- **der Finger** *(de:r fingar)* (o dedo)

- **der Fuss** *(de:r fu:s)* (o pé)

- **der Hals** *(de:r hals)* (a garganta)

- **die Hand** *(di: hant)* (a mão)

- **das Herz** *(das herts)* (o coração)

- **der Kiefer** *(de:r ki:far)* (a mandíbula)

- **das Knie** *(das kni:)* (o joelho)

- **der Fussknöckel** *(de:r fu:s-knö:chel)* (o tornozelo)

- **der Magen** *(de:r má:guen)* (o estômago)

- **der Mund** *(de:r munt)* (a boca)

Capítulo 16: Lidando com Emergências **271**

- **des Muskel** *(de:r muskel)* (o músculo)
- **die Nase** *(di: na:ze)* (o nariz)
- **das Ohr** *(das o:ar)* (a orelha)
- **der Rücken** *(de:r rü:ken)* (as costas)
- **die Schulter** *(di: chultar)* (o ombro)
- **der Zeh** *(de:r tse:)* (o dedão do pé)
- **die Zunge** *(di: tsungue)* (a língua)

Você também precisa identificar as seguintes partes do seu corpo:

- **das Gesicht** *(das guezicht)* (o rosto)
- **das Haar** *(das ha:r)* (o cabelo)
- **der Kopf** *(de:r kopf)* (a cabeça)
- **die Lippe** *(di: lipe)* (os lábios)

Sendo diagnosticado

O próximo passo: entendendo o que o médico pensa que pode estar errado com você. Aqui estão algumas frases úteis que não vão deixá-lo às cegas:

- **die Diagnose** *(di: diagno:ze)* (o diagnóstico)
- **Sie haben...** *(zi: ha:ben)* (O[A] senhor/a tem...)
- **eine Erkältung** *(áine erké:ltung)* (um resfriado)
- **eine Grippe** *(áine gripe)* (uma gripe)
- **eine Entzündung** *(áine ent-tsü:ndung)* (uma inflamação)
- **Blinddarmentzündung/Lungenentzündung/Mandelentzündung** *(blint-darm-ent-tsü:ndung/lunguen-ent-tsü:ndung/mandel-ent-tsü:ndung)* (apendicite/pneumonia/amigdalite)
- **Wir müssen eine Röntgenaufnahme machen.** *(viar mü:ssen áine rö:ntguen-auf-ná:me maçhen)* (Temos que tirar uma radiografia.)
- **Sie müssen geröntgt werden.** *(zi mu:ssen guerö:ntkt vé:rden)* (O[a] Senhor/a tem que tirar uma radiografia.)
- **Ihr Knöchel ist gebrochen /verstaucht/verrenkt** *(iar knö:çhel ist guebróçhen/ferchtauçht/ferrenkt)* (Seu tornozelo está quebrado/deu mau jeito/está deslocado.)

Tendo uma Conversa

Ulrich Lempert não tem se sentido bem nos últimos dias e agendou uma consulta com seu médico, Dr. Grewen.

Dr. Grewen: **Guten Morgen, Herr Lempert. Was haben Sie für Beschwerden?**
gu:ten mórguen, hér lêmpért. vás ha:ben zi: fü:ar bechve:rden
Bom dia, senhor Lempert. O que o senhor está sentindo?

Ulrich: **Ich fühle mich seit ein paar Tagen nicht wohl.**
içh fü:le miçh záit áin pa:r ta:guen niçht vô:l
Eu não estou me sentindo bem há alguns dias.

Dr. Grewen: **Haben Sie Schmerzen?**
ha:ben zi: chmértsen
O senhor sente dores?

Ulrich: **Ja, Ich habe starke Kopf-und Magenschmerzen.**
ia:, içh ha:be chtarke kopf und ma:guen-chmértsen
Sim, eu tenho dores de cabeça e de barriga.

Dr. Grewen: **Bitte, setzen Sie sich hier hin und machen Sie den Oberkörper frei.**
bite zetzen zi: siçh hiar hin unt machen zi: de:n o:bar-kö:rpar frái
Por favor, sente-se aqui e tire sua camisa.

Dr. Grewen começa a examinar Ulrich.

Dr. Grewen: **Machen Sie bitte den Mund auf, danke. Atmen Sie bitte tief durch. Husten Sie bitte.**
machen zi: bite de:n munt auf, dánke. a:tmen zi: bite ti:f durch. husten zi: bite
Abra a boca, por favor, Obrigado. Respire fundo. Por favor, tussa.

Ulrich: **Und, was stimmt nicht mit mir?**
unt, vas chtimt niçht mit miar
E o que tem de errado comigo?

Capítulo 16: Lidando com Emergências **273**

Dr. Grewen:	**Sie haben eine Grippe. Ich gebe Ihnen ein Rezept.**
	Und bleiben Sie die nächsten Tage im Bett!
	zi: ha:ben ái-ne gripe.içh gue:be i:nen áin retsépt
	unt blai:ben zi: di: né:çhsten ta:gue im bét
	O senhor está com gripe. Eu vou lhe dar uma receita.
	E fique na cama pelos próximos dias!

Palavras e frases úteis

Ich brauche einen Arzt	içh brauçhe áinen artst	Eu preciso de um médico
Ich bin krank.	içh bin kránk	Estou doente
Wo tut es weh?	vô: tut és vê:	Onde dói?
Haben Sie Schmerzen?	ha:ben zi: chmértsen	Você sente dores?

Recebendo o tratamento

Depois que o médico lhe disser qual é o seu problema, ele o aconselhará sobre o que fazer. O médico pode também fazer uma última pergunta antes de decidir qual tratamento será o melhor para você:

Nehmen Sie noch andere Medikamente? _(ne:men zi: noçh anderre me:dikamente)_ (O/a senhor/a toma outros medicamentos?)

Isto é o que o médico pode prescrever:

- ✔ **Ich gebe Ihnen.../Ich verschreibe Ihnen...** _(içh gue:ben i:nen.../içh ferchrái:be i:nen...)_ (Eu vou lhe dar.../estou lhe receitando...)
- ✔ **Ein Schmerzmittel** _(áin chmértsmitel)_ (um analgésico)
- ✔ **Antibiotika** _(antibiô:tika)_ (um antibiótico)
- ✔ **Tabletten** _(ta:blétem)_ (pílulas)
- ✔ **Das Medikament /die Medikamente** _(das me:dikament/di: me:dikamente)_ (o medicamento/os medicamentos)

Conseguindo sua medicação

Você pode estar acostumado a conseguir a maior parte de sua medicação em uma drogaria, que normalmente tem um balcão para medicação receitada. Na Alemanha, contudo, funciona um pouco diferente. O equivalente em alemão à drogaria é *Drogerie* (dro:gueri:), onde você pode conseguir de creme dental até detergente em pó, de esmalte de unhas até remédios sem receita, tais como aspirina e xarope para tosse. Para todo remédio receitado, contudo, você tem que ir à chamada *Apotheke* (apo:te:ke) (farmácia). Você vai perceber que as pessoas que estão trabalhando lá são muito habilitadas e frequentemente são tão prestigiadas quanto um médico. Em relação às receitas, as leis alemãs são bem rígidas: você pode notar que a medicação (tais como medicamento para alergia) que você pode comprar em qualquer farmácia no Brasil requer uma receita na Alemanha (e assim, uma consulta ao médico).

O médico lhe dará uma receita, **das Rezept** *(das retsépt)*, que você levará para a farmácia, chamada de **die Apotheke** *(di: apo:te:ke)*, para ser preenchida.

O seguinte vocabulário vai ajudá-lo a entender quando e com que frequência você deve tomar sua medicação.

- **Bitte, nehmen Sie... Tabletten /Teelöffel** *(bite, ne:men zi:... ta:bléten/te:lö:fel de...)* (Por favor, tome... comprimidos/colheres de chá de...)
- **dreimal am Tag/ täglich** *(dráima:l am ta:k/tê:gliçh)* (três vezes ao dia/diariamente)
- **alle... Stunden.** *(ale... chtunden)* (a cada... horas)
- **vor/nach dem Essen** *(fo:r/naçh de:m éssem)* (antes/depois das refeições)

Finalmente, o médico pode querer marcar uma consulta novamente com você, dizendo:

Kommen Sie in... Tagen/ einer Woche wieder. *(kómen zi: in... ta:guen/ áinar vóçhe vi:dar)* (Volte em... dias/ uma semana.)

Capítulo 16: Lidando com Emergências **275**

Tendo uma Conversa

Depois que Ulrich foi diagnosticado, ele leva a receita para a farmácia do seu bairro e conversa com a farmacêutica.

Ulrich	**Guten Morgen. Meine Ärztin hat mir dieses Medikament verschrieben.**
	gu:ten mórguen. máine értstin hat miar di:zes medikament ferchri:ben
	Bom dia. Minha médica me receitou este medicamento.
Apothekerin :	**Einen Moment.**
	áinen mo:ment
	Um momento.

A farmacêutica vai para trás do balcão, pega o medicamento de Ulrich e volta.

	So, Herr Lempert. Bitte, nehmen Sie dreimal am Tag zwei von diesen Tabletten.
	zo: hér lêmpert. bite, ne:men zi: dráima:l am ta:k tvái fon di:zen ta:bléten.
	Certo, senhor Lempert. Por favor, tome três vezes ao dia dois destes comprimidos.
Ulrich:	**Vor oder nach dem Essen?**
	fo:r o:dar nach de:m éssen
	Antes ou depois das refeições?
Apothekerin:	**Nach dem Essen.**
	nach de:m éssen
	Após as refeições.
Ulrich	**Wird gemacht.**
	virt gemacht
	Eu farei isto.
Apothekerin:	**Gute Besserung, Herr Lempert!**
	gu:te bésserrung, hér lêmpert
	Melhoras, senhor Lempert!

Falando com a Polícia

Você acabou de descobrir que seu quarto de hotel foi roubado. Levaram várias coisas, mas, felizmente, deixaram *Alemão Para Leigos*® para trás. Um golpe de sorte, não acha?

Aqui estão algumas frases úteis para lidar com esta situação:

- **wo ist die nächste Polizeiwache?** *(vô: ist di: né:chste politsai:-vache)* (Onde é a delegacia mais próxima?)
- **Ich möchte einen Diebstahl melden.** *(ich mö:chte áinen di:p chta:l mélden)* (Eu gostaria de comunicar um roubo.)

Descrevendo o que foi roubado

Para descrever um roubo, você começa dizendo:

Man hat mir... gestohlen *(man hat miar... gue chtô:len)* (Alguém roubou...)

Pode, então, terminar a frase ao dizer o seguinte:

- **meine Brieftasche/mein Portemonnaie** *(máine bri:f-tache/máin porte-mo:ne:)* (minha carteira)
- **meine Tasche** *(máine táche)* (minha bolsa)
- **mein Geld** *(máin guelt)* (meu dinheiro)
- **meinen Pass** *(máinen pás)* (meu passaporte)
- **mein Auto** *(máin auto:)* (meu carro)

Se quiser expressar que alguém entrou na sua casa ou escritório, use o verbo **einbrechen** *(áinbréchen)* (arrombar, assaltar):

Man hat bei mir eingebrochen. *(man hat bai miar áinguebróchen)* (Alguém arrombou meu quarto.)

Se você estiver falando sobre seu carro, contudo, use um verbo similar, mas levemente diferente: **aufbrechen** *(aufbréchen)*, que literalmente significa "quebrar para ficar aberto".

Man hat mein Auto aufgebrochen. *(man hat máin auto aufguebróchen)* (Alguém arrombou meu carro.)

O pronome indefinido **man** *(man)*, que significa alguém, isto é, pessoas em geral, é de muita ajuda – e o que é melhor: é fácil de usar, porque nunca muda sua terminação. Por exemplo:

- **Man hat seine Tasche gestohlen.** *(man hat záine tache guechtô:len)* (Alguém roubou a bolsa dele.)
- **Man hat ihre Tasche gestohlen.** *(man hat i:re tache guecthô:len)* (Alguém roubou a bolsa dela.)

_Capítulo 16: Lidando com Emergências **277**

Respondendo às perguntas da polícia

Então, você reparou no bandido? Ele ou ela era alto ou baixo, magro ou gordo, careca ou cabeludo? A polícia vai querer saber tudo isso. E, uma vez que você soube como descrever pessoas, também estará pronto para as páginas policiais de um jornal.

O policial vai lhe perguntar:

> **Können Sie die Person beschreiben?** (_kö:nen zi: di: pérso:n bechrái:ben_) (O/a senhor/a pode descrever a pessoa?)

Sua resposta a esta pergunta pode começar:

> **Die Person hatte...** (_di: perso:n háte..._) (A pessoa tinha...)

Então, termine a frase com qualquer um dos seguintes termos (você pode combinar traços ao dizer "und" entre qualquer uma das seguintes respostas):

- ✔ **blonde/schwarze/rote/graue Haare** (_blonde/chvartse/ro:te/graue ha:re_) (cabelo loiro/preto/ruivo/grisalho)

- ✔ **einen Bart/ keinen Bart** (_áinen ba:rt/káinen ba:rt_) (uma barba/não tinha barba)

- ✔ **eine Glatze** (_áine glátse_) (era careca)

- ✔ **eine Brille** (_áine bri-lê_) (óculos)

Ou sua resposta pode começar **Die Person war...** (_di: perso:n va:r_) (A pessoa era...) e então termine com qualquer uma das seguintes frases:

- ✔ **gross/klein** (_grô:s/kláin_) (alto/baixo)

- ✔ **ungefähr... Meter... gross** (_unguefé:r... me:tar... gro:s_) (aproximadamente... metros de altura)

- ✔ **ungefähr... Jahre alt** (_unguefé:r... ia: re ált_) (aproximadamente... anos)

A Polícia também pode lhe perguntar o seguinte:

- ✔ **Wann ist das passiert?** (_ván ist das passi:art_) (Quando isto aconteceu?)

- ✔ **Wo waren Sie in dem Moment?** (_vô: va:ren zi: in de:m mo:ment_) (Onde o/a senhor/a estava naquele momento?)

278 Parte III: Alemão para Viagem

Defendendo seus direitos no exterior

Já teve o suficiente para o dia? Se você não estiver muito cansado para falar de lei para seu próprio benefício, aqui estão duas frases importantes que você deve saber:

- ✔ **Ich brauche eine Anwalt.** *(içh brauçhe áinen anvalt)* (Eu preciso de um advogado.)

- ✔ **Ich möchte das Konsulat anrufen.** *(içh mö:çhte das konzula:t anru:fen)* (Eu gostaria de ligar para o consulado).

Tendo uma Conversa

Erika Berger tem que entregar alguns documentos em um dos escritórios de sua cliente. Ela estaciona o carro na frente do prédio do escritório e visita a cliente. Quando volta meia hora depois, percebe que alguém arrombou seu carro e sua bolsa sumiu. Por sorte, a delegacia mais próxima está bem na esquina.

Erika: **Guten Tag. Ich möchte einen Diebstahl melden.**
gu:ten ta:k. içh mö:çhte áinen di:pchta:l mélden
Bom dia. Eu gostaria de comunicar um roubo.

Man hat mein Auto aufgebrochen und meine Tasche gestohlen.
man hat main auto aufguebróçhen unt maine tache guecthô:len
Alguém arrombou meu carro e roubou minha bolsa.

Polizist: **Wann ist das passiert?**
ván ist das passi:art
Quando isto aconteceu?

Erika: **Zwischen elf und halb zwölf.**
tsvichen élf unt halp tsvö:lf
Entre 11 h e 11 h e 30 min.

Polizist: **Und wo?**
unt vô:
E onde?

Erika: **Gleich hier auf der Rotestrasse.**
glaiçh hiar auf de:r ro:t-chtra:sse
Bem aqui na Rotestrasse.

_Capítulo 16: Lidando com Emergências **279**

Polizist: **Was war in Ihrer Tasche?**
vás va:r in i:rrar ta-che
O que havia dentro de sua bolsa?

Erika: **Meine Brieftasche mit ungefähr hundert Euro,**
meine Kreditkarten und mein Führerschein!
máine bri:f-tache mit unguefé:r hundert oy-ros,
máine kredi:t-karten unt máin fü:rercháin
Minha carteira com aproximadamente
100 Euros, meus cartões de crédito
e minha carteira de motorista!

Polizist: **Bitte, warten Sie einen Moment, und wir erstatten**
sofort Anzeige.
bi-te, varten zi: áinem mo:ment, unt viar er-chtaten
zo:fort antsai:gue
Por favor, espere um momento e emitiremos um aviso.

Passatempo

Identifique as partes do corpo (usando alemão, naturalmente), no seguinte desenho:

Cabeça:_____   Ombro:_____

Cabelo:_____   Braço:_____

Ouvido:_____   Peito:_____

Olho:_____   Mão:_____

Face:_____   Joelho:_____

Boca:_____   Perna:_____

Pescoço:_____   Pé:_____

Parte IV
A Parte dos Dez

Nesta parte...

Todo livro *Para Leigos*® termina com uma lista Top 10, e este aqui tem uma excelente. Além de oferecer dicas de como aprender alemão rapidamente, nós lhe apresentaremos frases em alemão que você deve evitar, expressões que você não deve hesitar em usar, feriados alemães e mais.

Capítulo 17

Dez Maneiras de Aprender Alemão Rapidamente

Se você teve a oportunidade de estudar alemão anteriormente, mas negligenciou anos de estudo, ou se interessou pelo idioma tardiamente, ou ainda, quer se preparar para uma viagem; seja qual for o motivo que o impulsionou, eis aqui algumas dicas:

Pesquisando no Dicionário

Se você estiver interessado em aprender várias palavras de uso cotidiano rapidamente, recorte em pedaços um papel (ou use post-its), pegue seu dicionário português/alemão, ou o glossário no fim deste livro e faça o seguinte: procure a palavra em alemão para tudo que você puder tocar em sua casa, tal como janela **(das Fenster)** , (*das fênstar*), a porta **(die Tür)** (*di: tü:ar*), a geladeira **(der Kühlschrank)** (*de:r kü:lchránk*), ou um copo **(eine Tasse)** (*áine tásse*). Escreva cada palavra em cada um dos pedaços de papel e cole nos respectivos lugares. Isso pode ajudá-lo a dominar esse vocabulário rapidamente.

Compilando Listas de Palavras que se Combinam

Se você quiser memorizar palavras dentro de um certo contexto, compile listas de expressões ou frases inteiras que tenham a ver com o tópico que você estiver interessado. Ao longo dos capítulos deste livro, escreva o vocabulário que você gostaria de aprender rapidamente. Por exemplo, escreva as frases que você achar que sejam mais importantes para perguntar sobre direções (como eu chego lá?... Que distância está isto?), ou o que você precisa saber quando quiser fazer o câmbio de moedas em um banco (Qual é a taxa de câmbio? Eu gostaria de trocar de moeda). Limite a lista para 10 ou 12 palavras.

Então, procure um ou mais lugares convenientes na casa para colar sua lista; por exemplo, próximo ao espelho no banheiro funciona bem. Coloque um clipe de papel de bom tamanho na parede, ao nível dos olhos, e pendure uma folha para anotações. Toda vez que você for escovar seus dentes, pode casualmente revisar a lista compilada. E antes que perceba, você se lembrará de todas aquelas cinquenta expressões. Então, é hora de colocar uma nova lista.

Preparando Listas de Compras

Aqui está uma outra coisa que você pode fazer em casa: faça suas listas de compras em alemão. Escreva os equivalentes em português depois do equivalente em alemão, assim, não ficará irritado na loja quando não se lembrar do que gostaria de dizer. Por exemplo, escreva **Birnen** (_birnen_) (peras) ou **Zwiebeln** (_tsvi:beln_) (cebolas) na sua lista na próxima vez que você precisar daqueles itens.

Celebrando o Dia da Alemanha

Você também pode organizar "dias alemães" em casa. Escolha um dia qualquer e tente fazer uma frase em alemão para as pequenas coisas que você costuma fazer, tais como "eu vou para a cozinha" **(Ich gehe in die Küche)** (_içh gue:e in di: kü:çhe_) ou "eu estou fazendo café" **(Ich mache Kaffee)** (_içh maçhe kafê:_)

Usando áudios de Idiomas

No caminho de ida e volta do seu trabalho, você pode sempre ouvir áudios de idiomas. Ouvir vozes alemãs repetidamente podem fazer maravilhas para ajudá-lo a reter palavras e frases.

Ouvindo Rádio e Assistindo a Canais de TV Alemães

A **Deutsche Welle,** estação de rádio e TV financiada pelo governo alemão, transmite seus programas por todo o planeta em muitos idiomas, incluindo alemão e português. Estas transmissões são uma excelente fonte de informação sobre o que está acontecendo na política, na cultura e na sociedade alemã. Visite o site da Deutsche Welle (`www.dwelle.de`), selecione o idioma e você estará no caminho certo.

Capítulo 17: Dez Maneiras de Aprender Alemão Rapidamente 285

Testando áudios

Se você tiver um computador, há excelentes cursos de alemão em áudio no mercado. Você pode ouvir como as palavras são pronunciadas corretamente, registrar sua própria voz e conseguir um retorno ("feedback") do programa.

Assistindo a Filmes Alemães

Outro modo divertido de obter expressões, a pronúncia e hábitos culturais é alugando um filme alemão legendado e assisti-lo várias vezes.

Lendo Publicações em Alemão

Ajuda muito comprar revistas em alemão ou ter alguém que traga revistas de uma viagem a um país de língua alemã e, então, começar a ler anúncios. Checar os anúncios e ler artigos curtos é uma surpresa garantida! Em voos internacionais, frequentemente acham-se revistas bilíngues com uma página em alemão e a correspondente em português. Pegue uma. Revistas de companhias áreas estão cheias de anúncios e artigos interessantes.

Navegando na Internet

A internet tem muitas oportunidades para você descobrir mais sobre o idioma alemão. Vá ao seu site de busca – Altavista, Yahoo!, Google, MSN, o que for de sua preferência – digite *idioma alemão, aprendendo alemão, recursos em alemão* ou *Alemanha* (ou qualquer outro país de língua alemã) no site de busca e então escolha o que mais interessa.

Navegue em português ou em alemão e escolha palavras que você sabe. Também pode visitar uma sala de bate-papo em alemão, apenas para observar, se preferir. Você ficará surpreso com o quanto pode aprender ao prestar atenção em conversas informais.

286 Parte IV: A Parte dos Dez

Capítulo 18
Dez Coisas que Nunca Devem Ser Ditas

*E*ste é o capítulo que tem por objetivo salvá-lo de situações embaraçosas. Provavelmente já ouviu visitantes estrangeiros cometerem gafes que fizeram você cair na gargalhada ou ficar estupefato. Bem, isto acontece até com os melhores linguistas como nós, mas aqui estão algumas pistas para ajudá-lo a fugir das piores armadilhas!

Sabendo Usar os Pronomes de Tratamento Formal ou Informal

Se você leu o Capítulo 3, já sabe que tem de ser cuidadoso ao usar a forma familiar de tratamento, **du** *(du)* (você). Nunca o use quando estiver falando com alguém que você não conheça bem, que tem mais de 16 anos, se não quiser ser insultado ou parecer mal-educado. Você pode usar o **Sie** *(zi:)* (senhor/a) formal e dizer **Möchten Sie ins Kino gehen?** *(mö:chtem zi: ins ki:no ge:en)* (O/A senhor/a gostaria de ir ao cinema?) e não **Möchtest du ins Kino gehen?** *(mö:chtest du ins ki:no: ge:en)* (Você gostaria de ir ao cinema?)

Na maioria das situações, será óbvio para você saber qual forma deve usar. Se chegar a uma festa e todos o tratarem com a forma familiar **du**, você deve fazer o mesmo. E, naturalmente, pode lhe ser dito o tratamento familiar: **Wir können uns duzen** *(viar kö:nen uns du:tsen)* (Podemos nos tratar de forma familiar, informalmente). Seria igualmente mal-educado não aceitar o tratamento familiar.

Falando da Maneira Adequada com os Funcionários

Quando você quiser usar o pronome de tratamento a uma garçonete ou uma vendedora, não a chame de **Fräulein,** que costumava ser a versão alemã para "Senhorita". **Fräulein** é literalmente "mocinha", já que a sílaba "lein" é uma forma diminutiva. A maioria das mulheres acha esta forma de tratamento ofensiva e, no mínimo, vai achar suspeito que não esteja familiarizado o suficiente com o idioma alemão para saber sobre as conotações da palavra. Não há substituto real para isto, então, você vai ter de depender do **Entschuldigen Sie bitte** *(ent chuldiguen zi: bite)* (Com licença, por favor!), ou mantenha contato visual para conseguir atenção.

O mesmo se aplica a um garçom em um restaurante: não o chame de **Kellner** *(kélnar)*. Os garçons não gostam disto e é considerado arrogante e condescendente. De novo, contato visual e gestos, ou um simples **Entschuldigen Sie bitte** *(ent_chul_diguen zi: bite)* são a melhor maneira de conseguir atenção.

Quente ou Frio?

Se você gostar de expressar que está com calor ou com frio, assegure-se de não dizer **Ich bin heiss** (sou quente) ou **Ich bin kalt** (sou frio). O que você está dizendo aqui é que tem uma personalidade quente ou tem uma personalidade fria! Com toda certeza, não é o que você quer que as pessoas entendam. O que deve ser dito é **Mir ist heiss** *(miar ist hai:s)* ou **Mir ist kalt** *(miar ist kalt)*, nos quais é aplicado o pronome pessoal **mir** *(miar)* (mim).

Estou Satisfeito

Se alguém lhe perguntar em um jantar ou almoço se você quer outra porção de comida e você estiver realmente cheio, certamente não quer traduzir a palavra "cheio" para o alemão. Dizendo **Ich bin voll** (estou cheio) significa que você está realmente bêbado – o que é, na verdade, a expressão coloquial para "estou empanturrado" – a menos que você queira fazer com que a pessoa que está lhe perguntando entenda que você já tomou drinques demais. Senão, você deve dizer **Ich bin satt** *(içh bin zát)* (estou satisfeito).

Falando Respeitosamete com uma Autoridade

Não chame um policial de **Bulle**. Embora você possa ouvir várias pessoas usando esta palavra, é uma gíria que significa "touro". A palavra alemã para policial é **der Polizist** *(de:r politsist)* (o policial) ou **die Polizistin** *(di: politsistin)* (a policial), respectivamente.

O Gymnasium Está Relacionado a uma Escola e não a Esportes

Se você disser a um alemão que você vai para a academia, ao dizer **Ich gehe zum Gymnasium** *(içh ge:e tsum guim-na:zium)*, você vai causar uma séria confusão. Um "Gymnasium" não é um lugar para malhar, mas uma forma de escola de Ensino Médio. Há, na verdade, três tipos de escolas secundárias na Alemanha, e o "Gymnasium" é o nível mais alto. A palavra alemã que você deve usar para "academia" é **Sportzentrum** _(chport-tsentrum)_ (centro de esportes) ou **Fitnesscenter**, pronunciado como no inglês.

As Formas Apropriadas do Verbo "Conhecer"

Em português, usa-se o verbo "conhecer" para expressar que conhece a pessoa ou local e o verbo "saber" para se referir a um fato. O verbo alemão que se usa para pessoas e lugares é **kennen** _(kénen)_ (conhecer/ estar familiarizado). Mas se alguém perguntar que horas são e você não souber responder, não diga "Ich kenne nicht"– ninguém entenderia o que está dizendo.

Quando há a referência sobre o conhecimento de fatos, utiliza-se o verbo **wissen** _(vissen)_ que é usado normalmente com uma oração subordinada. Então, em alemão você diria **Ich weiss nicht, wie viel Uhr es ist.** _(içh vá:is niçht, vi: fi:l u:ar es ist)_ (Eu não sei que horas são).

Entrando no "Armário" Certo

Não confunda a palavra alemã **Klosett** com a palavra inglesa "closet" (relativo a armário). Se quiser descobrir onde está o "closet", não pergunte **Wo ist das Klosett?** _(vô: ist das klo:zet)_, já que as pessoas olharão para você de forma estranha e, então, mostrarão o banheiro. **Klosett** é a maneira antiga de se referir ao vaso sanitário e a palavra certa para "closet" é **der Einbauschrank** _(de:r áinbau-chrank)_ .

Usando Corretamente o Verbo "Bekommen"

Você pode achar, se conhece inglês, que o verbo alemão **bekommen** _(bêkómen)_ corresponde ao verbo inglês "to become" (tornar-se) – um erro comum cometido por pessoas que conhecem o inglês e estão aprendendo o alemão, e vice-versa. Não tente dizer a ninguém que você vai ser médico ao dizer **Ich bekomme einen Arzt**. O que você está falando aqui é "eu recebo um médico", significando que você está recebendo-o como se fosse um presente de aniversário. A palavra alemã para tornar-se é **werden** _(vé:rden)_; então você tem que dizer **Ich werde Artzt** _(içh ve:rde artst)_ ou **Sie werden Freunde** _(zi: ve:rden fró:nde)_ (Eles se tornam amigos).

Usando o Verbo Certo para "Comer"

Na Alemanha, você pode ouvir alguém dizer **Die Kuh frisst Grass** *(di: ku: frist gra:s)* (A vaca come grama). Mas, por favor, não conclua que **fressen** *(fressen)* apenas significa "comer" e diga algo do tipo **Ich fresse Kuchen** (Eu como bolo). Isto significaria que, de uma forma nojenta, está comendo em excesso ou não tem boas maneiras na mesa. O verbo "fressen" é reservado para animais, e você deve usar **essen** *(éssen)* (comer), se estiver se referindo a seres humanos. Em relação a seres humanos, "fressen" só é usando de uma maneira depreciativa; então, você deve dizer **Ich esse Kuchen** *(içh ésse ku̱çhen)*.

Capítulo 19
Dez Expressões Alemãs Favoritas

Depois de ter se ligado um pouco na língua alemã, você pode, de repente, ouvir as pessoas usarem certas expressões que parecem surgir do nada. Você já deve ter ouvido algumas destas expressões; agora é hora de usá-las você mesmo, casualmente.

Alles klar!

(ales kla:r)

A tradução literal é: "Tudo claro". Você pode usá-la para sinalizar que está entendendo quando alguém explica algo para você ou para sinalizar que compreende quando alguém lhe der os detalhes de um plano. Neste contexto, a expressão significa "Entendi!".

Geht in Ordnung

(ge:t in ordnung)

Você usa esta frase para indicar que cuidará de alguma coisa. Pode ser traduzida como "Eu cuidarei disto".

Kein Problem

(káin pro:ble:m)

Isto se traduz literalmente em "sem problema". Usá-la faz com que alguém saiba que cuidará de algo. Você pode concordar com uma mudança de planos com esta frase.

Guten Appetit!

(gu:ten apêt:t)

Esta frase literalmente significa "Bom apetite!". É o que você deseja reciprocamente a uma pessoa quando começa a comer ou quando vê alguém comendo.

Deine Sorgen möchte ich haben!

(dáine zorguén mö:çhte içh há:ben)

Esta frase pode ser traduzida assim: "Eu gostaria de ter suas preocupações". Frequentemente usada de forma alegre, quando uma situação parece terrível a alguém, mas não tão completamente péssima a outra pessoa.

Das darf doch wohl nicht wahr sein!

(das darf doçh vô:l nicht va:r záin)

Esta expressão é traduzida como "isto não pode ser verdade!" e pode ser traduzida como "Inacreditável!".

Mir reicht's!

(miar rai:çhts)

Esta frase significa "o suficiente para mim" ou, para colocar em português coloquial, "Já chega para mim", "Para mim, basta".

Wie schön!

(vi: chö:n)

A tradução literal desta frase é "Que bonito!". Porém, pode ser usada ainda sarcasticamente, como uma maneira de demonstrar aborrecimento ou exasperação.

Capítulo 19: Dez Expressões em Alemão Favoritas **293**

Genau.

(guenau)

Esta frase significa "exatamente", usada para mostrar que concorda com as coisas que alguém está dizendo.

Stimmt's?

(chtimts)

Esta frase é traduzida como "não é verdade?" ou "não concorda?". É usada quando alguém quer sua confirmação de alguma coisa há pouco dita. É comumente respondida com **Stimmt!** *(chtimt)* significando "eu concordo".

294 Parte IV: A Parte dos Dez

Capítulo 20
Dez Feriados para Lembrar

Alguns dos seguintes feriados podem não ser familiares ou, no mínimo, não ser familiar a maneira pela qual as pessoas na Alemanha (ou nos países de língua alemã) os celebram. Há vários outros feriados além destes listados neste capítulo e muitos são celebrados regionalmente.

Heilige Drei Könige

6 de janeiro é **Der Heiligedreikönigstag** *(de:r hái:ligue drái: kö: niksta:k)* ou **Heilige Drei Könige** *(hái:ligue drái: kö:nik)* , também conhecido como **Epiphanias** *(e: pifa:nias)* (Festa dos Três Reis Magos). Não é necessariamente celebrado de forma especial, mas há alguns "rituais" que são observados regionalmente. Em algumas regiões, pessoas vestidas como os Três Reis Magos – Gaspar, Belchior, Baltazar – andam pelas ruas do bairro de sua paróquia, escrevem suas iniciais nas portas das pessoas com um giz e coletam dinheiro para igreja. Na Suíça, come-se um bolo especial com um pequeno tesouro, normalmente uma moeda, escondido em algum lugar. A moeda simboliza um presente do rei. Onde quer que a pessoa ache a moeda, ela se torna o rei ou a rainha pelo dia e pode usar uma coroa.

Karneval / Fastnacht / Fasching

Karneval *(carnêval)* (carnaval) ou **Fastnacht** *(fast-naçht)* , o Carnaval dos países de língua alemã, é celebrado no fim de fevereiro ou no princípio de março. Em algumas regiões e cidades, tais como Mainz, Colônia, Düsseldorf e Munique – onde o carnaval é chamado de **Fasching** *(faching)* – ou Basileia, na Suíça, é um evento bem grande. As celebrações acontecem na **Rosenmontage** *(ro:zen-monta:k)* (Segunda-Feira das Rosas) com grandes paradas e festas onde as pessoas se vestem com fantasias. As coisas se acalmam um pouco no outro dia, **Veilchendienstag** *(fai:lçhen-di:nsta:k)* (literalmente, significa terça-feira da absolvição, mas é conhecido no Brasil como terça-feira de carnaval), e **Aschermittwoch** *(áchar-mitvóçh)* (quarta-feira de cinzas) marcando o fim do carnaval e o início da **Fastenzeit** *(fastem-tsai:t)* (Quaresma), o período de 40 dias antes da Páscoa.

Ostern

Na Alemanha, a Páscoa sempre significa um belo final de semana prolongado. Começa com **Karfreitag** *(ka:r-frai:ta:k)* (Sexta-feira Santa), e os dois dias **Ostersonntag** *(o:star-zonta:k)* (Domingo de Páscoa) e **Ostermontag** *(o:star-mo:nta:k)* (Segunda-feira de Páscoa) são feriados oficiais. Ovos de Páscoa são bem populares na Alemanha: kits para colorir ovos são vendidos em todo lugar e as crianças vão à caça de ovos de Páscoa no domingo.

Erster April

1º de abril, **Ester April** *(e:rstar april)* é o dia da mentira. Este feriado é o dia para piadistas que gostam de pregar peças, comumente conhecidos como **Aprilscherze** *(april-chertse)*. Quando você engana alguém com sucesso, você pode gritar **April, April!** *(april, april)* .

Tag der Arbeit

1º de Maio é **der Tag der Arbeit** *(de:r ta:k de:r arbai:t)* (Dia do Trabalho). Neste feriado oficial, os sindicatos organizam comemorações e os participantes usam um cravo vermelho na lapela. Representantes dos sindicatos e políticos fazem discursos.

Tradicionalmente, a noite antes do Dia do trabalho é devotada a festas com dança e música ao vivo chamado **Tanz in den Mai** *(tânts in de:n mai:)* (literalmente, a dança em Maio), e a alegria normalmente continua até madrugada. No interior, as pessoas colocam uma **Maibaum** *(mái:baum)* (árvore de maio) e dançam em volta dela.

Himmelfahrt

Quarenta dias após a Páscoa, é celebrado **Himmelfahrt** *(himel-fa:rt)* (Dia da Ascensão de Cristo). Sempre cai na quinta-feira e é um dia muito popular para as pessoas se reunirem em grupos e saírem pelos campos.

Pfingsten

Dez dias após o Dia da Ascensão, celebra-se **Pfingsten** *(pfingsten)* (Pentecostes).

Segunda-feira é um feriado oficial **(Pfingstmontag)** *(pfingst-mo:nta:k)*, e muitas pessoas tiram a sexta-feira livre também e aproveitam um fim de semana prolongado **(ein langes Wochenende)** *(áin langues vóçhen-ende)*. Você deve ficar atento a esse fim de semana quando você fizer seus planos de viagem: o trânsito fica carregado, e pode ser difícil fazer reservas de hotel em áreas populares.

Der Tag der Deutschen Einheit

13 de Outubro é **der Tag der Deutschen Einheit** *(de:r ta:k de:r dói:tchen áinháit)* (Dia da Unificação Alemã: O Feriado Nacional Alemão). Este feriado marca o dia quando, em 1990, a Alemanha Oriental e a Alemanha Ocidental se uniram em um só país. Não é celebrado de modo particular pela população em si, mas há uma série de eventos do governo.

O feriado nacional da Áustria é celebrado em 26 de Outubro, e na Suíça que é chamado de **Nationalfeiertag** *(natsio:na:l-fai:arta:k)* (feriado nacional) ou algumas vezes de **Bundesfeier** *(bundesfái:ar)* (Celebração Nacional), em 1º de Agosto.

Nikolaustag

06 de dezembro é **Nikolaustag** *(nikolaus-ta:k)* (a festa de São Nicolau).

Este feriado é outro evento puramente familiar. As crianças colocam um sapato ou uma bota perto da janela ou porta e durante a noite, **der Nikolaus** *(de:r nikolaus)* aparece e os enche com **Pfeffernüsse** *(pféfar-nü:sse)* (biscoitinhos de gengibre), marzipã e outros doces de Natal, e talvez um presentinho.

Weihnachten

Não há uma diferença grande entre o modo de se celebrar **Weihnachten** *(vái:náçhten)* (Natal) na Alemanha e no Brasil, exceto que é um daqueles feriados longos. Presentes, contudo, são trocados tradicionalmente no dia 24 de dezembro, e tanto o primeiro quanto o segundo dia de Natal são feriados oficiais. É muito mais uma celebração familiar e uma das grandes datas para se viajar.

298 Parte IV: A Parte dos Dez

Capítulo 21

Dez Frases que Fazem Você Parecer Alemão

*E*ste capítulo vai ajudá-lo com algumas expressões tipicamente alemãs que quase todo mundo que fala alemão sabe e usa. As frases neste capítulo são tão alemãs que você pode até mesmo se passar por um nativo falante da língua alemã quando você as usa.

Das ist ja toll!

(*das ist iá: tól*)

(Isto é demais!) Esta é a maneira alemã mais comum de expressar sua excitação sobre algo e obtê-lo.

Ruf mich an! / Rufen Sie mich an!

(*ru:f miçh án/ru:fen zi: miçh án*)

(Liga-me! Informal/formal) Se você quiser manter contato com alguém, esta é a maneira de fazê-lo.

Was ist los?

(*vas ist lô:s?*)

(O que está acontecendo?). Esta pergunta é mais comumente usada no sentido de "O que houve?".

Keine Ahnung.

(*káine a:nung*)

(Não tenho ideia). Esta é a versão curta de **Ich habe keine Ahnung** (*içh ha:be káine a:nung*) (eu não tenho a menor ideia) e é frequentemente usada para expressar que você não sabe nada sobre o assunto em questão.

Gehen wir!

(*gue:en viar*)

(Vamos lá!) Esta é a frase para usar, se você quiser ir a algum lugar!

Nicht zu fassen!

(*niçht tsu fássem*)

(Eu não posso acreditar nisto!) Se quiser expressar descrença, preocupação ou agitação, use esta frase tipicamente alemã.

Du hast Recht! / Sie haben Recht!

(*du hast reçht/ zi: ha:ben reçht*)

(Você está certo! Informal/formal) Esta é a maneira mais típica de expressar concordância em alemão.

Auf keinen Fall!

(*auf káinen fál*)

(De forma alguma!) Literalmente, esta expressão significa "em nenhum caso!" e é uma que você deveria usar, se você quiser mostrar claramente sua discordância.

Capítulo 21: Dez Frases que Fazem Você Parecer Alemão 301

Nicht schlecht!

(niçht chleçht)

(Nada mal!) Como em português, esta frase não só significa que uma coisa não é ruim demais – também é um modo reservado de expressar apreciação e aprovação.

Das ist mir (völlig) egal.

(das ist miar [fö:liçh] ega:l)

(Eu não me importo eu não ligo) Você pode usar esta frase para expressar que não se importa se for de um jeito ou de outro, ou que algo lhe é indiferente.

302 Parte IV: A Parte dos Dez

Parte V
Apêndices

A 5ª Onda
Por Rich Tennant

"Eu perguntaria pelas direções em alemão, mas eu não sei como fazer uma pergunta junto com um pedido de desculpa."

Nesta parte...

Por último, mas não menos importante, apresentamos os apêndices, os quais você, sem dúvida, achará bem úteis. Em acréscimo às tabelas verbais, que mostram como conjugar verbos regulares e irregulares, nós disponibilizamos um minidicionário bem abrangente e um guia para os áudios que acompanham o livro. Também providenciamos respostas para algumas das mais variadas questões que podem surgir durante a leitura.

Apêndice A
Tabelas de Verbos

Verbos Alemães

Verbos regulares (ex.: **bezahlen:** pagar)

Particípio perfeito: **bezahlt** (pago)

Exemplo: **Linda bezahlt die Rechnung.** (Linda paga a conta.)

ich (eu)
du (você, sing.)
er/sie/es (ele/ela)
wir(nós)
ihr (vocês, inf.) sie/Sie
(ele/ você, formal)
sië (eles/elas) Sie
(Sr./a, Srs./as)

Presente	Passado	Futuro
bezahle	habe bezahlt	werde bezahlen
bezahlst	hast bezahlt	wirst bezahlen
bezahlt	hat bezahlt	wird bezahlen
bezahlen	haben bezahlt	werden bezahlen
bezahlt	habt bezahlt	werdet bezahlen
bezahlen	haben bezahlt	werden bezahlen

Verbos separáveis (ex.: **anrufen:** ligar, fazer chamada telefônica)

Particípio perfeito: **angerufen** (ligado)

Exemplo: **Wir rufen immer an.** (Nós sempre ligamos.)

ich (eu)
du (você, sing.)
er/sie/es (ele/ela)
wir(nós)
ihr (vocês, inf.) sie/Sie
(ele/ você, formal)
sie (eles/elas) Sie
(Sr./a, Srs./as)

Presente	Passado	Futuro
rufe an	haben angerufen	werde anrufen
rufst an	hast angerufen	wirst anrufen
ruft an	hat angerufen	wird anrufen
rufen an	haben angerufen	werden anrufen
ruft an	habt angerufen	werdet anrufen
rufen an	haben angerufen	werden anrufen

306 Parte V: Apendices

Verbos reflexivos no dativo: (ex.: **sich etwas kaufen:** comprar para si alguma coisa)

Exemplo: Ich kaufe mir ein Hemd. (Eu compro para mim uma camisa.)

ich (eu)
du (você, sing.)
er/sie/es (ele/ela)
wir(nós)
ihr (vocês, inf.) sie/Sie
(ele/ você, formal)
sie (eles/elas) Sie
(Sr./a, Srs./as)

Presente	Passado	Futuro
kaufe mir	habe mir gekauft	werde mir kaufen
kaufst dir	hast dir gekauft	wirst dir kaufen
kauft sich	hat sich gekauft	wird sich kaufen
kaufen uns	haben uns gekauft	werden uns kaufen
kauft euch	habt euch gekauft	werdet euch kaufen
kaufen sich	haben sich gekauft	werden sich kaufen

Verbos reflexivos no acusativo: (ex. **sich freuen:** alegrar-se)

Exemplo: Jim freut sich über das Geschenk. (Jim se alegra com o presente.)

ich (eu)
du (você, sing.)
er/sie/es (ele/ela)
wir (nós)
ihr (vocês, inf.)
sie/Sie (ele/você,
formal)
sie (eles/elas) Sie
(Sr./a, Srs./as)

Presente	Passado	Futuro
freue mich	habe mich gefreut	werde mich freuen
freust dich	hast dich gefreut	wirst dich freuen
freut sich	hat sich gefreut	wird sich freuen
freuen uns	haben uns gefreut	werden uns freuen
freut euch	habt euch gefreut	werdet euch freuen
freuen sich	haben sich gefreut	werden sich freuen

Apêndice A: Tabelas de Verbos **307**

Verbo **haben** (ter)

Particípio perfeito: **gehabt** (tido)

Exemplo: **Wir haben keine Zeit.** (Nós não temos tempo.)

ich (eu)
du (você, sing.)
er/sie/es (ele/ela)
wir(nós)
ihr (vocês, inf.) sie/Sie
(ele/ você, formal)
sie (eles/elas) Sie
(Sr./a, Srs./as)

Presente	Passado	Futuro
habe	habe gehabt	werde haben
hast	hast gehabt	wirst haben
hat	hat gehabt	wird haben
haben	haben gehabt	werden haben
habt	habt gehabt	werdet haben
haben	haben gehabt	werden haben

Verbo **sein** (ser, estar)

Particípio perfeito: **gewesen** (sido, estado)

Exemplo: **Hansens sind im Urlaub.** (Os Hansens estão de férias.)

ich (eu)
du (você, sing.)
er/sie/es (ele/ela)
wir (nós)
ihr (vocês, inf.)
sie/Sie (ele/você,
formal)
sie (eles/elas) Sie
(Sr./a, Srs./as)

Presente	Passado	Futuro
bin	bin gewesen	werde sein
bist	bist gewesen	wirst sein
ist	ist gewesen	wird sein
sind	sind gewesen	werden sein
seid	seid gewesen	werdet sein
sind	sind gewesen	werden sein

Verbos Alemães Irregulares

abfahren

partir, sair, viajar

	Presente	Particípio Passado
ich	fahre ab	
du	fährst ab	
er/sie/es	fährt ab	abgefahren
wir	fahren ab	(com "sein")
ihr	fahrt ab	
sie/Sie	fahren ab	

anfangen

começar

	Presente	Particípio Passado
ich	fange an	
du	fängst an	
er/sie/es	fängt an	angefangen
wir	fangen an	(com "haben")
ihr	fangt an	
sie/Sie	fangen an	

beginnen

começar

	Presente	Particípio Passado
ich	beginne	
du	beginnst	
er/sie/es	beginnt	begonnen
wir	beginnen	(com "haben")
ihr	beginnt	
sie/Sie	beginnen	

bleiben

ficar, permanecer

	Presente	Particípio Passado
ich	bleibe	
du	bleibst	
er/sie/es	bleibt	geblieben
wir	bleiben	(com "sein")
ihr	bleibt	
sie/Sie	bleiben	

Apêndice A: Tabelas de Verbos **309**

bringen

trazer

	Presente	Particípio Passado
ich	bringe	
du	bringst	
er/sie/es	bringt	gebracht
wir	bringen	(com "haben")
ihr	bringt	
sie/Sie	bringen	

denken

pensar

	Presente	Particípio Passado
ich	denke	
du	denkst	
er/sie/es	denkt	gedacht
wir	denken	(com "haben")
ihr	denkt	
sie/Sie	denken	

dürfen

poder (no sentido de ser permitido)

	Presente	Particípio Passado
ich	darf	
du	darfst	
er/sie/es	darf	gedurft
wir	dürfen	(com "haben")
ihr	dürft	
sie/Sie	dürfen	

einladen
convidar

	Presente	Particípio Passado
ich	lade ein	
du	lädst ein	
er/sie/es	lädt ein	eingeladen
wir	laden ein	(com "haben")
ihr	ladet ein	
sie/Sie	laden ein	

essen
comer

	Presente	Particípio Passado
ich	esse	
du	isst	
er/sie/es	isst	gegessen
wir	essen	(com "haben")
ihr	esst	
sie/Sie	essen	

310 Parte V: Apendices

fahren

dirigir

	Presente	Particípio Passado
ich	fahre	
du	fährst	
er/sie/es	fährt	gefahren
wir	fahren	(com "sein")
ihr	fahrt	
sie/Sie	fahren	

finden

encontrar

	Presente	Particípio Passado
ich	finde	
du	findest	
er/sie/es	findet	gefunden
wir	finden	(com "haben")
ihr	findet	
sie/Sie	finden	

fliegen

voar

	Presente	Particípio Passado
ich	fliege	
du	fliegst	
er/sie/es	fliegt	geflogen
wir	fliegen	(com "sein")
ihr	fliegt	
sie/Sie	fliegen	

geben

dar

	Presente	Particípio Passado
ich	gebe	
du	gibst	
er/sie/es	gibt	gegeben
wir	geben	(com "haben")
ihr	gebt	
sie/Sie	geben	

gehen

ir

	Presente	Particípio Passado
ich	gehe	
du	gehst	
er/sie/es	geht	gegangen
wir	gehen	(com "sein")
ihr	geht	
sie/Sie	gehen	

Apêndice A: Tabelas de Verbos 311

halten

manter, segurar

	Presente	Particípio Passado
ich	halte	
du	hältst	
er/sie/es	hält	gehalten
wir	halten	(com "haben")
ihr	haltet	
sie/Sie	halten	

kennen

conhecer

	Presente	Particípio Passado
ich	kenne	
du	kennst	
er/sie/es	kennt	gekannt
wir	kennen	(com "haben")
ihr	kennt	
sie/Sie	kennen	

kommen

vir, chegar

	Presente	Particípio Passado
ich	komme	
du	kommst	
er/sie/es	kommt	gekommen
wir	kommen	(com "sein")
ihr	kommt	
sie/Sie	kommen	

können

poder (no sentido de ser capaz, ser possível)

	Presente	Particípio Passado
ich	kann	
du	kannst	
er/sie/es	kann	gekonnt
wir	können	(com "haben")
ihr	könnt	
sie/Sie	können	

lesen

ler

	Presente	Particípio Passado
ich	lese	
du	liest	
er/sie/es	liest	gelesen
wir	lesen	(com "haben")
ihr	lest	
sie/Sie	lesen	

312 Parte V: Apendices

liegen

deitar, colocar na
posição horizontal

	Presente	Particípio Passado
ich	liege	
du	liegst	
er/sie/es	liegt	gelegen
wir	liegen	(com "haben")
ihr	liegt	
sie/Sie	liegen	

mögen

gostar

	Presente	Particípio Passado
ich	mag	
du	magst	
er/sie/es	mag	gemocht
wir	mögen	(com "haben")
ihr	mögt	
sie/Sie	mögen	

müssen

ter de fazer algo, dever

	Presente	Particípio Passado
ich	muss	
du	musst	
er/sie/es	muss	gemusst
wir	müssen	(com "haben")
ihr	müsst	
sie/Sie	müssen	

nehmen

levar, pegar

	Presente	Particípio Passado
ich	nehme	
du	nimmst	
er/sie/es	nimmt	genommen
wir	nehmen	(com "haben")
ihr	nehmt	
sie/Sie	nehmen	

schreiben

escrever

	Presente	Particípio Passado
ich	schreibe	
du	schreibst	
er/sie/es	schreibt	geschrieben
wir	schreiben	(com "haben")
ihr	schreibt	
sie/Sie	schreiben	

Apêndice A: Tabelas de Verbos *313*

sehen

ver

	Presente	Particípio Passado
ich	sehe	
du	siehst	
er/sie/es	sieht	gesehen
wir	sehen	(com "haben")
ihr	seht	
sie/Sie	sehen	

sitzen

sentar-se

	Presente	Particípio Passado
ich	sitze	
du	sitzt	
er/sie/es	sitzt	gesessen
wir	sitzen	(com "haben")
ihr	sitzt	
sie/Sie	sitzen	

sollen

dever fazer

	Presente	Particípio Passado
ich	soll	
du	sollst	
er/sie/es	soll	gesollt
wir	sollen	(com "haben")
ihr	sollt	
sie/Sie	sollen	

sprechen

falar

	Presente	Particípio Passado
ich	spreche	
du	sprichst	
er/sie/es	spricht	gesprochen
wir	sprechen	(com "haben")
ihr	sprecht	
sie/Sie	sprechen	

stehen

levantar-se

	Presente	Particípio Passado
ich	stehen	
du	stehst	
er/sie/es	steht	gestanden
wir	stehen	(com "haben")
ihr	steht	
sie/Sie	stehen	

314 Parte V: Apendices

tragen

levar, vestir

	Presente	Particípio Passado
ich	trage	
du	trägst	
er/sie/es	trägt	getragen
wir	tragen	(com "haben")
ihr	tragt	
sie/Sie	tragen	

traffen

encontrar

	Presente	Particípio Passado
ich	treffe	
du	triffst	
er/sie/es	trifft	getroffen
wir	treffen	(com "haben")
ihr	trefft	
sie/Sie	treffen	

trinken

beber

	Presente	Particípio Passado
ich	trinke	
du	trinkst	
er/sie/es	trinkt	getrunken
wir	trinken	(com "haben")
ihr	trinkt	
sie/Sie	trinken	

verlieren

perder

	Presente	Particípio Passado
ich	verliere	
du	verlierst	
er/sie/es	verliert	verloren
wir	verlieren	(com "haben")
ihr	verliert	
sie/Sie	verlieren	

Apêndice A: Tabelas de Verbos 315

wissen

saber

	Presente	Particípio Passado
ich	weiß	
du	weißt	
er/sie/es	weiß	gewusst
wir	wissen	(com "haben")
ihr	wisst	
sie/Sie	wissen	

wollen

querer

	Presente	Particípio Passado
ich	will	
du	willst	
er/sie/es	will	gewollt
wir	wollen	(com "haben")
ihr	wollt	
sie/Sie	wollen	

316 Parte V: Apendices

Minidicionário
Alemão – Português

A

abbiegen/*apbi:guen*/virar, fazer um retorno

Abend(m)/*ap:bent*/noite

Abendessen(n)/*a:bent-ssen*/jantar

aber/*a:bar*/mas

abfliegen/*ap fli:guen*/partir (de avião)

Abflug(m)/*ap flu:k*/partida (de avião)

abreisen/*aprai:zen*/sair (para viajar)

alles/*álês*/tudo

Ampel(f)/*ampel*/semáforo

an/*an*/em

Anfang(m)/*ánfâng*/começo

Ankauf(m)/*ánkauf*/compra

Ankunft/*ánkunft*/chegada

Anrufbeantworter(m)/*ánru:f-tbeantvórtar*/ secretária eletrônica

anrufen/*anru:fen*/ligar, fazer chamada telefônica

Antiquitäten(pl)/*antikvitä:ten*/ antiguidades

Anwalt(m)/*án valt*/advogado

April(m)/*april*/ abril

Arzt(m)/*artst*/médico

Arztpraxis(f)/*artst-praksis*/consultório médico

auch/*auçh*/também

auf/*auf*/em, sobre

Auf Wiedersehen/*auf vi:dar-se:hen*/Adeus, até (logo informal)

August(m)/*august*/agosto

Ausfahrt(f)/*aus fa:rt*/saída

ausfüllen/*aus fü:len*/preencher

ausgezeichnet/*ausguetsai:çhnet*/ excelente

Austellung(f)/*auschtélung*/exposição

Auto(n)/*auto*/automóvel

B

Bad(n)/*ba:t*/banheiro

Bahnhof(m)/*ba:n-ho:f*/estação de trem

Bank(f)/*bánk*/banco

bar/*bar*/em dinheiro

Bart(m)/*ba:rt*/barba

Basketball(m)/*ba:skét-bal*/basquete

Bauernhof(m)/*bau:ern-ho:f*/sítio

Baum(m)/*bau:m*/árvore

318 Parte V: Apendices

bei/*bai*/perto, em

beim/*bai:m*/perto

Berg(m)/*berg*/montanha

Beruf(m)/*beru:f*/profissão

beschreiben/*bechrái:ben*/descrever

besetzt/*bēzétst*/ocupado

Besprechung(f)/*bechpreçhung*/conversa

Betrag(m)/*be tra:k*/quantidade

bezahlen/*betsa:len*/pagar

Bier(n)/*biar*/cerveja

bisschen/*bis-çhen*/um pouco

bitte/*bite*/por favor

bleiben/*blai:ben*/ficar, permanecer

Bordkarte(f)/*bord-karte*/bilhete de passagem

Botschaft(f)/*bô:t-chaft*/embaixada

Brief(m)/*bri:f*/carta

Briefkasten(m)/*bri:f-kásten*/caixa de correio

Briefmarke(f)/*bri:f-marke*/selo

Brieftasche(f) /*bri:f-tache*/carteira

Brot(n)/*bro:t*/pão

Brötchen(n)/*brö:tçhen*/pãozinho

buchen/*bu:çhen*/reservar

Bus(m)/*bus*/ônibus

Bushalstelle(f)/*bus-halte-chtéle*/ponto de ônibus

Butter(f)/*butar*/manteiga

C

Cerealien(pl)/*tserea:lien*/cereais

D

Danke/*dánke*/obrigado

Datum(*n*)/*da:tum*/data

dauern/*dau:arn*/durar

deutsch/*dói-tch*/alemão

Deutsche Mark(f)/*dói:tche mark*/ marco alemão

Dezember(m)/*dētsémbar*/dezembro

Dienstag(m)/*di:nsta:k*/terça-feira

Donnerstag(m)/*donarsta:k*/quinta-feira

Doppelzimmer(n)/*dópel-tsimar*/quarto de casal

Dorf(n)/*dórf*/vila

dort/*dórt*/lá, ali

drücken/*drü:ken*/pressionar, empurrar

durstig/*durstich*/sedento, com sede

Dusche(f)/*du:che*/chuveiro

E

einfach/*áin façh*/simples, fácil

einladen/*áinla:den*/convidar

einladung(f)/*áinla:dung*/convite

Einverstanden/*ainfêrchtanden*/de acordo, certo.

Einzelzimmer(n)/*aintsel-tsimar*/quarto individual

E-mail(f)/*i:meil*/e-mail

empfehlen/*empfe:len*/recomendar

Ende(n)/*ênde*/fim

Entschuldigung(f)/*entchuldigung*/ desculpe, com licença, perdão

Apêndice B: Mini Dicionário 319

erkältung(f)/*erkä:ltung*/resfriado

essen/*éssen*/comer

Etwas/*étvas*/alguma coisa

F

fahren/*fa:ren*/dirigir

Fahrrad(n)/*fa:rrat*/bicicleta

faxen/*faksen*/mandar um fax

Februar(m)/*fê:brua:r*/fevereiro

Fenster(n)/*fênstar*/janela

Feuerwehr(f)/*fói:ar-ve:ar*/corpo de bombeiros

Fieber(n)/*fi:bar*/febre

Firma(f)/*firma*/empresa, firma

fliegen/*fli:guen*/voar

Flug(m)/*flu:k*/voo

Flughafen(m)/*flu:k-ha:fen*/aeroporto

Flugsteig (m)/*fluk-chtaik*/portão no aeroporto

Flugzeug(n)/*flu:k-tsói:g*/avião

Flugticket(n)/*flu:k-tiket*/passagem aérea

Fluss(m)/*flus*/rio

Formular(n)/*formula:r*/formulário

fragen/*fra:guén*/perguntar

Freitag(m)/*frai:ta:k*/sexta-feira

Fremdenverkehrsbüro(n)/*fremden-ferke:rsbü:ro:*/escritório de informação ao turista

Freund(m)/*frói:nt*/amigo

Freundin(f)/*frói:ndin*/amiga

Frühstück(n)/*früchtü:k*/café da manhã

für/*fü:ar*/para

Fussball/*fu:sbal*/futebol

G

Gabel(f)/*ga:bel*/garfo

Gang(m)/*gáng*/corredor

ganz/*gants*/todo, completo

Gebirge(n)/*guebirgue*/montanhas

Gebühr(f)/*guebü:ar*/taxa

Gegend(f)/*gue:guent*/área

gegenüber/*gue:guenü:bar*/do lado oposto, diante

Geheimzahl(f)/*guehái:mtsa:l*/senha do banco

gehen/*gue:en*/ir

Geld(n)/*guelt*/dinheiro

Geldautomat(m)/*guelt-automa:t*/caixa eletrônico

geöffnet/*gueö:fnet*/aberto

Gepäck(n)/*guepä:k*/bagagem

geradeaus/*guera:de aus*/bem à frente

geschlossen/*guechlóssen*/fechado

gestern/*gués térn*/ontem

getrennt/*guêtrént*/separado

gewinnen/*guevinen*/ganhar

Glas(n)/*gla:s*/vidro

Gleiss(n)/*glai:s*/plataforma

Golf(n)/*golf*/golfe

gross/*grô:s*/grande

gültig/*gü:ltiç*/válido

320 Parte V: Apendices

gut/*gu:t*/bom

Gute Nacht/*gu:te naçht*/Boa noite

Gute Reise/*gu:te rái:ze*/Boa viagem

Guten Abend/*gu:ten a:bent*/Boa noite
(no começo da noite)

Guten Morgen/*gu:ten mórguen*/Bom dia
(de manhã cedo)

Guten Tag/*gu:ten ta:k*/Bom dia
(qualquer hora do dia)

H

Haar(n)/*ha:r*/cabelo

Halbpension(f)/*halp-penzio:n*/meia
pensão

Hallo/*ha:lô*/olá

halten/*halten*/parar, conter

Haltestelle(f)/*halte-chtéle*/parada,
estação

Handball/*hantbal*/handebol

Hauptspeise/*haupt-chpái:-ze*/prato
principal

heissen/*hái:ssen*/chamar-se

helfen/*helfen*/ajudar

heute/*hói:te*/hoje

hier/*hiar*/aqui

Hilfe/*hilfe*/ajuda

hinter/*hintar*/atrás

Hobby/*hóbi:*/hobby

hören/*hö:ren*/escutar

Hotel(n)/*ho:tél*/hotel

Hügel(m)/*hü:guel*/colina

hungrig/*hungriçh*/faminto

I

interessant/*interessant*/interessante

Internet/*intêrnét*/internet

J

ja/*iá:*/sim

Jahr(n)/*ia:r*/ano

Januar(m)/*ianua:r*/janeiro

jemand/*ie:mânt*/alguém

joggen/*jóguén*/correr

Jugendherberge(f)/*iu:guént-hérbérgue*/
albergue da juventude

Juli(m)/*iu:li*/julho

Juni(m)/*iu:ni*/junho

K

Kaffee(m)/*kafê:*/café

Kalender(m)/*kalêndar*/calendário

Karte(f)/*karte*/mapa, ticket, cartão

Kasse(f)/*kásse*/caixa registradora

kaufen/*kaufen*/comprar

Kellner(m)/*kélnar*/garçom

kennenlernen/*kénen-lérnen*/ficar
conhecendo

Kino(n)/*ki:no*/cinema

Kirche(n)/*kirçhe*/igreja

klatschen/*klátchen*/bater palma

klein/*klái:n*/pequeno

Klimaanlage(f)/*kli:ma:anlá:gue*/ar
condicionado

Kneipe(f)/*knái:pe*/bar, boteco

Apêndice B: Mini Dicionário 321

Koffer(m)/*kófar*/pasta

kommen/*kómen*/vir

Konsulat(n)/*konzula:t*/consulado

Konzert(n)/*kontsért*/concerto

krank/*kránk*/doente

Krankenhaus(n)/*kranken-haus*/ hospital

Krankenschwester(f)/*kranken-chvéster*/ enfermeira

Krankwagen(m)/*krankenvá:guén*/ ambulância

Kreuzung(m)/*krói:tsug*/cruzamento

Kuchen/*ku:çhen*/bolo

Kuh(f)/*ku:*/vaca

Küste(f)/*kü:ste*/costa

L

lachen/*lachen*/rir

Land(n)/*lánt*/terra, país

langweilig/*lang-vái:liçh*/chato, monótono

legen/*lê:guén*/colocar na horizontal, deitar

leider/*lai:dar*/infelizmente

Leitung(f)/*lai:tung*/linha

lesen/*lê:sen*/ler

links/*links*/esquerda

Liter(m)/*li:tar*/litro

Löffel(m)/*lö:fél*/colher

Luftpost(f)/*luft-póst*/correio aéreo

M

machen/*máchen*/fazer

Macht nichts/*maçht niçhts*/Não importa

Mai(m)/*mai:*/maio

Mannschaft(f)/*mánchaft*/time, equipe

Market(m)/*markt*/mercado

März(m)/*mérts*/março

Meer(n)/*mé:r*/mar

mein/*máin*/meu

Messer(n)/*méssar*/faca

Milch(f)/*milçh*/leite

Minute(f)/*minu:te*/minuto

mit/*mit*/com

Mittag(m)/*mita:k*/meio-dia

Mittagessen(n)/*mita:k-éssem*/almoço

Mitte(f)/*mite*/meio

Mittwoch(m)/*mitvóçh*/quarta-feira

Monat(m)/*mô:nat*/mês

Montag(m)/*mo:nta:k*/segunda-feira

Morgen/*mórguen*/amanhã

morgen/*mórguen*/manhã

Museum(n)/*muze:um*/museu

N

nach/*naçh*/para

Nachmittag(m)/*naçh-mita:k*/tarde

Nachricht(f)/*naçhrriçht*/mensagem

Nacht(f)/*naçht*/noite

nachtisch/*naçhtiçh*/sobremesa

Nah/*na:h*/próximo

Parte V: Apendices

Name(f)/_na:me_/nome

Nationalität(f)/_natsio:na:lität_/ nacionalidade

natürlich/_natü:rliçh_/naturalmente, claro

Naturschutzgebiet(n)/_natu:ar-chutstguebi:t_/ área de preservação ambiental

neben/_ne:ben_/perto

nehmen/_ne:men_/tomar, tirar, pegar

nein/_nái:n_/não

nie/_ni:_/nunca

Norden(m)/_nórden_/norte

Notaufnahme(f)/_no:t-aufna:me_/sala de emergência

November(m)/_novêmbar_/novembro

nur/_nuar_/somente, apenas

O

öffnen/_ö:fnen_/abrir

Oktober(m)/_okto:bar_/outubro

Oper(f)/_ô:par_/ópera

Osten(m)/_ósten_/oriente

P

Paket(n)/_pake:t_/pacote

Park(m)/_park_/estacionamento

Parkplatz(m)/_parkplats_/vaga de estacionamento

Pferd(n)/_pfért_/cavalo

phantastisch/_fantá:stiçh_/fantástico

Polizei(f)/_politsai:_/polícia

Portier(m)/_porti e:_/porteiro

Post(f)/_póst_/correio

Postamt(n)/_póst-amt_/posto do correio

Postkarte(f)/_postkarte_/cartão-postal

Postleitzahl(f)/_póst-lait-tsa:l_/CEP

Pro/_prô_/por

pünktlich/_pü:nktliçh_/pontualmente

Q

Quittung(f)/_kvitung_/recibo

R

Rechnung(f)/_réchnung_/conta, cheque

rechts/_réçhts_/direita

reden/_rê:den_/conversar, dialogar

Reh(n)/_rê_/veado

Reisebüro(n)/_rai:ze-bü:rô:_/agência de viagens

reisen/_rai:zen_/viajar

Reisepass(m)/_rai:ze-pás_/passaporte

Reisescheck(m)/_rai:ze-chék_/cheque de viagem

reservieren/_re:zervi:ren_/reservar

Restaurant(n)/_resto:ran_/restaurante

Rezeption(f)/_rêtseptio:n_/recepção

Rückflugticket(n)/_rü:k-flu:k-tiket_/ passagem de ida e volta

S

Saft(m)/_zaft_/suco

sagen/_zá:guen_/dizer

Samstag(m)/_zamsta:k_/sábado

Sänger(m)/_zä:ngar_/cantor

Sängerin(f)/_zä:nguerin_/cantora

Apêndice B: Mini Dicionário 323

S-Bahn(f)/*és-ba:n*/trem local

Schaf(n)/*chaf*/ovelha

Schalter(m)/*chálter*/guichê

Schauspieler(m)/*chau-chpi:lar*/ator

Schauspielerin(f)/*chau-chpilerin*/atriz

Scheck(m)/*chék*/cheque

Schein(m)/*chai:n*/conta, nota

schicken/*chiken*/enviar

Schlüssel(m)/*chlü:ssel*/chave

Schmerz(m)/*chmérts*/dor

Schön/*chö:n*/bonito

Schule(f)/*chu:le*/escola

Schwimbad(n)/*chvim-ba:t*/piscina

schwimmen /*chvimen*/nadar

See(f)/*zê:*/lago

segel/*ze:guel*/velejar

sehen/*ze:en*/ver

sehr/*zé:r*/muito (qualidade)

sein/*záin*/ser, estar

Sekunde(f)/*zekunde*/segundo

Selbstverständlich/*zelpst-ferchtä:ndliçh*/ naturalmente, certamente

September(m)/*zeptembar*/setembro

sich auskennen/*ziçh aus kénen*;/ conhecer alguma coisa

sich erinnern/*ziçh er-ine:rn*/lembrar-se de algo

sich freuen/*ziçh frói:en*/alegrar-se

sich freuen auf/*ziçh frói:en auf*/alegrar-se com (algo no futuro)

sich freuen über/*ziçh frói:en ü:bar*/ alegrar-se com...

sich interessieren für/*ziçh interessi:ren fü:ar...*/interessar-se por...

sich setzen/*ziçh zétsen*/sentar-se

sich unterhalten/*ziçh untar halten*/ conversar, bater papo

sich vorstellen/*ziçh fo:rchtélen*/ imaginar, apresentar-se

singen/*zinguén*/cantar

Sonnanbend(m)/*zôn-a:bent*/sábado

Sonntag(m)/*zôn ta:k*/domingo

spannend/*chpanent*/tenso

spazieren gehen/*chpatsi:ren ge:en*/ passear, dar uma volta

Speisekarte(f)/*chpai:ze-karte*/menu

Spiel(n)/*chpi:l*/jogo, brincadeira

spielen/*chpi:len*/brincar, jogar, tocar

sprechen/*chpreçhen*/falar

Stadt(f)/*chtat*/cidade

Strasse(f)/*chtra:sse*/rua

Strassenbahn(f)/*chtra:ssen-ba:n*/ bondinho

Stunde(f)/*chtunde*/hora

Süden(m)/*zü den*/sul

Suppe(f)/*zupe*/sopa

Suppenteller(m)/*zupen-télar*/tigela de sopa

T

Tag(m)/*ta:k*/dia

tal(n)/*ta:l*/vale

324 Parte V: Apendices

Tanzen /_tan_tsen/dançar

Tasche (f) /_ta_chē/bolsa

Tasse (f) /_tá_sse/xícara

Taxi (f) /_táksi_/táxi

Taxistand (m)/_taksi_-chtant/ponto de táxi

Tee (m) /tē:/chá

teilnehmen /_tai:l_nē:men/participar

Telefon (n) /_te_lefo:n/telefone

Telefonbuch (n) /_telefo:n_-bu:çh/lista telefônica

telefonieren /telefo:_ni:_ren/telefonar

Telefonkarte (f) /telefo:n-karte/cartão telefônico

Telefonnummer (f) /_telefo:n_-numar/ número de telefone

Telefonzelle (f) /_telefo:n_-tséle/cabine telefônica

Teller (m)/_té_lar/placa

Tennis (n) /_tē_nis/tênis

Termin (m) /ter_mi:n_/horário agendado

Theater (n) /te:_a_:tar/teatro

Toast (m) /tô:st/torrada

Trinken /trinken/beber

Trinkgeld (n) /_trink_guelt/gorjeta

Trödel (m) /_trö_:del/bijuteria

Tschüs /tchü:s/tchau

Tür (f)/tü:ar/porta

U

U-bahnhaltestelle (f) /_u_:ba:n-_halte_-chtéle/ estação de metrô

U-bahnstation (f) /_u_:ba:n-chtatsio:n/ estação de metrô

Übernachtung (f) /ü:bar _na_chtung/ pernoite

Uhr (f) /u:ar/relógio

und /unt/ e

Unfall (m) /_unfal_/acidente, queda

ungefähr /_unguefä_:r/aproximadamente

ungültig /_ungü_:ltiçh/inválido

Unterschrift (f) /_untar_-chrift/assinatura

Urlaub (m) /_u:r_ laup/férias (do trabalho)

V

Verkauf (m) /_ferkáuf_/venda

verletzt /fer_letst_/ ferido, machucado

verreisen/fer-_rái:_zen/viajar

verspätet /fer_chpä_:tet/atrasado

Verspätung (f) /fer_chpä:_tung/atraso

verstehen /fer_chte:_en/entender, compreender

vielleicht /_fi:_l-lái:çht/talvez

Vogel (m)/fô:guel/pássaro, ave

Vollpension (f) /fól-pen_zio:n_/pensão completa

vor /fo:ar/na frente de

Vorname (f) /_fo:r_ na:me/prenome

vostellen /_fo:_rchtélen/apresentar

Vostellung (f) /_fo:r_chtélung

W

Wald (f)/válttelung/floresta

Apêndice B: Mini Dicionário 325

Wann/*ván*/quando

Was/*vas*/o quê, que

Wasserski laufen/*vássar-chi* *lau:fen*/ praticar jet ski

Wechselkurs *(m)* /*véksel-kurs*/taxa de câmbio

Weg *(m)* /*vê:k*/caminho

Wein *(m)* /*váin*/vinho

Weit /*vái:t*/longe

Werden /*vé:rden*/tornar-se

Westen *(m)* /*vésten*/ocidente, oeste

wie/*vi:*/como

wieder/*vi:dar*/novamente, de novo

wirklich/*virkliçh*/realmente

wo/*vô:*/onde

Woche (f) /*vóçhe*/semana

Wurst *(f)* /*vurst*/salsicha

Z

Zeit *(f)*/*tsái:t*/tempo

Zentrum *(n)* /*tsentrum*/centro

ziehen/*tsi:en*/puxar

Zimmer *(n)* /*tsimar*/quarto

Zimmerservice (n) /*tsimar-zervis*/serviço de quarto

Zoll *(m)*/ *tsól*/alfândega

zu Hause /*tsu* *hause*/em casa

Zug *(m)* /*tsuk*/trem

Zugabe *(f)*/*tsu:gabe*/ bis

zusammen /*tsuzamen*/junto

Zwischen/*tsivi chen*/entre

326 Parte V: Apendices

Minidicionário
Português – Alemão

A

aberto/**geöffnet**/gueö:fnet/

abril/ **April** (m)/april/

advogado/ **Anwalt** (m)/ánvalt/

adeus, até logo (formal)/ **Auf Wiedersehen**/auf vi:-derse:en/

aeroporto **Flughafen** (m)/flu:k-ha:fen/

agência de viagens/**Reisebüro** (n)/ rai:ze-bü:rô/

agosto/**August** (m)/august/

alegrar-se... com algo futuro.../**sich freuen auf**/ziçh frói:en auf/

ajuda/ **Hilfe**/hilfe/

abrir/**öffnen**/ö:fnen/

acidente, queda /**Unfall** (m)/unfal/

ajudar/ **helfen**/helfen/

albergue da juventude /**Jugendherberge** (f)/ui:guent/hérbérgue/

alegrar-se com **sich freuen über**/ziçh frói:en ü:bar/

alegrar-se/**sich freuen**/ziçh frói:en/

alemão/**Deutsch**/dói:tch/

alfândega/**Zoll** (m)/tsól/

alguém/**jemand**/ie:mânt/

alguma coisa/ **etwas**/etvas/

ali, lá/**dort**/dórt/

almoço /**Mittagessen** (n)/mita:k-éssem/

amanhã/ **morgen**/mórguen/

ambulância/**Krankwagen** (m)/kranken-vá:guen/

amiga/**Freundin** (f)/frói:ndin/

amigo/**Freund** (m)/frói:nt/

ano/**Jahr**(n)/i:ar/

antiguidades/**Antiquitäten** (pl) /antikvitä:ten/

apresentar/**vostellen**/ fo:rchtélen

aproximadamente/ **ungefähr** /ungefä:r/

aqui/ **hier**/hiar/

ar condicionado/ **Klimaanlage** (f)/ klima:anlágue/

área de preservação ambiental/ **Naturschutzgebiet** (n)/natu:ar-chuts-guebi:t/

área/ **Gegend** (f)/gue:guent/

árvore/ **Baum** (m)/ba:um/

assinatura/ **Unterschrift** (f)/ untar-shrift/

ator/ **Schauspieler** (m)/chau-chpi:lar/

atrás/ **hinter**/hintar/

328 Parte V: Apendices

atrasado/ **verspätet** /fer<u>chpä</u>:tet/

atraso/ **Verspätung** (f)/ fer<u>chpä</u>:tung/

atriz/**Schauspielerin** (f)/ <u>chaus</u>-chpi:lerin/

automóvel/**Auto** (n)/<u>auto</u>

avião/**Flugzeug** (n)/<u>flu:k</u> tsói:g/

B

bagagem **Gepäck** (n)gue<u>pä:k</u>/

banheiro/**Bad** (n)/ba:t/

banco/**Bank** (f)/bánk/

bar, boteco/**Kneipe** (f)/<u>knái</u>:pe/

barba/**Bart** (m)/ba:rt/

basquete/**Basketball**/(m)/<u>ba</u>:skét-bal/

bater palma/**klatschen**/<u>klá</u>tchen/

beber/**trinken**/trinken/

bem à frente/**geradeaus**/<u>guera</u>:de-aus/

bicicleta/**Fahrrad**(n)/<u>fa:</u>rat/

bijuteria/**Trödel**(m)/ <u>trö</u>:del/

bilhete de passagem/**Bordkarte**(f)/<u>bord</u>-karte/

Boa noite (no começo da noite)/**Guten Abend**/gu:ten <u>a</u>:bent/

Boa noite/ **Gute Nacht**/gu:te naçht/

Boa viagem/ **Gute Reise**/<u>gu:</u>te <u>rái</u>:ze/

bolo/ **kuchen** (m)/<u>ku</u>:çhen

bolsa/ **Tasche** (f)/ <u>ta</u>chê

Bom dia (de manhã)/**Guten Morgen**/ gu:tem <u>mór</u>:gen

Bom dia (qualquer hora do dia)/**Guten Tag**/gu:ten ta:k/

bom/ **gut**/gu:t/

bondinho/**Strassenbahn** (f)/ <u>chtra</u>:ssen-ba:n/

bonito/ **schön**/chö:n/

brincar, jogar/**spielen**/<u>chpi</u>:len/

C

cabelo/**Haar** (n)/<u>ha</u>:ar/

cabine telefônica/**Telefonzelle** (f)/ tele<u>fo:n</u>-tséle/

café da manhã/ **Frühstuck**/(n)/ <u>frü</u>:hchtü:k/

café/**Kaffee** (m)/<u>ka</u>fê/

caixa de correio/**Briefkasten** (m)/<u>bri:f</u>-kásten/

caixa eletrônico/**Geldautomat** (m)/<u>guelt</u>-automa:t/

caixa registradora/**Kasse** (f)/ <u>ká</u>sse/

calendário/**Kalender** (m)/ka<u>lên</u>dar/

caminho/**Weg** (m) /vê:k/

cantar/**singen**/<u>zin</u>guén/

cantor/**Sänger** (m)/<u>zä:</u>ngar/

cantora/**Sängerin** (f)/<u>zä:</u>nguerin/

carta/**Brief** (m)/bri:f/

cartão telefônico/**Telefonkarte** (f) tele<u>fo:n</u>-karte/

carteira/**Brieftasche**/(f)<u>bri:f</u>-tachê/

cavalo/**Pferd** (n)/pférт/

cedo/**früh**/frü/

centro/**Zentrum** (n)/ <u>tsen</u>trum

CEP/**Postleitzahl** (f)/<u>póst</u>-lai:t-tsa:l

cereais/**Cerealien**/pl/tsere<u>a</u>:lien

Apêndice B: Mini Dicionário 329

cerveja/**Bier***(n)/biar*

chá/**Tee** *(m)/ tê:*

chamar-se/**heissen**/_hái:ssen_/

chato, devagar/ **langweilig**/ _lang_-*vái:liç*h/

chave/**Schlüssel** *(m)/_chlü:ssel_*

chegada/ **Ankunft**/_ankunft_

cheque de viagem/ **Reisescheck** (m)/ _rái:ze-chék_/

cheque/ **Scheck** *(m)/chék*

chuveiro/ **Dusche** (f)/_du:chê_

cidade/ **Stadt** *(f)/ chtat*

cinema/ **Kino** *(n)/_ki:no_*

colher/ **Löffel** (m)/_lö:fel_

colina/ **Hügel***(m)/_hü:guel_*

colocar na horizontal, deitar/ **legen**/ _lê:guén_

com/ **mit**/*mit*

começo/ **Anfang** (m)/*anfang*

comer/ **essen**/*é:ssen*

como/ **wie** */vi:*

compra/ **Ankauf**(m)/_ankáuf_

comprar/ **kaufen**/_kaufen_

de acordo, certo/ **einverstanden**/ _áinfêrchtânden_

concerto/ **Konzert** *(n)/kont_sért_*

conhecer alguma coisa/ **sich auskennen**/ ziç _ausk_énen

consulado/ **Konsulat** *(n)/konzu_la:t_*

consultório médico/ **Arztpraxis** (f)/_artst-praksis_

conta, nota/ **Schein**(m)/ shayn

conta/ **Rechnung** *(f)/_réç_hnung*

conversar, dialogar/ **reden**/_re:den_

conversa/**Besprechung** (f)/*bechpréçhung*

convidar/**einladen**/_áinla:den_

convite/**Einladung** *(f)/_áinla:dung_*

corpo de bombeiros/**Feuerwehr** (f)/ _fói:er-vê:ar_

corredor/**Gang** *(m)/gáng*

correio aéreo/ **Luftpost** *(f)/_luft_-póst*

correio/ **Post** (f)/*póst*

correr/ **joggen**/_jóguén_

costa/ **Küste** *(f)/_kü:ste_*

cruzamento/ **Kreuzung** (f)/*krói:tsung*

cozinhar/ **kochen**/_kó_çhen

D

dançar/**tanzen**/_tan_tsen

data/**Datum** *(n)/_da:_tum*

descrever/**beschreiben**/*be_chrái:_ben*

desculpe, com licença, perdão/ **Entschuldigung** *(f)/entc_huld_igung*

dezembro/**Dezember** (m)/*det_sém_bar*

dia/**Tag** *(m)/ ta:k*

dinheiro/**Geld**(n)/*guelt*

direita/**rechts**/*réçhts*

dirigir/**fahren**/_fa:ren_

divertir-se, conversar/**sich unterhalten**/ ziç untar_halten_

dizer/**sagen**/_za:_guén

do lado oposto, para com/**gegenüber**/ gue:guen_ü:_bar

330 Parte V: Apendices

doente/**Krank**/*kránk*

domingo/**Sonntag**(*m*)/ *zônta:k*

dor/ **Schmerz** *(m)*/ *chmérts*

durar/**dauern**/*dau:arn*

E

e/**und**/*unt*

em/**an**/*an*

E-Mail/**E-Mail** (f) /*i:meil*

em casa/**Zu Hause**/*tsu hauze*

embaixada/**Botschaft** *(f)*/*bo:t-chaft*

empresa, firma/**Firma** *(f)*/*firma*

enfermeira/**Krankenschwester** (f)/ *kranken-chvéstar*

entender, compreender/**verstehen** /*ferchte:en*

entre/**zwischen**/*tsivichen*

enviar/**schicken**/*chiken*

escola/**Schule** *(f)*/*chu:le*

escritório de informação ao turista/ **Fremdenverkehrsbüro** *(n)*/*frémden-ferke:rsbü:rô*

escutar/**hören**/*hö:ren*

esquerda/**links**/*links*

estação de metrô/**U-bahnhaltestelle** *(f)* /*u:ba:n-halte-chtéle*

de metrô/**U-bahnstation** *(f)*/*u:ba:n-chtatsio:n*

Estação de trem/**Bahnhof** *(m)*/*ba:n-ho:f*

estacionamento/**Park** *(m)*/*párk*

excelente/**ausgezeichnet**/*ausguetsái:çh-net*

exibição **Austellung** *(f)*/*auschté lung*

F

faca/**Messer** *(n)*/*méssar*

falar/**sprechen** /*chpréçhen*

faminto/**hungrig**/*hungriçh*

fantástico/**phantastisch**/*fantá:stiçh*

fazenda/**Bauernhof** *(m)*/*bau:ern-ho:f*

fazer/**machen**/*maçhen*

febre/**Fieber** *(n)*/*fi:bar*

fechado/**geschlossen**/*guechlóssen*

férias (do trabalho)/**Urlaub** *(m)* *u:rlaup*

ferido, machucado/**verletzt**/*ferletst*

fevereiro/**Februar**(m)/*fê:brua:r*

ficar conhecendo /**kennenlernen**/*kénen-lérnen*

ficar, permanecer/**bleiben**/*blái:ben*

fim/**Ende** *(f)*/*ende*

floresta/**Wald** *(f)*/*vált*

formulário/ **Formular** *(n)*/*formula:r*

futebol/**Fussball**/*fu:sbal*

G

ganhar/**gewinnen**/*guevinen*

garçom/**Kellner** *(m)*/*kélnar*

garfo/**Gabel** *(f)*/*ga:bel*

golfe/**Golf** *(n)*/*golf*

gorjeta/**Trinkgeld** *(n)*/ *trink-guelt*/

guichê/ **Schalter** (m)/*cháltar*

grande/**gross**/*grôss*/

Apêndice B: Mini Dicionário 331

H

handebol/ **Handball**/*hant-bal*

hobby/**Hobby**/*hobi:*

hoje/**heute**/*hói:te*

hora /**Stunde** (f)/*chthunde*

horário agendado/**Termin** (m)/ *termi:n*

hospital/**Krankenhaus** (n)/ *kranken-haus*

hotel/ **Hotel** (n)/*ho:tél*

I

igreja/**Kirche**(n)/*kirçhe*

imaginar, apresentar-se/ **sich vorstellen**/ ziçh *fo:r chtélen*

infelizmente/**leider**/*lái:dar*

interessante/**interessant**/*interessant*

interessar-se por.../**sich interessieren für**/*ziçh interessi:ren fü:ar*

internet/**Internet**/*intêrnét*

inválido/**ungültig**/*ungü:ltiçh*

ir/ **gehen**/*gue:en*

J

janeiro/**Januar** (m)/*ianua:r*

janela/**Fenster** (n)/*fênstar/*

jogo, brincadeira/**Spiel** (n)/*chpi:l/*

julho/**Juli** (m)/*iu:li/*

junho/**Juni** (m)/*iu:ni/*

junto/**zusammen**/*tsuzámen/*

L

lago/**See** (m) *zê:/*

leite/**Milch** (f)/*milçh/*

lembrar-se de algo/**sich erinnern**/*ziçh êr:ine:rn*

ler/**lesen**/*lê:zen*

ligar, fazer chamada telefônica /**anrufen**/ *anru:fen*

linha/**Leitung** (f)/*lái:tung*

lista telefônica/**Telefonbuch** (n)/*telefo:n-bu:çh*

longe/**weit** /*vái:t*

M

maio/**Mai** (m)/*mai:*

mala koffer/ **kófar** (m)/*faksen*

mandar um fax/ **faxen** /*fa-ksen*

manhã/**Morgen** (m)/*mórguen*

manteiga/**Butter**(f)/*butar*

mapa, ticket, cartão/ **Karte** (f)/*karte*

mar/**Meer** (n)/*mé:r*

marco alemão/**Deutsche Mark** (f)/ *dói:tche Mark*

março/**März** (m)/*mérts*

mas/**aber**/*a:bar*

médico/**Arzt** (m)/*arst*

meia pensão/**Halbpension** (f)/*halp-penzio:n*

meio/**Mitte** (f)/*mite*

meio-dia/**Mittag** (m)/*mita:k*

332 Parte V: Apendices

mensagem/**Nachricht** *(f)/naçhrriçht*

menu/**Speisekarte** *(f)/chpay-ze-kar-te*

mercado/**Market** *(m)/market*

mês/ **Monat** *(m)/mo:nat*

meu/**mein***/máin*

minuto/**Minute** *(f)/minu:te*

montanha/**Berg** */bérg*

montanhas/**Gebirge***(n)/guebirgue*

muito/**sehr** *zé:r*

museu/ **Museum** *(n)/muze:um*

N

nacionalidade/**Nationalität** *(f)/ natsio:nalitä:t*

nadar/**schwimmen***/chvimen*

não importa/**Macht nichts***/maçht niçhts*

não/ **Nein***/nái:n*

naturalmente, certamente/ **selbstverständlich***/zélpstferchtä:ndliçh*

naturalmente, claro/ **natürlich***/natü:rliçh*

noite/**Nacht** *(f)/naçht*

Noitinha/**Abend** *(m)/a:bent*

nome /**Name** *(f)/na:me*

norte/**Norden** *(m)/nórden*

novamente, de novo/ **wieder***/vi:dar*

novembro/**November** *(m)/novembar*

número de telefone/**Telefonnummer** *(f) telefo:n-numar*

nunca/ **nie***/ni:*

O

o quê, que/**was***/vas*

obrigado/**Danke***/dánke*

ocupado/**besetzt***/bêzétst*

ocidente, oeste/**Westen** *(m)/vésten*

olá/ **Hallo***/halô*

onde/**Wo***/vô:*

ônibus/**Bus** *(m)/bus*

ontem/**gestern***/guestern*

ópera /**Oper** *(f)/ô:par*

oriente/**Osten** *(m)/ósten*

outubro/**Oktober** (m)*/okto:bar*

ovelha/**Schaf** *(n)/cháf*

P

pacote/**Paket** *(n)/ pake:t*

pagar/**Bezahlen***/bê-tsa-len*

pão/**brot** *(n)/bro:t*

pãozinho/**Brötchen** *(n)/brö:tçhen*

para/**für***/fü:ar*

para/**nach***/naçh*

parada, ponto de ônibus/**Haltestelle** *(f)/ halte-chtéle*

parar, conter/**halten***/hálten*

participar/**teilnehmen***/tai:lne:men*

partida (de avião)/**Abflug**(m)*/apflu:k*

partir (de avião)/**Abfliegen***/apfli:guen*

passagem de ida e volta/**Rückflugticket** *(n)/rü:k-flu:k-tiket*

Apêndice B: Mini Dicionário 333

passagem aérea/**Flugticket** *(n)* /*flu:k*-tiket

passaporte/**Reisepass** *(m)*/*rái:ze*-pas

pássaro, ave/**Vogel***(m)*/fô:guel

passear, dar uma volta/**spazieren gehen** /chp*atsi:ren ge:en*

pensão completa/**Vollpension** *(f)*/ fól-pen*zio:n*

pequeno/**klein**/*klái:n*

perguntar/**fragen**/*frá:guen*

pernoite/**Übernachtung** (f)/ ü:barnaçhtung

perto/**beim**/*bai:m*

perto/**neben**/*ne:ben*

perto, em/**bei**/*bai:*

piscina/**Schwimbad***(n)* /*chvim*-ba:t

placa/ **Teller** *(m)*/*télar*

plataforma/**gleis** *(n)*/*glái*s

polícia/**Polizei** *(f)*/pôli*tsai:*

ponto de ônibus/**Bushautestelle** *(f)*/*bus*-halte-chtéle

ponto de táxi/**Taxistand** *(m)* /*taksi*-chtant

pontualmente/**pünktlich**/*pü:nktl*içh

por favor/**bitte**/*bite*

por/**pro**/*prô*

porta/**Tür** *(f)* /*tü:ar*

porteiro/**Portier** *(m)*/*por*tie:

posto do correio/**Postamt** *(n)*/*póst*-amt

prato principal/**Hauptspeise**/ *haupt*-chpái:ze

praticar jet ski/**Wasserski laufen**/*vassar* chi *lau:*fen

preencher/**ausfüllen**/*ausfü:len*

prenome/**Vorname** *(f)* /*fo:rna:me*

pressionar, empurrar/**drücken**/*drü:ken*

próximo/**nah**/*na:*

puxar/**ziehen**/*tsi:en*

Q

quando/**wann**/*ván*

quarto/**Zimmer** *(n)*/*tsi*mar

R

realmente/ **wirklich**/*virkl*içh

recepção/**Rezeption** *(f)*/*retseptsio:n*

recibo/**Quittung** *(f)*/ *kvi*tung

recomendar/**empfehlen**/*empfe:len*

relógio/**Uhr** *(f)*/*u:ar*

reservar(agendar)/**buchen**/*bu:ç*hen

reservar (armazenar)/**reservieren**/ *re:*zervi:ren

resfriado/**Erkältung** *(f)*/*erkä:ltung*

restaurante/**Restaurant** *(n)*/resto:*ran*

rio/**Fluss***(m)*/flu:s

rir/**lachen**/*la*çhen

rua/**Strasse** *(f)*/*chtra:sse*

S

salsicha/**Wurst** *(f)*/vurst

segunda-feira/**Montag** *(m)*/*mo:nta:k*

segundo/**Sekunde** *(f)*/zé*kun*de

selo/**Briefmarke***(f)*/bri:f-*marke*

Parte V: Apendices

semáforo/**Ampel** *(f)/âmpel*

semana/**Woche** (f)/*vóche*

senha do banco/**Geheimzahl** *(f)/ guehái:mtsa:l*

sentar-se/**sich setzen**/*zich zétsen*

separado/**getrennt**/*guetrént*

ser/**sein**/*záin*

serviço de quarto/**Zimmerservice** (n)/ *tsimar-zervis*

setembro/**September** *(m)/zeptembar*

sexta-feira/**Freitag**(m)/*frái:ta:k*

sim/**Ja**/*ia:*

simples, fácil/**einfach**/*áinfach*

sobremesa/**Nachtisch** (m)/*nachtich*

somente, apenas/**nur**/*nu:ar*

sopa/**Suppe** *(f) /zupe*

suco/**Saft** *(m)/zaft*

sul/**Süden** *(m)/zü:den*

T

talvez/**vielleicht**/*fi:lái:cht*

também/**auch**/*auch*

tarde/**Nachmittag** *(m)/nachmita:k*

taxa/**Gebühr** *(f)/guebü:ar*

taxa de câmbio/**Wechselkurs** *(m) véksel-kurs*

táxi/**Taxi** *(n)/taksi*

tchau/**Tschüs** */tchü:s*

teatro/**Theater** *(n) /te:a:tar*

telefonar/**telefonieren** */telefo:ni:ren*

telefone/**Telefon** *(n) /telefo:n*

tempo/**Zeit** *(f)/tsái:t*

tênis/**Tennis** *(n) /tênis*

tenso/**spannend** */chpanent*

terça-feira/**Dienstag** (m)/*di:nsta:k*

terra, país/**Land** *(n)/lánt*

tigela de sopa/**Suppenteller** *(m)/ zupen-télar*

time, equipe/**Mannschaft** *(f)/mánchaft*

todo, completo/**ganz**/*gants*

tornar-se/**werden**/*ve:rden*

trem/**Zug** *(m)/tsu:k*

trem local/**S-Bahn** *(f)/és-ba:n*

torrada/**Toast** *(m) /to:st*

tudo/**alles**/*álles*

U

um pouco/**bisschen**/*bis-chen*

V

vaca **Kuh** (f)/*ku:*

vaga de estacionamento/ **Parkplatz** *(m)/ parkplats/*

vale/**Tal** *(n)/ta:l*

válido/**gültig**/*gü:ltich*

velejar/**segel**/*ze:guel*

venda/**Verkauf** *(m)*/*ferkauf*

ver/**sehen**/*ze:en*

veado/**Reh** *(n)* /*rê:*

viajar/**reisen**/*rái:zen*

viajar/**verreisen**/*fer:rái:zen*

vidro/**Glas** (n)/*glas*

vila/**Dorf** *(n)*/*dórf*

vinho/**Wein** *(m)* /*váin*

vir/**kommen**/*kómen*

virar, fazer um retorno/**abbiegen** / *ap-bi:guén*

voar/**fliegen**/*fli:guén*

voo/**Flug**(m)/*flu:k*

xícara/ **Tasse** (f)/*tásse*

336 Parte V: Apendices

Apêndice C
Sobre os Áudios

A seguir vem uma lista das faixas que aparecem no livro, que você pode achar no site da editora.
Coloque os áudios no seu aparelho de som (ou qualquer outro que sirva para ouvir música).

Faixa 1: Introdução e Guia de Pronúncia: Como pronunciar os sons do alfabeto alemão.

Faixa 2: Capítulo 3: Cumprimentos e Apresentações: Saudações formais.

Faixa 3: Capítulo 3: Cumprimentos e Apresentações: Saudações informais.

Faixa 4: Capítulo 3: Cumprimentos e Apresentações: Encontrando-se pela primeira vez.

Faixa 5: Capítulo 3: Cumprimentos e Apresentações: Apresentando alguém formalmente.

Faixa 6: Capítulo 3: Cumprimentos e Apresentações: Apresentações bem informais.

Faixa 7: Capítulo 4: Jogando Conversa Fora: Falando sobre seu emprego.

Faixa 8: Capítulo 4: Jogando Conversa Fora: Conversando sobre seus planos e o tempo.

Faixa 9: Capítulo 5: Saindo para Jantar e Indo ao Mercado: Fazendo reservas.

Faixa 10: Capítulo 5: Saindo para Jantar e Indo ao Mercado: Sentando-se em um restaurante.

Faixa 11: Capítulo 5: Saindo para Jantar e Indo ao Mercado: Fazendo seu pedido.

Faixa 12: Capítulo 5: Saindo para Jantar e Indo ao Mercado: Pagando a conta e dando gorjeta.

Faixa 13: Capítulo 5: Saindo para Jantar e Indo ao Mercado: Comprando comida em uma feira.

Faixa 14: Capítulo 6: Fazendo Compras de um Jeito Fácil: Pedindo ajuda de um vendedor.

Faixa 15: Capítulo 6: Fazendo Compras de um Jeito Fácil: Experimentando.

338 Parte V: Apendices

Faixa 16: Capítulo 7: Dando uma Volta pela Cidade: Marcando um encontro para ir ao cinema.

Faixa 17: Capítulo 7: Dando uma Volta pela Cidade: Falando sobre uma peça de teatro.

Faixa 18: Capítulo 8: Recreação e Passeios ao Ar Livre: Falando sobre planos de viagem.

Faixa 19: Capítulo 8: Recreação e Passeios ao Ar Livre: Obtendo informações no escritório de informações locais para turistas.

Faixa 20: Capítulo 8: Recreação e Passeios ao Ar Livre: Discutindo planos de viagem.

Faixa 21: Capítulo 9: Falando ao Telefone: Deixando recado.

Faixa 22: Capítulo 9: Falando ao Telefone: Marcando um compromisso.

Faixa 23: Capítulo 10: No Escritório e em Casa: Ligando para perguntar sobre apartamentos.

Faixa 24: Capítulo 10: No Escritório e em Casa: Perguntando sobre um apartamento.

Faixa 25: Capítulo 10: No Escritório e em Casa: Conversa de escritório.

Faixa 26: Capítulo 11: Dinheiro, Dinheiro, Dinheiro: Trocando moeda.

Faixa 27: Capítulo 12: Informando-se Sobre Direções: Achando o ponto de táxi mais próximo.

Faixa 28: Capítulo 12: Informando-se Sobre Direções: Perguntando sobre direções.

Faixa 29: Capítulo 13: Hospedando-se em um Hotel: Reservando um quarto.

Faixa 30: Capítulo 13: Hospedando-se em um Hotel: Fazendo o check-in.

Faixa 31: Capítulo 14: Dando uma Volta: Conseguindo uma passagem no aeroporto.

Faixa 32: Capítulo 14: Dando uma Volta: Perguntando que ônibus se deve pegar.

Faixa 33: Capítulo 15: Planejando uma Viagem: Reservando um voo com um agente de viagens.

Faixa 34: Capítulo 16: Lidando com Emergências: No médico.

Faixa 35: Capítulo 16: Lidando com Emergências: Descrevendo o que você sente.

Apêndice D
Respostas

A seguir, são dadas as respostas a algumas palavras-cruzadas do livro.

Capítulo 8: Recreação e Passeios ao Ar Livre

340 Parte V: Apendices

Capítulo 9: Falando ao Telefone e Enviando E-Mails

Índice

• A •

Abbiegen (virar, fazer um retorno), 212
Abend (noitinha), 122, 124, 126-127
Abendessen (jantar), 83
Aber (mas), 59
Abfahren (partir, sair), 246, 308
Abholen (escolher) , 233
Abrançando, 46
Abreisen (partir para viajar), 226, 229
Abreviações, em anúncios de apartamentos, 174-175
Abteilung *(departamento)* , 110
Acidentes. *Veja também* emergências
  Pedindo ajuda com, 265–267
  Relatando, 266, 268
Acusativo, caso
  Adjetivos em, 40–41
  Artigos definidos em, 38–39
  Artigos indefinidos, 38–39
  Para objetos diretos, 35–41
  Pronomes em, 37–40, 145–146, 183
Adjetivos
  Acompanhados por um artigo definido, 27, 40–41
  Descrição básica de , 26-27
Adresse (endereço), 11, 67–69
Advérbios
  Descrição básica de , 28
Advogados, 278
Aeroportos
  Chegando ao redor do, 231–237
  Fazendo check-in em, 232–233
  Indo pela imigração no , 231–237
Ajuda
  Gritando por (socorro), 265–266
  Pedindo por uma pessoa que fale inglês, 266–267
Aktuell (atual), 12
Alfabeto alemão, 17
Alfândega, indo à, 236–237
Alles Klar! (tudo certo!), 291

Almoço, 83
Als (do que), 117
Altavista, 285
Alugando uma casa, 173–178
Alugando, um apartamento, 173–178
Amigos
  Apresentando seus amigos, 48
an (em), 204, 206
anfangen (começar) 76, 246, 308
ankauf (compra) , 187
ankommen(chegar), 245, 246
anprobieren (provar), 113, 114, 115
anrufen (ligar)
  conjugação de, 159–160
  uso geral de , 161, 163
Anúncios de jornais, lendo, 174–175
anziehen (vestir) , 25
apartamento(s)
  aluguel de, 173–178
  falando sobre, 176
aperitivo , 90
Aperto de mão, 46
apóstrofos, uso de, 74
aprendendo, quando aprender novos substantivos, 26
Apresentações, 48–52. *veja também* saudações
  Apresentando a si mesmo, 51–52
  Apresentando amigos, 48
  Formal, 49
  Para ocasiões especiais, 49
arbeiten *(trabalhar)*, 66–67
architektur *(arquitetura)*, 66
arm (braço), 10
Artes cênicas, 135–136
artigos, definidos
  adjetivos e, 27
  descrição básica de, 69–71
  diferentes casos para, 39, 40–41
artigos, indefinidos
  descrições básicas de, 69–71, 73–74
  Diferentes casos para , 38–39, 40–41
Aspekt *(aspecto)*, 11
Auch *(também)*, 12, 50

342 Alemão Para Leigos®

Auf keinen Fall! *(de jeito nenhum!)*, 300
Auf wiederhören! *(até breve)*, 161, 162, 163
Auf Wiedersehen! *(tchau!)*, 5–59, 60
Aufhören *(parar)*, 76, 246
Aufmachen *(abrir)*, 246
Aufzug *(elevador)* , 110
Aussteigen *(desembarcar)*, 246
Áustria, 46, 56
  Dizendo olá na, 60
  Lojas na, 106–107, 109
  Restaurantes na, 84
Automóvel (eis)
  Aluguel, 237–240
Auxiliares, verbos modais, 94–95

• B •

Banheiro, 289
Bank *(banco)*, 10
Bargeld *(dinheiro vivo)*, 190
Basis *(base)* , 10
Bate-papo, 65–80
  Dando a alguém seu endereço e número de telefone, 67–68
  Descrevendo seu trabalho, 65–67
  Discutindo seus planos para o dia, 78
  Falando sobre a temperatura, 76–77
  Falando sobre o tempo, 75–79
  Falando sobre sua família, 72–74
  Falando sobre você mesmo, 75–79
Bavária, 89
Bebidas, 92
Beginnen *(começar)*, 308
Beijar, 46
Beilagen *(pratos adicionaisi)*, 91
Bekommen *(receber)* , 12, 289
Bélgica, 56, 193
Besteck *(conjunto de faca, garfo e colher)*, 84
Betriebswirtschaft *(negócios)*, 66
Bezahlen *(pagar)*, 96, 98, 305
Bis später *(até mais tarde)*, 78, 79
Bitte *(por favor)*, 108
Bitte, bitte, *(você é bem vindo)*, 98
Bleiben *(ficar)* , 308
Blind *(cego)*, 10
Blond *(loiro)*, 11

Bordkarte *(cartão de embarque)*, 231, 233
Brav *(muito bem)*, 13
Brief *(carta)*, 13
Bringen *(trazer)*, 89, 114, 309
Brüder (irmão), 73
Büro *(escritório)*, 66–67, 69

• C •

Café da manha, 83, 90, 223, 224, 225
Caixas eletrônicos
  Cartões de débito e, 189
  Imperativos usados por, 191–192
Calendários, *veja também,* tempo
  Meses no, nomes do, 256
  Unidades de, aprendendo, 255
  Usando, visão geral do, 255–259
Carne, pedindo, 96
Carro(s)
  Alugando, 237–240
  Viajando de , 212–213, 237–241
Cartão de visita, dando, 68
Cartas, enviando, 167–169
Carteira de motorista, 237
Cartões postais, enviando, 167–169
Casos diferentes para, 27, 40–41
  Lista de trilhas no, 333–335
cursos de alemão em, 284– 285
Celulares, 268
Chat rooms, 285
Cheque, *veja* contas
Cidades, falando sobre, 52–58
Código da roupa, 135
Cognatos,
  Descrição básica dos, 9
  Perfeitos, 9–10
  Próximos, 11–12
Coleção, falando sobre, 143
Comando (imperativo)
  Forma, 181, 191–192
Comida
  Aperitivo, 90
  Bebidas, 92
  Comprando, 98–103
  Medidas/pesos, 101

Índice **343**

Nomes, lista de, 99–100
Prato principal, 91
Pratos complementares, 91
Sobremesa, 91–92
Sopas, 90–91
Comparações com , 117
Comparações com , 117
Comparações, 117
Compras. *Ver também* lojas
   Conseguindo ajuda com, 109–110
   Descrição básica de, 105–118
   Listas, escrevendo, 284
   Pagando contas quando for às, 115–117
   Para comida, 98–103
   Para roupas, 110–115
Concertos, freqüentando, 135–136. *veja também* entretenimento
Consoantes,
   Combinações de , 22–23
   Pronunciação, 20–21, 22–23
Conta(s)
   Pagando, quando for comprar uma roupa, 115–117
   Pedindo a, em um restaurante, 96–97
Convites,
   Declinando/aceitando
   Para festas, 139–140
Cores, nomes para, 111, 112
Corpo de bombeiros, chamando o, 268
Corpo, especificando partes do, 270–271
Cumprimentos, 44–46. *veja também* saudações

Das *veja* artigos definidos
Das darf doch wohl nich wahr sein! *(isto não pode ser verdade!)*, 292
Das ist ja toll! *(isto é demais!)*, 299
Das wär's *(é isto)*, 102
Datas, 257–259. *veja também*, tempo
Dativo, caso
   Adjetivos no, 40–41
   Artigos definidos no, 39
   Artigos indefinidos no, 38–39
   Para objetos indiretos, 35–41
   Pronomes no, 37–40, 45, 165, 183
Dauern *(durar)*, 233

Da semana, 122–123
Dia(s). *veja também* calendário, tempo
Tempos de , 86, 122
Decimais, pontos, 193
Definidos, artigos
   Adjetivos e, 27
   Aprendendo, quando aprender novos substantivos, 26
   Descrição básica do, 69–71
   Diferentes casos para, 39, 40–41
Deine Sorgen möchte Ich haben! *(eu gostaria de ter suas preocupações!)*, 292
Demokratie *(democracia)*, 11
Denken *(pensar)*, 309
Der Tag der Deutschen Einheit *(dia da unidade alemã*: Feriado Nacional Alemão), 297
Der. *Veja* artigos definidos
Desculpe, dizendo, 108, 120, 287–288
Deutsche Welle Web site, 284
Diagnóstico, dos médicos, 281
Diálogos (Para conversar)
   Alugando um carro, 239–240
   Apresentações, 48–52
   Chegando e se sentando em restaurante, 88–89
   Comprando comida, 101–102
   Comprando roupas, 112–113, 115
   Conversa com línguas misturadas, 15–16
Diálogos (Para conversar) *(continuando)*
   Discutindo seus planos para o dia, 78
   Dizendo tchau, 59–60
   Em um ambiente de escritório, 181–182
   Falando com a polícia, 149–150
   Falando com um farmacêutico, 274–279
   Falando com um médico, 272–273
   Falando sobre esportes, 138–139
   Falando sobre idiomas que você fala, 57–58
   Falando sobre países/cidades, 54–55
   Falando sobre planos de viagem, 147, 154–157
   Falando sobre Requerimentos de imigração, 206–261
   Falando sobre seu emprego, 70–71
   Falando sobre sua família, 74–75
   Fazendo check-in em hotel, 224–225

344 Alemão Para Leigos®

Fazendo check-in em um aeroporto, 233–234

Fazendo check-out de um hotel, 228–229

Fazendo reservas de hotel, 219–220

Fazendo uma reserva em um restaurante, 86–87

Indo ao cinema, 126–127

Mandando uma carta em uma agência dos correios, 170

Marcando uma reunião, 164–166

No telefone, 162, 166–167

Pagando contas, 116–117

Pedindo a conta, 97–98

Perguntando sobre direções, 205, 208, 210–213

Planejando uma viagem ao musem, 130

Procurando por um apartamento, 177–178

Trocando de moeda, 188–189, 192

Diálogos do Para Conversar

alugando um carro, 239–240

apresentações, 48–52

Chegando e se sentando em restaurante, 88–89

comprando comida, 101–102

comprando roupas, 112–113, 115

conversa com idiomas misturados, 15–16

discutindo seus planos para o dia, 78

dizendo adeus, 59–50

em um ambiente de escritório, 181–182

falando com a polícia, 278–279

falando com um farmacêutico, 274–275

falando com um médico, 272–273

falando sobre esportes, 149–150

falando sobre o teatro, 138–139

falando sobre os idiomas que você fala, 57–58

falando sobre países/cidades, 54–55

falando sobre planos de viagem, 147, 154–157

falando sobre requerimentos de imigração, 260–261

falando sobre seu emprego, 70–71

falando sobre suas famílias, 74–75

fazendo o Check-In em um hotel, 224–225

fazendo o Check-Out em um hotel, 228–229

fazendo reserva em um restaurante, 86–87

fazendo reservas de hotel, 219–220

indo para o cinema, 126–127

mandando uma carta em uma agência do correio, 170

marcando um encontro, 164–166

no telefone, 162, 166–167

pagando contas, 116–117

Pedindo a conta, 97–98

Perguntando por direções, 205, 208, 210–213

planejando uma ida ao museu, 130

procurando por um apartamento, 177–178

Trocando dinheiro, 188–189, 192

Dicionários, procurando coisas no, 283

Die Grösse *(tamanho)*, 109, 110, 113

Die U-Bahn , 210, 211

Die. *Veja* artigos definidos

Dinamarca, 193

Dinheiro. *Veja* caixa eletrônicos; moeda

Direções,

Descrevendo posições, 203–206

Esquerda e direita, 206–207

Perguntando como chegar a algum lugar, 201–206

Perguntando sobre, 106–108, 197–214

Pontos cardeais, 207

Direitos, dos cidadãos no exterior, 278

Direkt *(direto)*, 11

Ditongos, pronunciação, 19–20

Dort *(lá)*, 200

Dort üben *(bem ali)*, 88, 89

Du *(você, informal)*

Saudações e, 43–48

Uso do , 43–44, 287

Du hast Recht/ Sie haben Recht! *(você tem razão!)*, 300

Dürfen *(ser permitido a...)*, 94–95, 309

• E •

e-mails, envio, 169–170

Ein *.veja* indefinidos, artigos

Ein bisschen *(um pouco)*, 59

Einbauschrank *(armário)*, 289

Eine Gebühr bezahlen *(pagar uma tarifa)*, 190

Índice 345

Eine, *veja* indefinidos, artigos
Einen Reisecheck einlösen *(compensar um cheque de viagem)*, 190
Einfach *(simples/fácil)*, 59
Einladung *(convite)*, 139
Einsteigen *(embarcar)*, 246
Einverstanden *(compreendido/Ok)*, 16
Elegant *(elegante)*, 10
Eltern *(pais)*, 72
emergências,
    lidando com., 265–270
    pedindo ajuda com, 265–267
emotional *(emocional)*, 10
empfehlen *(recomendar)*, 93
Endereço, dando a alguém seu, 67-68
Entretenimento, falando sobre, 137–139
Entschuldigen Sie, bitte *(Com licença, por favor)*, 108, 120, 287–288
Epiphanias *(epifânia)*, 295
Es ist *(isto é)*, 75–76
Escritório, chegando na área do, 178–181
Esportes, praticar, 10, 148–150
Essen *(comer)*
    Conjugação, 82, 309
    Uso próprio de, 290
Ester April *(primeiro de abril)*, 296
Euro, 192–193
Eventuell *(possivelmente)*, 13
Excite, 285
Exzellent *(excelente)*, 11

• F •

Fahren *(dirigir)*, 134, 212, 310
Família, falando sobre sua, 72–74
Fantastich *(fantástico)*, 11
Farbe *(cor)*, 109, 110, 112
Farmácia, 274–275
Fasching *(carnaval)*, 295
Fastnacht *(carnaval)*, 295
Fax, enviando um, 169, 180
Faxen *(enviar um fax)*, 180
Feriados, dez importantes, 295–296
Festas,
    Convites para, 139–140
    Falando sobre, 141
    Indo para, 139–141

Filme (s)
    Aprendendo alemão vendo, 285
    Comprando ingressos para ver, 126
    Dizendo às pessoas o que você pensa sobre, 137–139
    Indo ver, 124–127
    Legendas, 125, 285
    Listas de, 125
Filme(s)
    Aprendendo alemão vendo, 285
    Comprando ingressos para ver, 126
    Falando às pessoas o que você pensa sobre, 137–139
    Indo ver, 124–127
    Legendas, 125, 285
    Listas de, 125
Fitas cassete, idioma, usando, 284
Fliegen *(voar)*, 134, 310
Flug *(voo)*, 233
Flugticket/flugschein *(passagem aérea)*, 231–233
Flugzeug *(avião)*, 233, 234
Forma familiar,
    Saudações e, 43–48
    Uso geral da, 43–44, 287
Forma formal
    Uso geral da, 43–44, 297
    Saudações e, 43–48
Formulários de registro, em hotéis, 221–222
Fragen *(perguntar)*, 33, 71, 132
França, 56, 193, 235–236
Frau *(senhora)*, 45, 47, 72
Fräulein *(senhorita)*, 45
Freud *(amigo)*, 47, 50
Freuen *(alegrar-se)* 50
Freundin *(amiga)*, 47, 50, 52
Früstück (café da manhã), 83, 90, 224, 225
Fumar, 94–95
Futuro, tempo, 34–35, 254–255

Gabel *(garfo)*, 83
Ganz *(completamente)*, 50
Gar nicht *(não completamente)*, 59
Garage *(garagem)*, 10
Geben *(dar)*, 310

346 Alemão Para Leigos®

Gehen *(ir)*
Conjugação do, 310
Uso geral do, 50, 132, 134, 208
Gehen Sie...! *(Vá...!)*, 208, 211
Gehen Wir! *(vamos!)*, 300
Geht in Ordnung! *(eu farei isto)*, 16, 291
Geld tauschen/ wechseln *(trocar dinheiro)*, 188–190
Geldautomat *(caixa eletrônico)*, 300
Genau *(exatamente)*, 293
Genial *(genial)*, 13
Genitivo, caso
Adjetivos em,
Artigos definidos em,
Artigos indefinidos em , 38–39
Para objetos genitivos, 35–51
Pronomes em, 39–40, 183
Gepäck *(bagagem)*, 227–229, 232, 233, 234
Geschwister *(irmãos)*, 72
Gewinnen *(ganhar)*, 150
Glas *(vidro)*, 11, 83
Gleich *(em um momento)*, 182, 183
Gorjeta, 97, 227
Grã-Bretanha, 193
Grad *(graus)*, 77
Gramática
Adjetivos, 26–27, 40–41, 117
Advérbios, 28, 117
Artigos definidos, 26–27, 39, 40–41
Artigos indefinidos, 38–39, 40–41, 69–71, 73–74
Caso (sujeito) nominativo, 35– 41, 45, 71–72, 193
Caso acusativo, 335–41, 145–146, 183
Caso dativo, 35–41, 45, 165, 183
Caso genitivo, 35–51, 183
Construção de frase, 28–31
Para formar perguntas, 30–31
Gramm *(grama)*, 101, 102
Gross *(grande/enorme)*, 59
Grossmutter *(avó)*, 73
Grossvater *(avô)*
Grüezi *(Olá!)*, 60
Grüss Gott *(olá!)*, 60
Gut *(bom)*, 47, 50
Guten Abend! *(boa noite!)*, 44, 50
Guten Appetit *(Bom apetite!)*, 81
Guten Nacht! *(boa noite!)*, 44
Guten Tag! *(bom dia!)*, 44, 47

Gymnasium *(escola secundária)*, 288

• *H* •

Haben *(ter)*, 32–33
Conjugação de, 93, 307
Passado perfeito de, 133–134
Tempo passado de, 131
Hallo! *(olá!)*, 44, 47, 52
Halten *(parar)*, 311
Hauptspeisen *(pratos principais)*, 91
Hausnummer *(telefone de casa)*, 68
Heilige Drei Könige *(festa dos três reis magosi)*, *295*
Herr *(senhor)*, 45, 47
Hier *(aqui)*, 200
Hier entlang *(neste caminho)*, 109, 110, 112,
Hier vorne *(bem aqui)*, 89
Himmelfahrt *(dia da ascenção de Cristo)*, 296
Hinter *(atrás)*, 204, 206
Hobies, falando sobre, 143–144
Hora. *Veja também* calendários; datas
Do dia, 86, 122
Falando a, 119–124
Horário, 106–107, 123, 129
Perguntando pela, 120
Tempo futuro e, 254–255
Horário de funcionamento, 106–107, 123, 129
Hören *(escutar)*, 133
Hospital, indo ao, 267–275. *veja também* médicos
Hotbot, 285
Hotel (eis)
Achando, 215–216
Amenidades/facilidades oferecidas pelos, perguntando sobre, 223–224
Café da manha no, 223, 224, 225
Dando gorjeta no, 227
Especificando o tempo de sua estadia no, 221
Fazendo check-in, 220–221
Fazendo check-out, 226–229
Ficando no, 215–230
Pagando a conta em, 226–229
Preenchendo formulários de Registro nos, 221–222

Índice 347

Tarifas especiais, perguntando sobre, 227

• I •

Ich arbeite bei *(eu trabalho em)*, 66
Ich Bin *(eu sou)*, 66
Ich Weiss nicht *(eu não sei)*, 59
Idiomas, típicos, 16–17
Im Hause sein *(estar no prédio/ escritório)*, 182, 183
Imigração, indo até, 235–236, 259–261
Imperativo (comando)
Forma, 181, 191–192
Importação, restrições, 235
Imposto sobre o valor agregado (VAT), 115, 116
In bar *(em dinheiro)*, 98, 190
In Ordnung! *(tudo certo! OK!)*, 87, 89, 182, 183
Indefinidos, artigos,
Descrição básica dos, 69–71, 73–74
Diferentes casos para, 38–39, 40–41
Infinitiva, forma
Descrição básica da, 27–28
Tempo futuro e, 254–255
Informal, forma
Saudações e, 43–44
Uso geral da, 43–44, 287
Inglaterra, 56
Inspiration *(inspiração)*, 10
Interessant *(interessante)*, 59
Interesses, falando sobre, 143–144
Itália, 56

• J •

Jantar, , 83
Junge *(rapaz)*, 72
Jura *(direito)*, 66

• K •

Kaffee *(café)*, 11
Kalender *(calendário)*, 255–259
Karneval *(carnaval)*, 295
Karte *(passagem)*, 126, 127

Kaufen *(comprar)*, 114, 133, 306
Kein Problem *(sem problema)*, 291
Keine Ahnung *(não tenho a menor idéia)*, 300
Keine Frage *(sem perguntas)*, 17
Kennen *(conhecer)*,
Conjugação de, 311
Uso próprio de, 289
Wissen e, distinção entre, 289
Kennenlernen *(ficar conhecendo, ficar familiarizado)*, 49, 50
Kilo *(quilo)*, 101, 102
Kind *(criança)*, 13, 74, 75
Kinder *(crianças)*, 72
Kitsch *(kitsch)*, 10
Klasse! *(Grande! Ótimo!)*, 16
Klein *(pequeno)*, 59
Komfort *(amenidade)*, 13
Kommen *(vir)*
Conjugação de, 55, 201, 311
Exemplos de uso para, 52–55
Tempo passado para, 132
Komödie *(comédia)*, 11
Können *(poder)*, 11
Kosten *(custar)*, 116
Kreditkarten *(cartões de crédito)*, 97, 98, 116
Kultur *(cultura)*, 11
Kunst *(arte)*, 66
Kurios *(estranho, bizarro)*, 13
Kurz *(curto)*, 13

• L •

Lachen *(rir)*, 133
Lang *(ao longo)*, 11
Laufen *(mostrar)*, 127, 135
Legendas, 125, 285
Leider *(infelizmente)*, 71
Lesen *(ler)*, 133, 311
Liegen *(deitar, colocar)*, 312
Língua inglesa,
Palavras com a mesma pronunciação em alemão, 9–10
Palavras de origem alemã, 14–15
Palavras usadas no alemão, 15
Línguas, que você fala, dizendo às pessoas sobre, 57

348 Alemão Para Leigos®

Links (esquerda), 206–207, 211
Literaturwissenschaft *(literatura)*, 66
Locações, desevendo, 203–206
Löffel *(colher)*, 84
Loja(s). *Veja também* compras
  Andando pela, 108–109
  Conseguindo ajuda na, 109–110
  Dando uma volta perto da, 106–107
  Horário de funcionamento,
    descobrindo sobre, 106
  Se dirigindo ao vendedor na, 287–288
  Tipos de, lista de, 98–99, 105
  Tipos de, que vendem comida, 98–99
Luxemburgo, 193

• *M* •

Machen *(fazer)*78, 79
Macht Nichts *(não importa/ está tudo
  bem)*, 17
Mädchen *(garota)*, 17
Mahlzeiten *(refeições)*, 83
Mann *(homem/marido)*, 72, 75
Mannschaft *(equipe)*, 150
Mapas, lendo, 240–241
Mar, indo para o, 156–157
marcando horários, 163–165
Maschine *(avião)*, 11, 233, 234
Maus *(rato)*, 11
Médica, ajuda, procurando, 267–275
Medicações, 66, 273–274
Médico(s)
  Conseguindo um diagnóstico do, 271
  Conseguindo um tratamento
    do, 273–274
  Descrevendo alimentos para o, 268–271
  Descrevendo condições especiais
    para o, 269
  Exames pedidos pelo, conseguindo,
    269–270
  Indo ao médico, uma visão geral de,
    267–275
  Receitas/medicamentos do, 273–274
Medida de peso, 101
Medidas, para comida, 101
Medizin *(medicamento)*, 66
Meer *(mar)*, 151, 156–157
Mehrwertsteuer *(imposto de valor*

adicionado), 115, 116
Mercado Comum Europeu, 235
Meses,
  Dando nomes específicos a tempos
    nos, 256–257
  Descrevendo eventos em,
    específicos, 256
  Nomes dos, 256
Messer *(faca)*, 83
Methode *(método)*, 11
Metrô
  Passagens, compra, 247
  Sistema de fidelidade, 247
Mieten *(alugar)*, 176, 178
Mieter/Mieterin *(inquilino)*, 175, 178
Mietvertrag *(contrato de locação)*, 176,
  178
Mir reicht's! *(eu tive isto!)*, 292
Mit freundlichen Grüssen
  (encerramento de carta), 167
Mittag *(meio-dia)*, 122
Modais, usando, 94–95
Moedas. *Veja também* dinheiro
  Euro, 192–193
  Fazendo troca, 187–190, 192
  Local, 192–193
  Tipos de, 192–193
Mögen *(gostar)*, 95, 312
Morgen *(manhã)*, 122, 124
Museus, 10, 129–130
Müssen *(ter de, dever)*, 312
Mutter *(mãe)*, 72

• *N* •

Nach *(após)*, 12
Nachdem *(após)*, 12
Nächste *(próximo)*, 198, 206
Nacht *(noite)*, 122
Nacionalidades,
  Aprendendo sobre, 56–57
  Falando sobre, 52–58
Nah *(perto)*, 199–200, 206
Name *(nome)*, 10
Nation *(nação)*, 10
Nationalität *(nacionalidade)*, 11
Natur *(natureza)*, 11
Neben *(próximo a)*, 204, 206

Nehmen *(pegar, tomar)*
  Conjugação de, 312
  Uso geral de, 133, 208, 211
Nicht der Rede Wert *(não mencione isto)*, 17
Nicht schlecht! *(nada mau!)*, 301
Nicht zu fassen! *(eu não posso acreditar nisto!)*, 300
Nie *(nunca)*, 59
Nikolaustag *(festa de são Nicolau)*, 297
No caso nominativo, 37–40, 45
  Possessivo, 71–72
  Reflexivo, 144–148
Nominativo, caso
  Adjetivos no, 40–41
  Artigos definidos no, 39
  Artigos indefinidos no, 38–39
  Descrição básica do, 35–41
  Pronomes no, 37–40, 45, 71–72, 193
Números,
  Descrição básica dos, 42
  Em datas, 257–259
  Moeda e , 193
  Pronunciação, 68
  Telefone, 68

• *O* •

Öffnen *(abrir)*, 132
Ônibus
  Passagens, compra de, 246–247
  Pegando, 246–247
  Sistema de fidelidade para, 247
Onkel *(tio)*, 73
Óperas, indo às, 135–136. *veja também* entretenimento
Opinião, pedindo sua, 137
Ordinais, números, 208–211
Ordinär *(vulgar)*, 13
Ostern *(oriental, do leste)*, 296
Ozean *(oceano)*, 12

Países,
  Adjetivos para, 56–57
  Falando sobre, 52-58
Palavra(s)

Ordem, 29, 245–246
Procurando, no dicionário, 283
Que vão juntas, listas compiladas de, 283–284
Papier *(papel)*, 12
Particípio passado, 33–34, 131–132
Passado perfeito, 32–34, 131, 133–135
Passaportes, 235–236, 259–260
passeios, dando, 151–157. *veja também* recreação.
Passen *(adequar, servir, encaixar)*, 114
Pathetisch *(extremamente emocional)*, 13
Pessoas que emprestam, 14–15
Pessoas que estão trabalhando, dirigindo-se, 287–288
Pfingsten *(pentecostes)*, 297
Pfund *(libra)*, 101, 102
Photo *(foto)*, 10
Platz *(lugar, cadeira)*, 127, 136
Polícia,
  Chamando a, 268
  Descrevendo um roubo para, 276
  Falando com a, 276
  Respondendo às questões da, 277
Polônia, 193
Pontos cardeais, 207
Populares, expressões, usando, 16–17
Por favor, dizendo, 84, 108, 120
Posição, descrevendo uma, 203–26, 207
Posse
  Diferentes casos para, 39–40
  Indireto, caso genitivo para, 36
  Mostrando, ao adicionar um "s", 74
  Pronomes e, 71–72
Postleizahl *(CEP)*, 68, 70
Postos do correio (agências do correio)
  Comprando selos em, 167–168
  Serviço de telefonia fornecido nos, 168
Potentiell *(potencial)*, 12
Preis *(preço)*, 116
Preposições, 201–204, 206, 212
Prima! *(grande! Muito bom!)*, 16
Programm *(programa)*, 12
Pronomes
  No caso acusativo, 37–40, 145–146, 83
  No caso dativo, 37–40, 45, 165, 183
  No caso genitivo, 39–40, 183
  Saudações e, 45–46
Pronunciação
  Básica, 17–23

350 Alemão Para Leigos®

De consoantes, 20–21, 22–23
De ditongos, 19–20
De umlauts, 19
De vogais, 18–19
Prost! *(Saúde!)*, 17
Provision *(comissão)*, 13
Psychisch *(psicológico)*, 13
Publicações, lendo em alemão, 285

• Q •

Quente, dizendo que você está, 288
Questões, estrutura gramatical de, 30–31
Quittung *(recibo)*, 97, 98

• R •

Rechnung *(conta)*, 96–98
Recht haben *(ter razão)*, 78, 79
Rechts *(direita)*, 206–207, 211
Reciclagem, 100
Recreação143–168
Indo para o campo, 155
Praticando esportes, 148–150
Refeições. *veja também* comida:
restaurantes
Almoço, 83
Café da manhã, 83, 90, 223, 224, 225
Dizendo que você está com fome ou }
com sede, 81–82
Jantar, 83
Resfriado, expressando que você está, 288
Restaurante(s)
Chegando e se sentando no, 88
Dando gorjeta no, 97
Dividindo mesas no, 88
Fazendo o check-in, 96–97
Fazendo reservas no, 85–88
Fazendo seu pedido no, 92–93,
95–96
Fumando no, 94–95
Menus, 89–92
Saindo para o, 84–98
Se dirigindo aos empregados do, 287–288
Tipos de, 84–8
Rolltrepe *(escada rolante)*, 107, 110
Roupas

Comprando, 110–115
Experimentando, 113–114
Tamanho das, 109, 110, 112, 113
Tipos de, nomes para, 110–111
Rückflugticket *(bilhete de ida e
volta)*231, 233
Ruf mich an!/Rufen Sie mich an! *(Liga
para mim!)*, 299

• S •

Salz *(sal)*, 12
Saudações, 43–62
Apresentações, 48–52
Comum, 44–48
Formal, 43–44
Informal, 43–44
Schade! *(que pena!)*,
Schicken *(enviar)*, 180, 181
Schön *(bonito)*, 59
Schreiben *(escrever)*, 312
Schwester *(irmã)*, 73
See *(lago/mar)*, 13
Sehen *(ver)*, 79, 127, 133, 151–152, 313
Sehr *(muito*[qualidade]*)*, 50
Sein *(ser)*, 33–34, 59
Conjugação do, 34, 53, 134, 307
Conversando um pouco usando o, 66
Particípio passado e, 132
Passado perfeito do, 134–135
Tempo passado do, 128, 131
Selbstverständlich *(naturalmente,
compreendido)*, 229
Selos, comprar, 167–168
Semana, dias das, 12–123. *veja também*
calendário
Serviette *(guardanapo)*, 83
Setzen Sie sich! *(sente-se!)*, 89
Sich auskennen *(conhecer alguma
coisa)*, 1989–199, 206
Sich ausweisen *(mostrar alguma
identidade)*, 190
Sich freuen *(esperar ansiosamente por
algo)*, 146, 147, 148
Sich interessieren *(interessar-se por
algo)*, 143, 145, 146, 148
Sich verletzen *(ferir-se)*, 150

Índice 351

Sie *(você, formal)*
  Saudações e, 43–48
  Uso geral do, 43–44, 297
Sinais de trânsito, lendo, 240–241
Sistema de fidelidade, 247
Sites de busca, 285
Sitzen *(sentar-se)*, 313
So ein Pech! *(que azar!)*, 17
Sobremesa, 91–92
Sofort *(já, imediatamente)*, 183
Sohn *(filho)*, 72, 74
Sollen *(dever)*, 313
Sont noch etwas? *(mais alguma coisa?)*,
  102, 102
Spazieren gehen *(passear, dar uma
  volta,)*, 151, 154, 155
Spiel *(jogo)*, 149, 150
Spielen *(jogar, brincar)*, 148
Sprechen *(falar)*, 57, 59, 313
Stehen *(levantar-se)*, 313
Stimmt *(eu concordo)*, 293
Stimmt so *(guarde o troco)*, 97, 98
Stimmt's? *(não é verdade?)*, 293
Strasse *(rua)*, 68
Studieren *(estudar)*, 66
Substantivos,
  Capitalização dos, 9–10
  Composto, 70. *veja também* artigos
  Descrição básica dos, 26
Suíça, 53, 46, 56
  Dizendo olá na, 60
  Lojas na, 60
  Vendo filmes na, 125
Supermarkt *(supermercado)*, 12, 98–99
Suppenteller *(tigela de sopa)*, 83
Sympathisch *(legal)*, 13

● *T* ●

Tag der Arbeit *(dia do trabalhador)*, 296
Tamanho, da roupa, 109, 110, 112, 113
Tante *(tia)*, 73
Tapfer *(valente)*, 13
Tasse *(copo)*, 83
Tatsächlich *(realmente)*
Táxis , 10, 204, 205, 228, 249
Tchau, dizendo, 58–60, 161
Tchecoslováquia, 193
Teatro. *Veja também* entretenimento

Falando sobre, 137–139
Frequentar, 135–136
Tecido, 111
Teilnehmen an *(particiar)*148
Telefon *(telefone)*12, 159, 179
Telefonbuch *(lista telefônica)*, 163
Telefone (s)
  Chamando um taxi pelo, 205
  Deixando mensagens pelo, 165
  Dizendo tchau pelo, 161
  Emergência, 268
  Falando no, 159–163
  Fazendo reservas de hotel pelo, 216–220
  Marcando compromissos pelos, 164–166
  Pedindo pela sua parte pelo, 160–161
  Serviço fornecido pelos postos do
    correio, 168
Telefongespräch *(ligação telefônica)*, 163
Telefonkarten *(cartões telefônicos)*, 163
Telefonnumer *(número de telefone)*, 68, 163
Telefonzelle *(cabine telefônica, telefone
  público)*, 163
Teller *(placa)*, 83
Temperatura
  Conversão, entre Celsius e Fahrenheit, 77
  Falando sobre, 76–77
Tempo de férias. *Veja também* recreação
  Planos de, falando sobre, 147, 154–157
  Tempo médio de, na Alemanha, 181
Tempo passado
  Descrição básica do, 34
  Particípios passados, 33–34, 131–132
  Passado perfeito, 32–34, 131–132
  Passado simples
Tempo presente, 31–32, 35
Termin *(compromisso, horário
  agendado)*, 163–164
Theorie *(teoria)*, 12
Tochter *(filha)*, 72, 74, 75
Toll! *(demais!)*, 16
Tomando empréstimo, 14–15
Trabalho, descrevendo seu, 65–67
Trabalho, falando sobre seu, 70–71
Tradutores, 180
Tragen *(levar/usar)*, 314
Tragödie *(tragédia)*, 12
Transporte
  Aviões, 231–237
  Carros, 212–213, 237–241

352 Alemão Para Leigos®

Metrô, 247
Ônibus, 246–247
Taxis, 10, 204, 205, 228, 249
Trens, 241–245
Treffen *(encontrar-se)*, 314
Tributos, 115
Trinken *(beber)*, 82, 314
Tschüs! *(tchau!)*, 58, 60
Tut mir Leid! *(eu sinto muito!)*, 87, 89, 150

• U •

Umlauts, pronunciação, 19
União Européia, 115, 192, 235
União Monetária Européia, 192

• V •

Vater *(pai)*, 72
Veranstaltungskalender *(guia semanal)*, 119
Verbo(s)
  (imperativo), 181, 191–192
  Caso acusativo e, 36
  Descrição básica do, 27–28
  Forma de comando
  Forma infinitiva para, 27–28, 254–255
  Inversão de, 29
  Irregular, 308–315
  Modais auxiliares, 94–95
  Tempo futuro, 34–35, 254–255
Verbo(s)*(continua)*
  Forte, particípio passado para, 33, 132
  Fraco, particípio passado, para 33, 131
  Ordem da palavra para 33, 131–132
  Reflexivo, 144–148
  Sabendo quando separar seu, 245–246
  Tabelas, 305–316
  Tempo passado, 32–34, 128, 131, 133–135
  Tempo presente, 31–32, 35
Verkauf *(venda)*, 190

Verlieren *(perder)*, 314
Vermieten *(alugar)*, 175, 178
Viagem de trem
  Conseguindo informações sobre, 242–243
  Horários, lendo, 242
  Passagens, comprando, 242–244
  Viajando de, 241–245
Viajando de, 212–213, 237–241
Viel Glück! *(boa sorte!)*, 17
Vielleicht *(talvez)*, 78, 79, 89
Vistos, 259–261
Você mesmo, falando sobre, 65–72
Vogais
  Longas, aparecimento de ß depois, 22
  Pronúncia, 18–19
Vor *(na frente de)*, 204
Vorspeisen *(aperetivos)*, 90–91
Vorstellen *(apresentar)*, 49, 50
Vorwahl *(código de área)*, 68

• W •

Wandern *(fazer trilha)*, 153, 154, 157
Was für...? *(que tipo de...?)*, 218
Was ist los!? *(o que aconteceu!?)*, 299
Wasser *(água)*, 92
Wechselkurs *(tarifa de câmbio)*, 190
Weihnachten *(natal)*, 297
Weit *(longe)*, 199–200, 206
Werden *(tornar-se)*, 34–35, 93, 286
Wetter *(clima, tempo)*, 75–76
Wie ist Ihre Adresse? *(qual é o seu endereço?)*, 67
Wie schön! *(que legal!/que bonitinho!)*, 292
Wird gemacht! *(eu farei isto!)* 16, 182, 183
Wissen *(saber)*, 79, 289, 314
Wo finde Ich...?*(onde eu acho...?)*, 106–107
Wo ist...? *(onde é...?)*, 197–198, 206, 211
Wohnen *(morar)*, 67–68

Wohnung *(moradia, apartamento)*, 173–178
Wollen *(querer)*, 315
World Wide Web, 284–285

Yahoo!, 285

• Z •

Zimmer *(quarto, cômodo)*, 173, 174, 178, 216–22, 223, 226
Zuhören *(ouvir atentamente)*, 246
Zumachen *(fechar)*, 246
Zurückrufen *(retornar ligação)*, 162, 163

Este livro foi impresso nas oficinas gráficas da Editora Vozes Ltda.,
Rua Frei Luís, 100 – Petrópolis, RJ.